Meiji
Taisho
Showa

明治
大正
昭和

# 名古屋地図さんぽ


監修　溝口常俊
Tsunetoshi Mizoguchi



風媒社

# 推理小説よりおもしろい——監修の言葉

名古屋大学名誉教授　溝口常俊

名古屋のまちの成り立ちを、地図をもって歩くことによって、感慨深く学ぶのが本書の狙いである。ぶらっと歩いて見るのと違い、観ることによってまちを知る、そんなさんぽ革命の書でもある。

本書19人の執筆者は、名古屋のその場所で生まれ育った、あるいは長年研鑽を続けられてきた、いわゆる場所語りのプロである。どのページを開いても、そんな歴史があったのかと興味をそそられ、では、そこに出かけてみようかという気にさせてくれる。

Part1「街の履歴書」では、名古屋で名の知れた主要地16箇所を選び、そこの歴史を語り、その上で歩いてみようという意図で書かれている。「名古屋城」では、尾張藩の初代藩主義直が大坂の陣の際に実を食したという「カヤ」の木が出てくる。金の鯱、本丸御殿だけでなく、こんな木との出会いで名古屋400年の歴史を感じとることができる。「大須」では、なぜ現在のような賑やかな商店街になったのか、それには見捨てられた時期があったからだという。人生、誰しも苦難の時期がある。そんなとき、大須を見習ってみようか、という気にさせてくれる。

Part2「地図を歩く」では、廃線、消えた建物・場所、地形、戦争遺跡、自然災害というテーマ別に、それぞれの歴史的スポットが地図をもとに書かれている。できたら現在の地図と昔の地図の両者をもって歩いてほしい。その間の歴史的変化がわかるからである。まさか栄のどまんなかに、七曲りという地名と道路があって、そこに幽霊が出ていたなんて、誰も信じないであろう。百曲街道という巡礼の道も熱田新田地帯にあって、現在も「番割観音」巡りが引き継がれているそうだ。

本書の監修者として、初稿がどっと寄せられたときに、1日1本じっくり読もうと予定をたてた。しかし、読み始めたら、次の原稿、次のまちでは何が出てくるのだろうかと、途中で目を離すことができずに、次から次へとページを繰り、1日で読み上げてしまった。へたな推理小説よりもおもしろい。

地図とこの書物を持って、名古屋のまちを観ていただければ幸いである。

# 明治・大正・昭和 名古屋地図さんぽ［目次］

## [Part 2] 地図を歩く

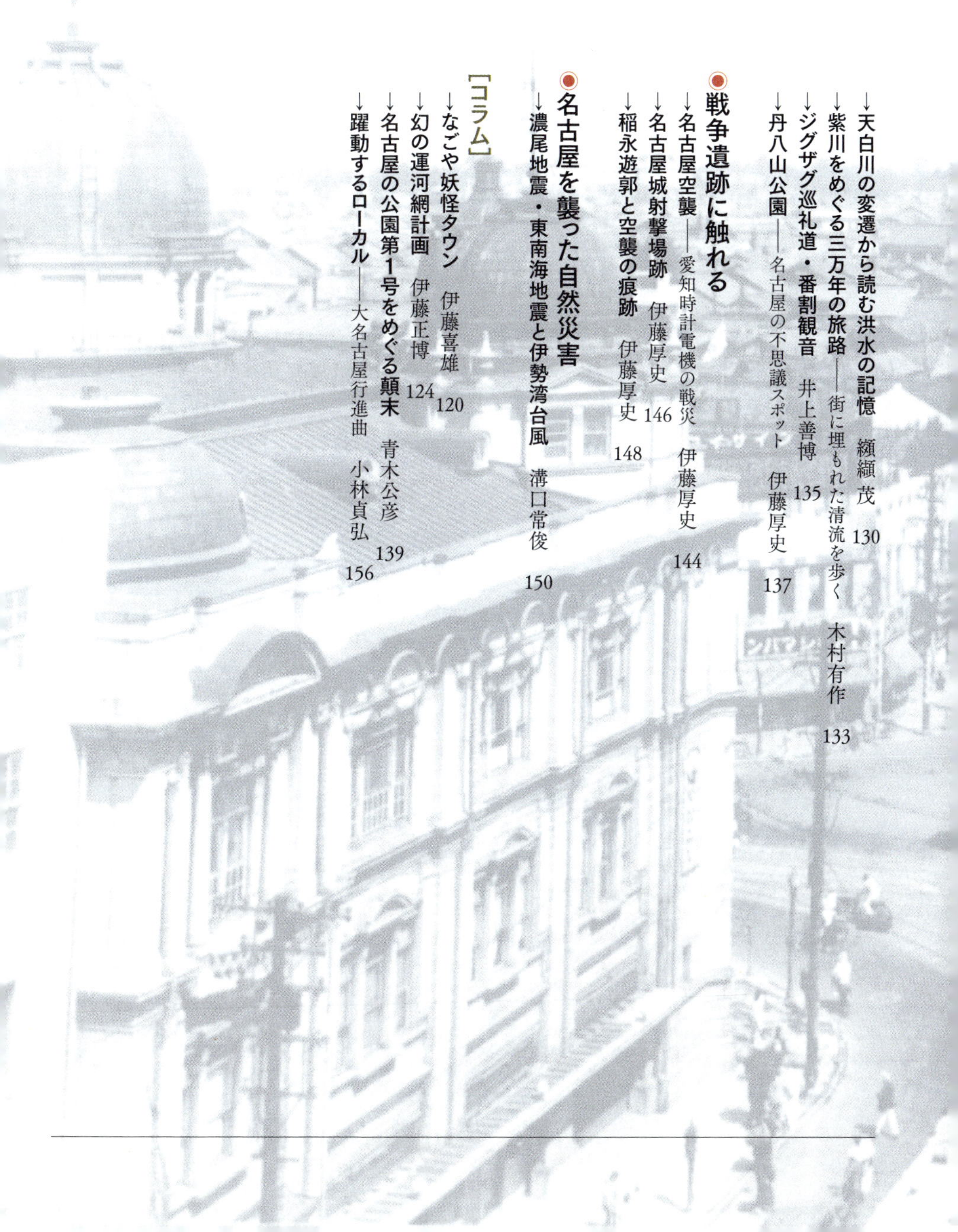

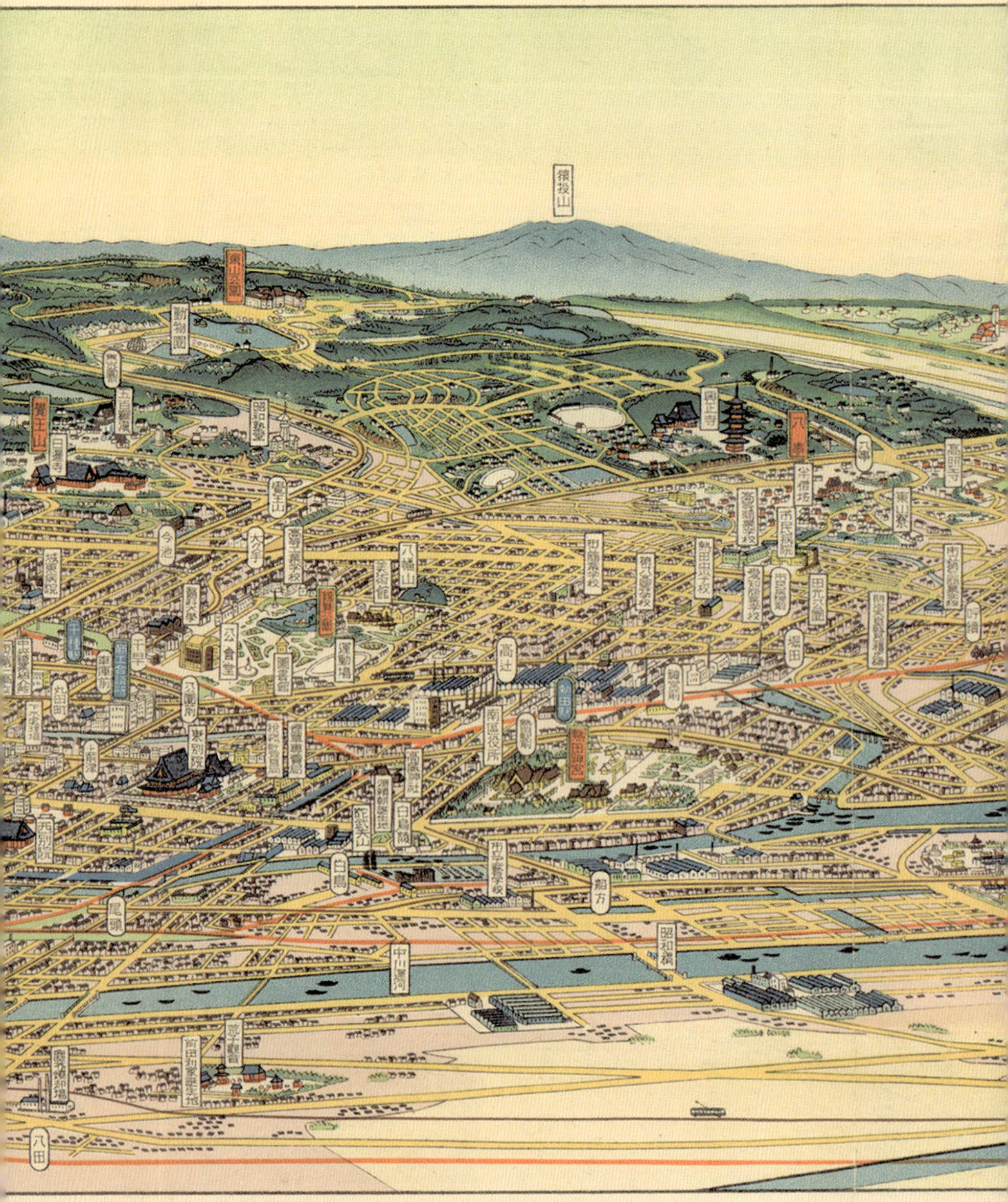

猿投山
東山公園
動物園
覚王山
日暹寺
昭和塾堂
今池
大久手
八幡山
美術館
鶴舞公園
公會堂
圖書館
運動場
千早
高辻
興正寺
八事
高照寺
市民病院
熱田中學校
堀田
熱田驛
神宮前
南區役所
熱田神宮
東別院
西別院
上前津
高蔵神社
白鳥陵
白鳥
尾頭
船方
中川運河
昭和橋
荒子觀音
前田利家誕生地
八田

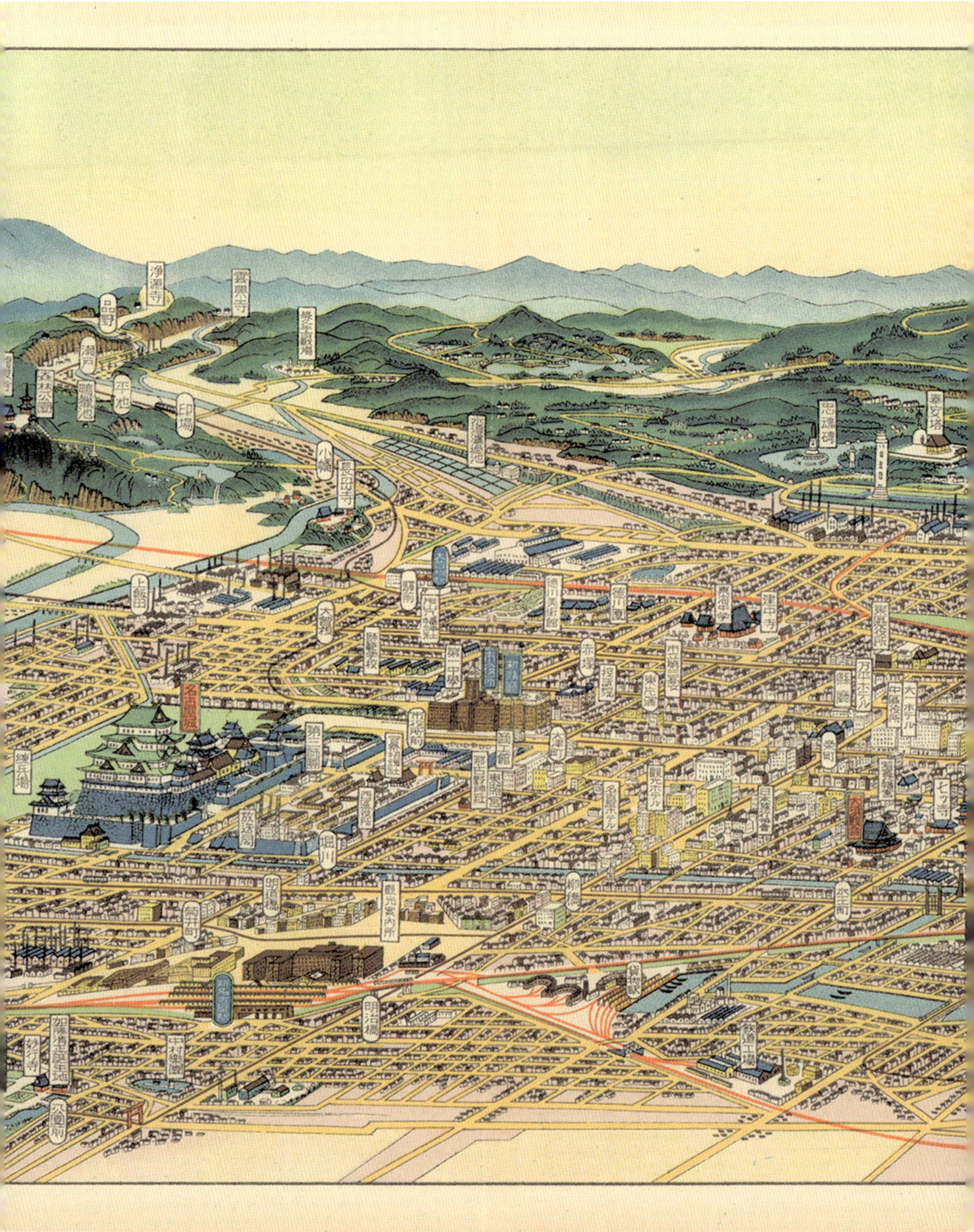


吉田初三郎「名古屋市鳥瞰図」（昭和 11 年、部分、名古屋都市センター所蔵）

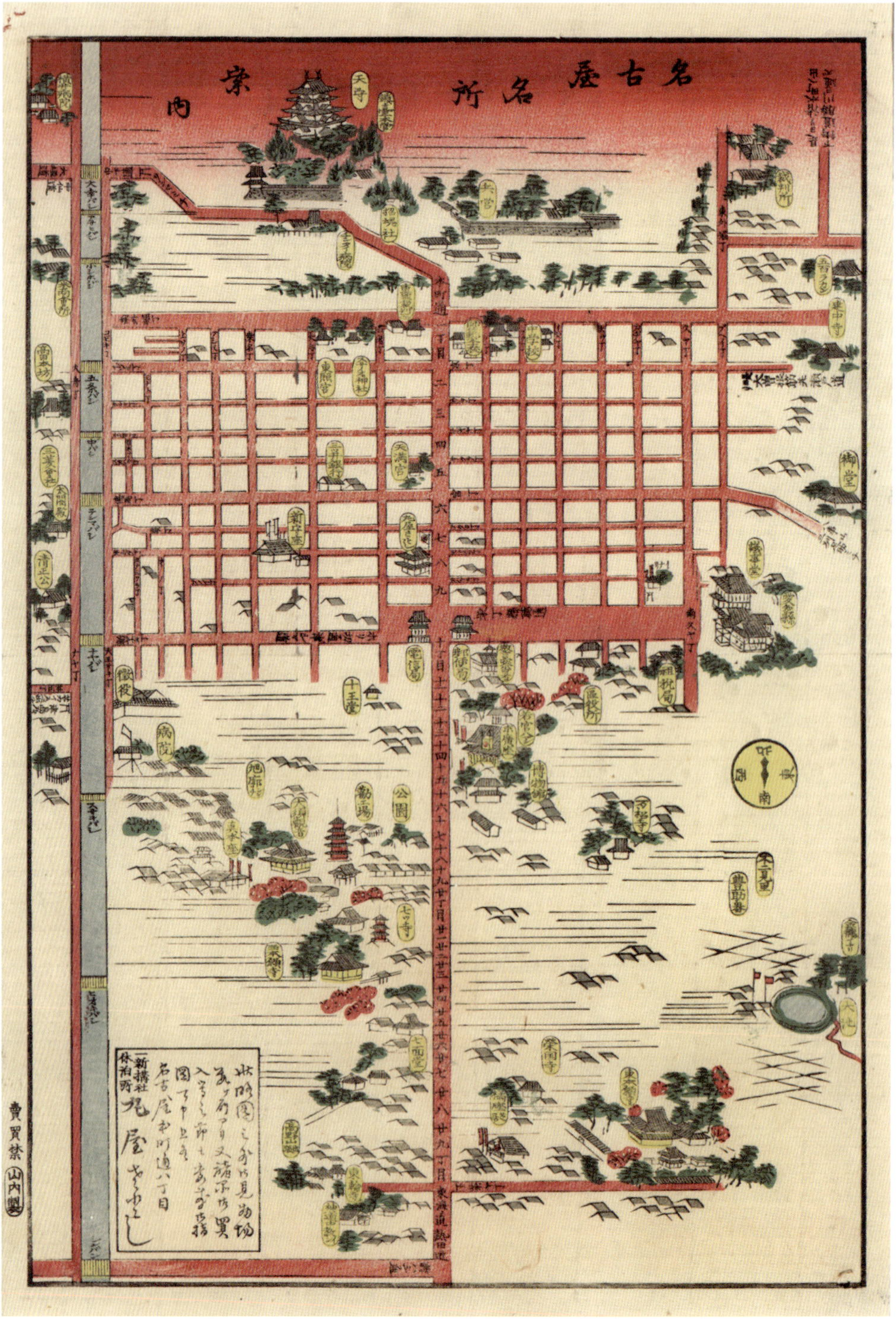


「名古屋名所案内」（明治期、名古屋都市センター所蔵）一新講社休泊所丸屋のちらしとある

Part1

# 街の履歴書

池田誠一

# 街角の「変遷」の物語

歴史の本義は、「そのものが変遷した過程」だという。

地域の歴史には、県や市の歴史があるが、それでは広すぎる。そのため特別なことの羅列になってしまう。しかし、もっと狭い範囲、といっても、例えば自分の家の付近の歴史となると情報不足で、変遷が描けない。

そこで、中間の「街角」程度の変遷を調べてみた。範囲は直径で1㎞くらい。見渡せるくらいの範囲である。そこに視点を据え、移りゆく時を追ってみた。

すると、意外なことがわかった。そこには地域の「盛衰」が浮かんでくるのである。昔、栄えた地域が沈んでしまった。何もない地域が輝く街になった…というような。そしてそこには「物語」があったのである。

盛衰の原因を探すと、なおおもしろい。「なぜ?」と問い、さらに、「その引き金は?」と。次々に推理が始まる。

本章は、名古屋の街の歴史ある街角を16カ所選んで、私なりにその変遷を描いてみたものである。ぜひ、あなたの街の街角も、その変遷を追ってみてほしい。

（池田誠一）

＊本章で使用する主な地形図について

**明治図**＝明治24年測図「名古屋東部」「名古屋西部」「清洲」「下之一色村」（ただし、3、4、12は、31年修正）

**現在図**＝平成20年修正「名古屋北部」、平成24年修正「名古屋南部」、「清洲」平成20年修正（すべて国土地理院地形図）。図中の赤線は探索コースを示す。

なお、両図の同位置に◯印を打ち、位置は**現在図**の下に示した。

1 名古屋城
2 熱田
3 名古屋駅
4 千種駅
5 築地口
6 大曽根
7 金山
8 栄
9 大須
10 円頓寺
11 中村
12 今池
13 星ヶ丘
14 白壁
15 覚王山
16 八事

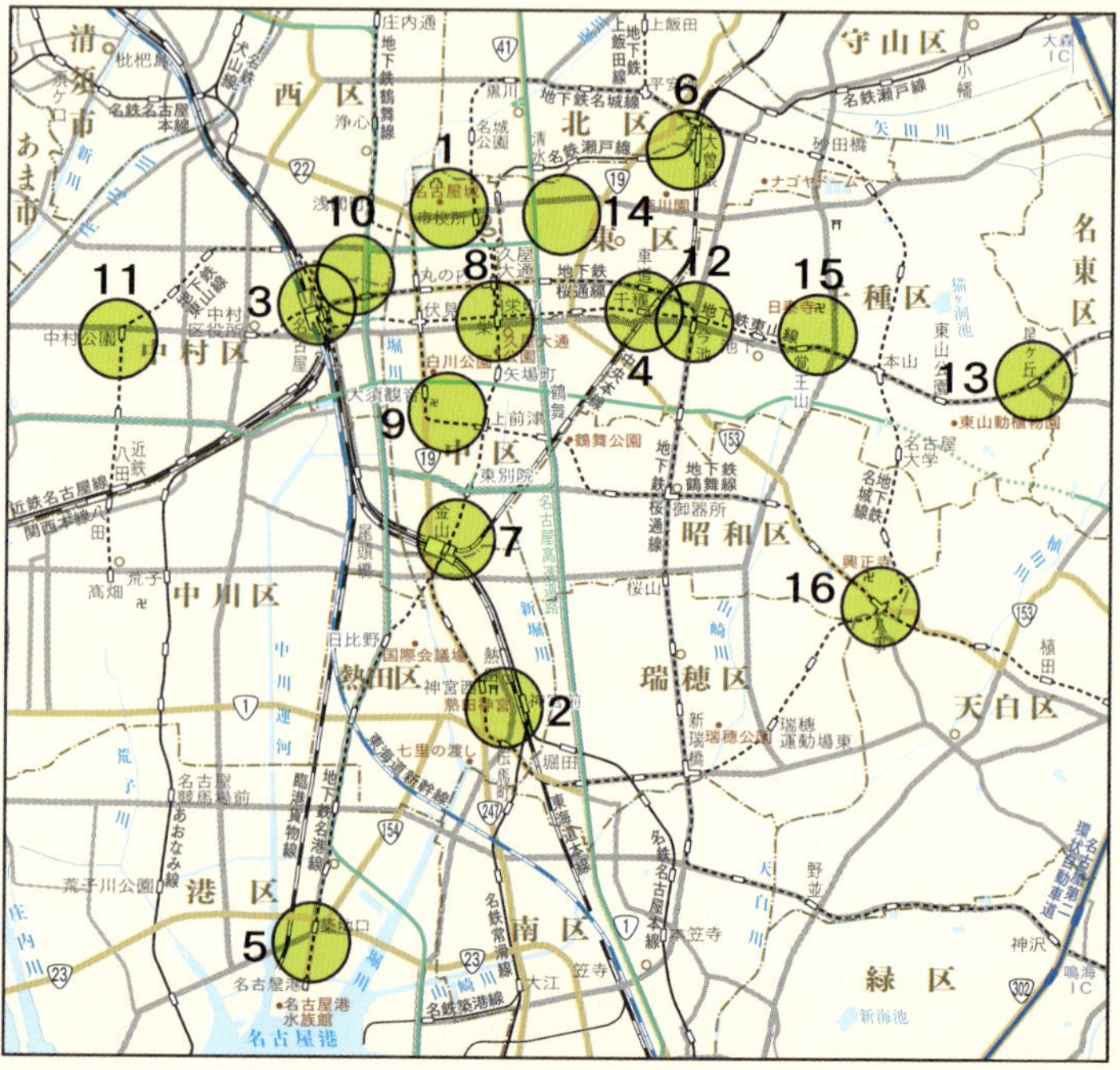

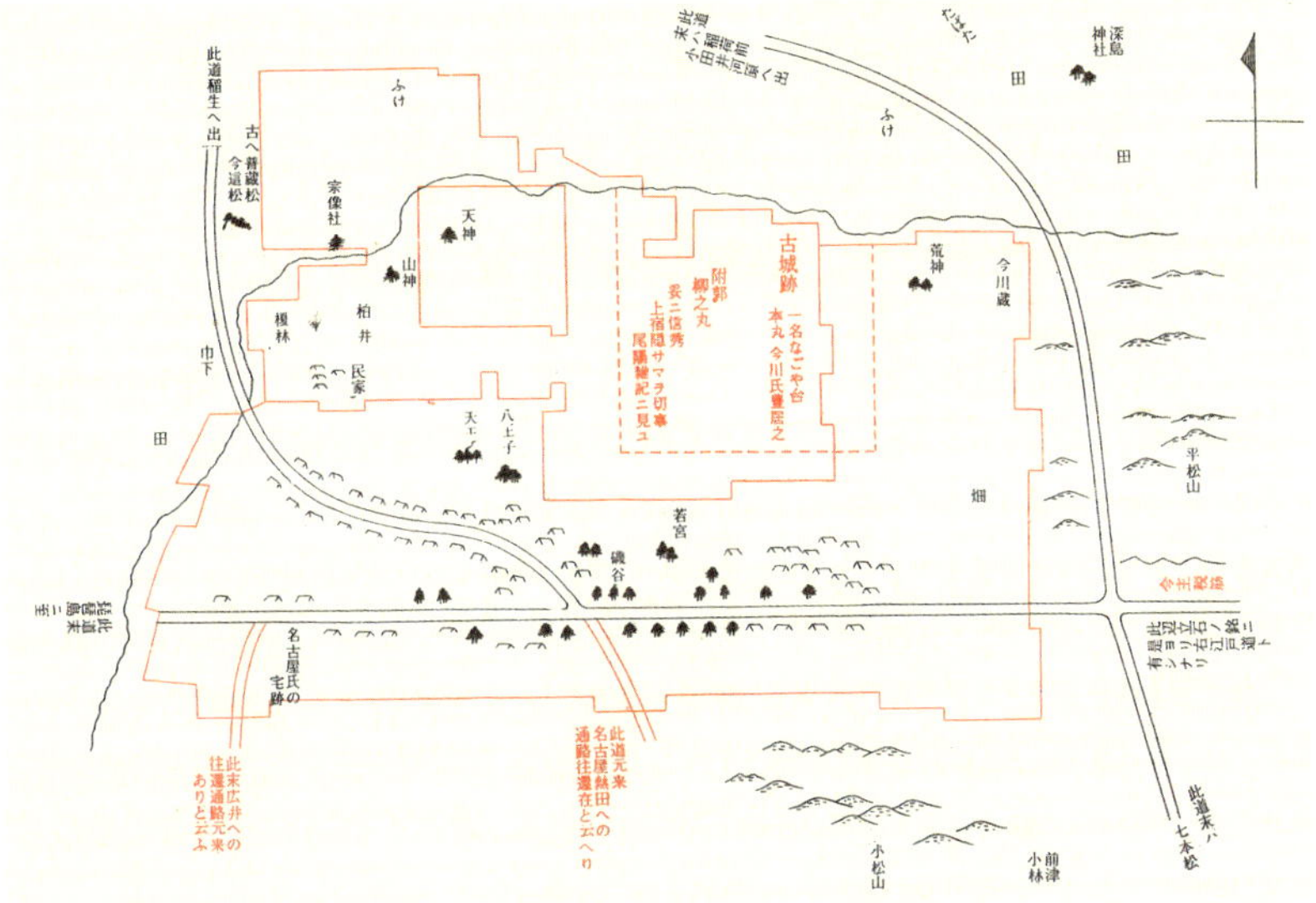


図１　名古屋築城前の町並み。旧城下の家並みが描かれている（『名古屋城史』）

# 1 名古屋城

## 【城下町のシンボル】

### ルーツは信長の頃

名古屋城は、名古屋の街のスタート点だといえる。17世紀の初めに城がつくられ、町もつくられて、それを中心に現在の名古屋の街が広がっていった。

ところが、この地の開発には前史がある。それは、その80年近く前の今川氏豊から、織田信秀・信長とつづく時代である。当時の城の本丸は近世の名古屋城の二の丸辺りにあったとされる。名古屋城築城前の状況をまとめた図面には、東西・南北の道路と、いくつかの寺社、そして点々と家並みも描かれている（図1）。その中には、「今市場」等の字《あざ》もあったといい、名古屋城以前にも城下と呼べる町並みがあったと考えられている。その後、信長は清須城を奪って移り、城は荒野に戻った。そしてその半世紀後、徳川家康が目をつけ、ゼロクリアして新しい「名古屋城」を築城したのである。

したがって、ここには500年近い歴史があるといえる。そこで、名古屋の街のルーツとして、まず、名古屋城付近の変遷を追ってみたい。

### 那古野城から名古屋城

#### ●信秀奪取・城主信長

名古屋城の位置に最初に城を構えたのは今川方である。1520年代とされている。織田方と今川方の戦いで織田が敗れた時、今川方が尾張の監視用につくり、「柳の丸」と呼ばれた。城主は今川義元の弟の、若い氏豊が派遣された。そこで織田信秀は、連歌の友として氏豊に近寄った。城内に泊まった時、病と称し家来を呼び寄せ、城下に火を放って、今川方を追放。城を奪ったという。天文7年（1538）と推定されている。ところがその後、信秀は今川方本体との決戦に備えて南の古渡城に移り、後は幼い信長が新しい「那古野城」の城主にされた。信長は、天文24年（1555）、21歳で清須城を奪うまでの15年ほどを、この城で過ごしたことになる。まさに信長の、「うつけもの」とされた青春時代は、この城と城下にあったといえるのである。

当時の城郭は、近年、その一部が掘り出されたが、昔の想定よりは大きく、その後の三の丸のかなりの部分も含まれていたと推定されている。

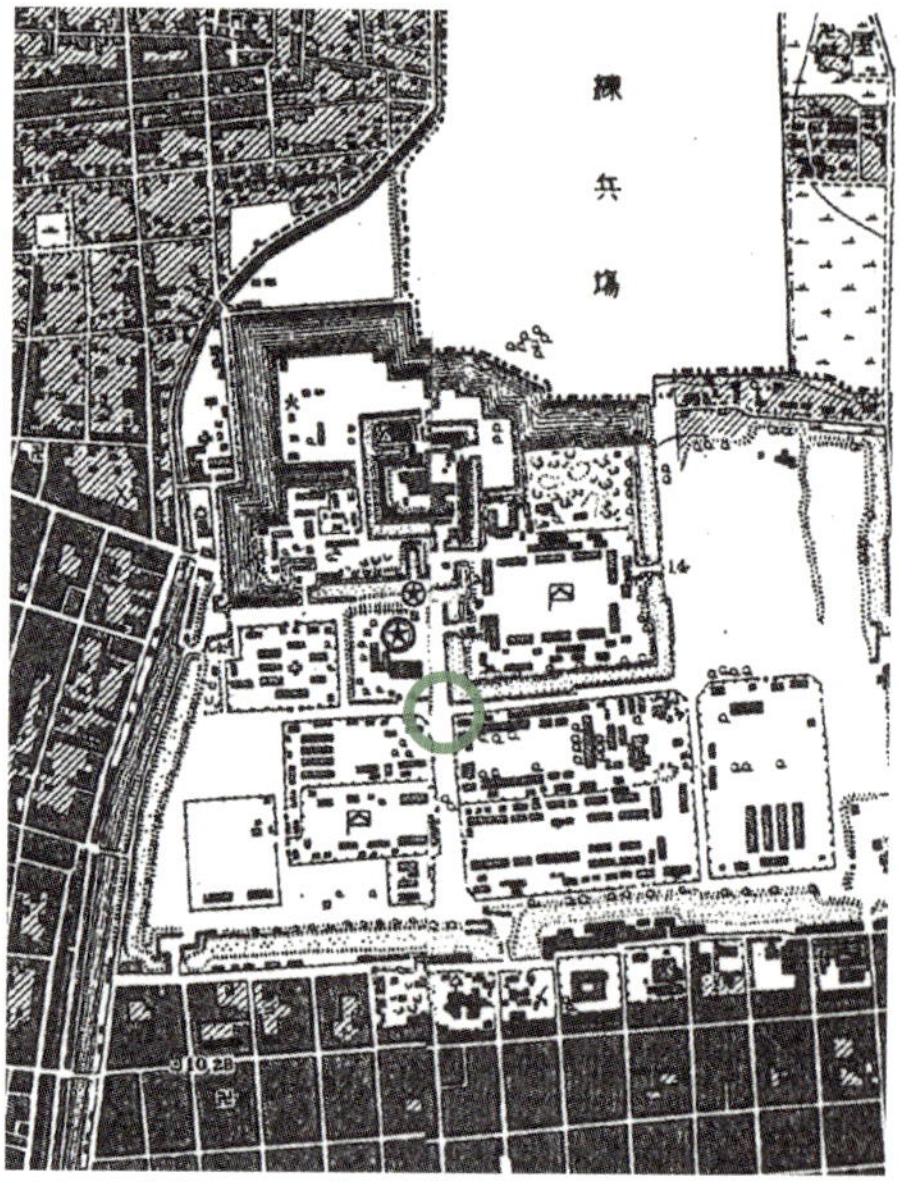

図2　明治図

0　500m

## ●家康築城

さて、信長が去って半世紀後の慶長14年（1609）正月。この城跡に姿を現したのは家康だった。関ヶ原戦に勝利し、豊臣方との最後の決戦に備えて大坂城包囲網をほぼつくり終わった頃、新城建設に取り掛かったのである。

発端は、清須城の改修の議論の中で、山下氏勝が家康に清須城の移転を進言したとされる。氏勝は姉が家康の側室であり、九男義直の傅役《もり》でもあった。彼の提案は、清須城は何度も洪水に遭っており、水攻めに弱いこと。移すとすれば①小牧山、②古渡、③那古野などがあること、とされる。家康はただちに動きだし、慶長14年正月、義直を伴って清須に来ると、各候補地を調査、那古野の地を決定した。当時は台地の北と西は泥地で、馬の動きが取れないような場所だったらしい。

築城はすぐ始まった。西国大名を総動員した大規模工事だったが、慶長15年（1610）の秋には石垣がほぼ完成し、天守等の建築工事に入っている。同時に家康は城下にも意を用いており、碁盤割の町人町、堀川の掘削等、今日に残る名古屋の街の姿をつくった。このようにして、慶長17、18年（1612、13）には名古屋城ができあがり、尾張62万石の城となって、その後250年余の泰平の時代が過ぎたのである（図2）。

## ●近代の変遷

明治維新になり、藩は解体した。名古屋城は陸軍が抑えることとなり、鎮台が置かれた。その頃、全国的な流れではあったが、城郭の不要論があり、明治3年、名古屋城は早々と破却（宮内庁へ）が決まった。

ところが、三の丸、二の丸と廃棄が進む中で、同5年、ドイツ大使のフォンブラントが城郭の文化財的価値を進言し、本丸は廃棄を免れた。しかし10年に西南戦争が終わると、再び城の不要論が飛び出した。この時は、陸軍の中村大佐が、名古屋城と姫路城の保存を進言し、廃棄を免れたという。11年には、地元の要請が認められ、外されていた金の鯱も元の姿に戻ることになった。その後、26年には本丸等が名古屋離宮になった。東京と京都の間がまだ遠い時代だったからだという。一般に公開されたのは、離宮が廃止され、整備された昭和6年のことである。

一方城跡の、その他の部分は、陸軍の各部隊や練兵場として占拠された。明治37年の地図を見ると、第三師団等司令部のほか、歩兵第六連隊や騎、砲、工、輜重兵の各大隊の兵舎、物資置場等が置かれている（図3）。そして昭和の初めには、一部が市役所や県庁の庁舎用に返還された。戦後は進駐軍の占領する所となった。各部隊が駐屯したほか、一部は住居やグラウンドとしても使われた。その後、返還後の跡地利用が検討され、都市計画に基づき、今日のような官庁街になったのである。

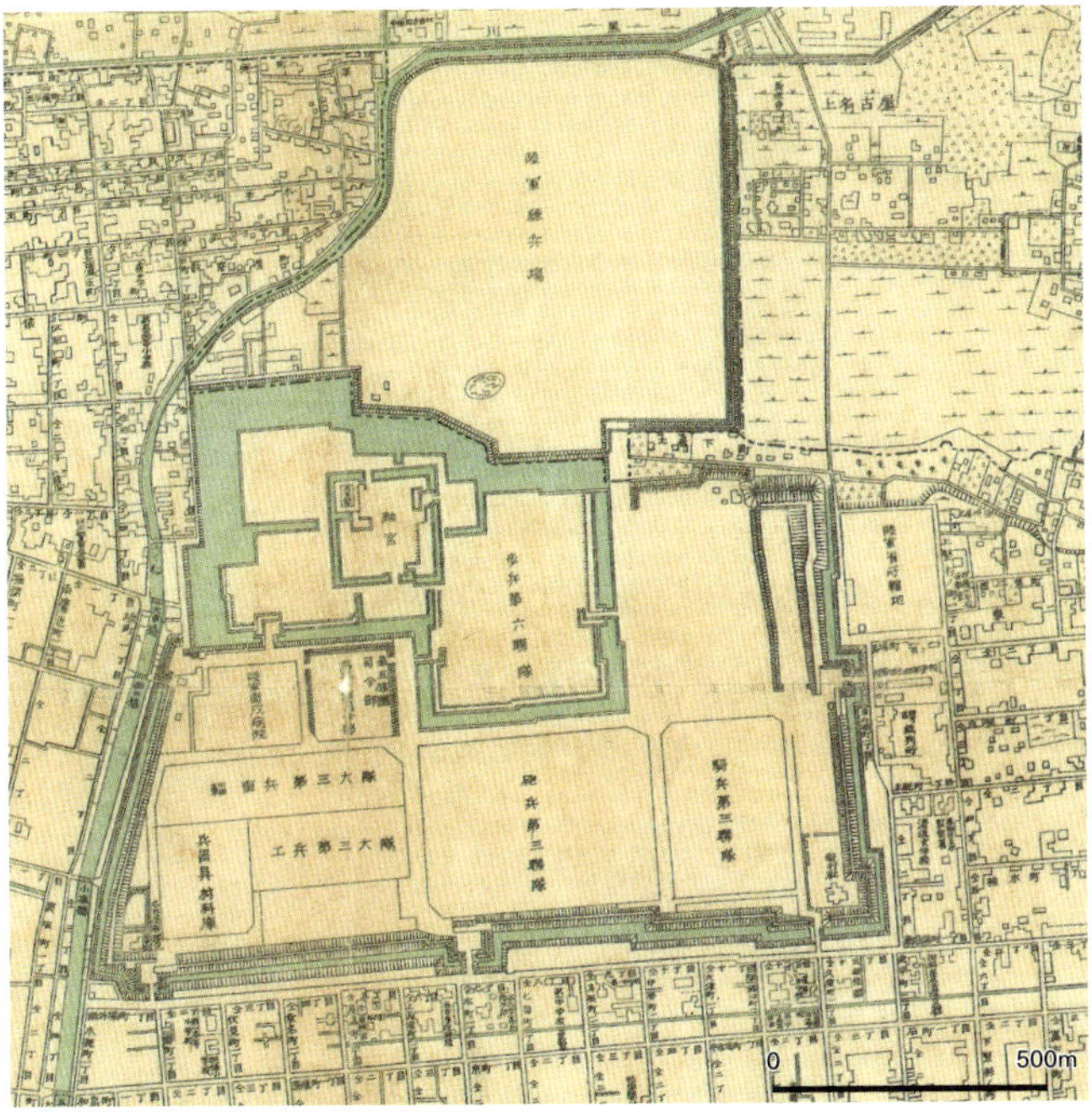

図3　明治中頃の名古屋城の使用状況（明治37年）

## 変遷を追って

名古屋のルーツの名古屋城付近を歩いてみたい（図4）。地下鉄の市役所駅6番出口を出る。ここは三の丸である。北に進み、東門から二の丸に入ると、有料ゲートがある。

中に入ると右側には広い二の丸庭園がある。名古屋城の居住空間は、本丸は将軍用とされ、城主は二の丸に住んだ。ここはその城主の庭園だった。明治になって荒れたが、今は復元されている。少し行った右側に、「那古野城跡」の碑がある。信長の頃の那古野城は二の丸に中心があったとされ、ここに石碑が建てられた。西に進むと右に東南櫓が見え、その先が本丸になる。名古屋城の本丸正門は、馬出しと桝形、周囲を多門櫓で囲った最強のものだった。しかし馬出

二の丸に立てられた「那古野城跡」の碑

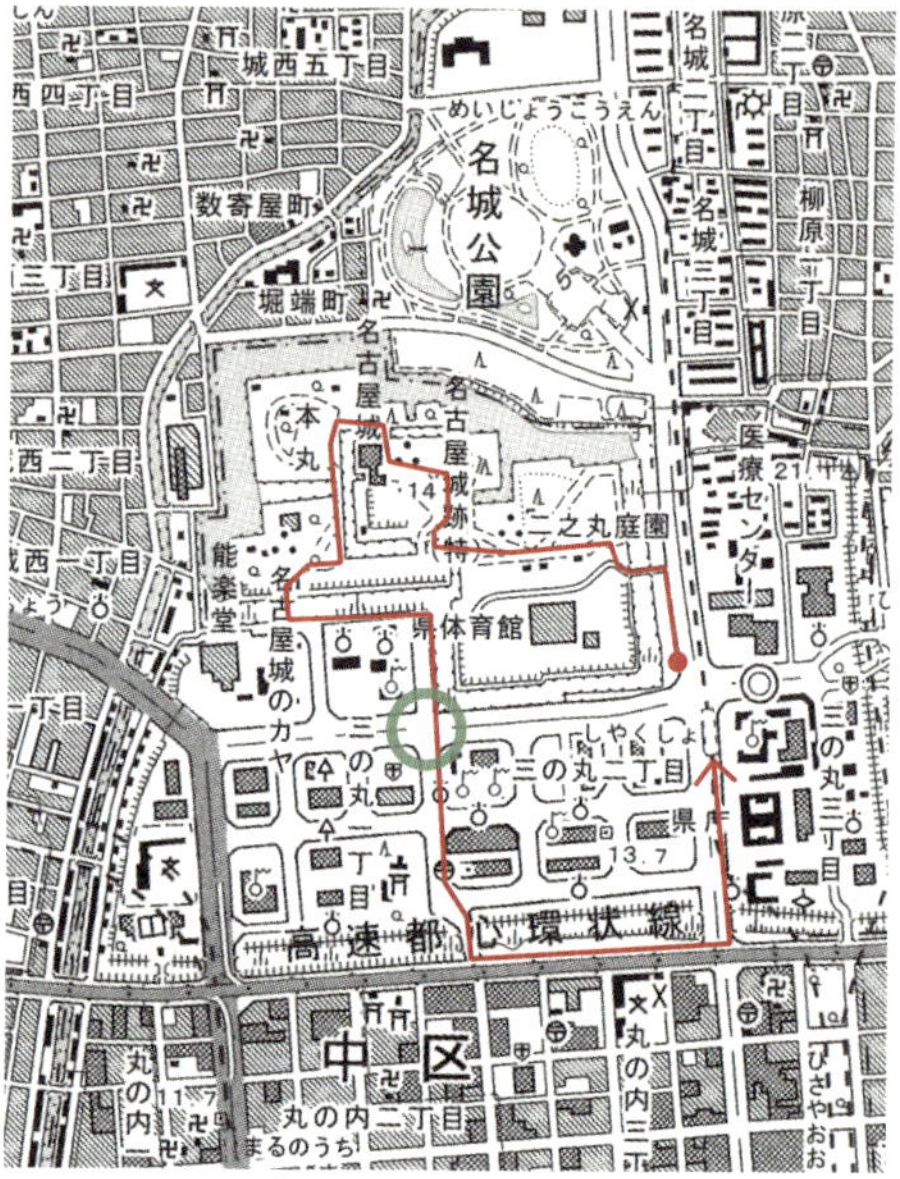


図４　現在図（○は二の丸交差点）

0　500m

しの西の堀は、明治時代末に馬車の通行に支障するからと埋められており、現在はわからなくなっている。

右に橋を渡り、桝形を通って本丸に入る。すると、すぐ再建された本丸御殿の正門になる。名古屋城は、昭和20年5月の空襲で、天守や本丸御殿を焼失した。天守は34年に外形復元されたが、本丸御殿は長い復元運動の末、平成25年、一部の公開にこぎ着けた。御殿の横を通り抜けると、大きな天守が目前にそびえる。当時は、大坂城をしのぐ大きな天守閣で世人を圧倒した。そしてその上には金の鯱が輝いたのである。

天守の横を通って奥の不明門を抜け土橋を渡る。左側には天守の石垣の全体像が見える。西に行くと御深井丸である。泥地に家康はあえてつくらせたという。南に、鵜の口を通って西南櫓前に出る。ここから見る天守は秀逸だ。西に行くと大きな木が見える。樹齢600年という「カヤ」の木である。初代城主義直が大坂の陣に出陣するときに実を食したという。

明治に離宮になった時、江戸城から移築された正門の榎田門（戦災で復旧）を出て、堀に沿って東に進む。突き当

名古屋城天守

旧陸軍第三師団司令部跡のレンガ塀

官庁街の真ん中、那古野城下「今市場」とされる付近

重文の名古屋市役所（昭和８年）と愛知県庁が並ぶ

りを右に曲がると二の丸の西御門がある。南に行くと交差点の西北角に赤レンガの塀が残っている。旧陸軍第三師団司令部の跡である。南に進み、次の交差する道が、昔「中小路」と呼ばれ、築城前に東西の道路だった所である。この付近に字「今市場」があったと推定されている。

そのまま進むとやや曲がって本町橋である。外堀を渡ると三の丸の外に出る。正面にまっすぐ続く道が本町通である。左に曲がり、外堀に沿って進む。外堀は石垣がなく、草に埋もれている。名古屋城がつくられた頃は、もう泰平の世が目の前だった。東に進むと昭和8年、市役所の移築に合わせ、土塁を壊してつくられた大津橋である。左に曲がると、右には、そろって重要文化財になった県庁と市役所の、帝冠式とされる庁舎が並んでいる。

## 残った都心の城郭

名古屋城は、早々と廃棄が決まりながら、本丸は、二人の恩人によって焼失まで残っていた。二の丸、三の丸も、建物は消えたが、堀は残ることになった。多くの都市で城郭が消えた中で、名古屋城は、立派な城郭が残されたのである。壊されなかったのは、軍が、それも第三師団という大きな組織が占拠していたからだろうか。

今、名古屋を城下町としてみたとき、都市の中心部に、名古屋城の大きな城郭が整然と残った意味は大きい。

# 2 熱田［計画を忘れた街］

## 熱田というところ

名古屋の街のもう一つの歴史は、熱田に始まる。古代から熱田社があり、社に参詣する人で、次第に門前が賑わい始めた。中世には、そこを都と鎌倉を結ぶ道が通るようになった。その頃には、海岸も湊として市が立つようになった。近世になると東海道が通り、宿場になって、桑名への渡しの起点にもなった。

熱田の「社」は三種の神器の一つの草薙の剣を奉る。「市」は御三家の筆頭の62万石の台所を担う。「宿」は東海道一の旅籠数を誇った。門前町に始まり、湊町が加わり、宿場町にもなって、当時としては最大級の街並みができることになったのである。

ところが、今、その熱田の街はどこに行ってしまったのだろうか。過去の繁栄の跡は史跡化し、街はごく普通の街になってしまったように見える。明治から100年余の歴史の中に何があったのか。変遷を追ってみたい。

## 翻弄された街

### ●昔の熱田の街

旧い熱田の街は熱田社の南口から南にまっすぐ、七里の渡しに向かう参道が軸だった。街並みはその東西に展開し、主に東側には宿場町、西側には湊町が広がっていた（図1）。

社の街だったが、寺も百ヶ寺近くあり、宿場は天保の頃の調査では旅籠が250軒近くあった。東海道でも2位の桑名の120軒を抑えて断トツの1位。ということは、全国でも最大の宿場だった。また魚市場は堀川河口に位置し、城下の西北、枇杷島の青果市場と並び、活気に溢れていたという。

### ●維新後の変遷

こうして発展してきた熱田

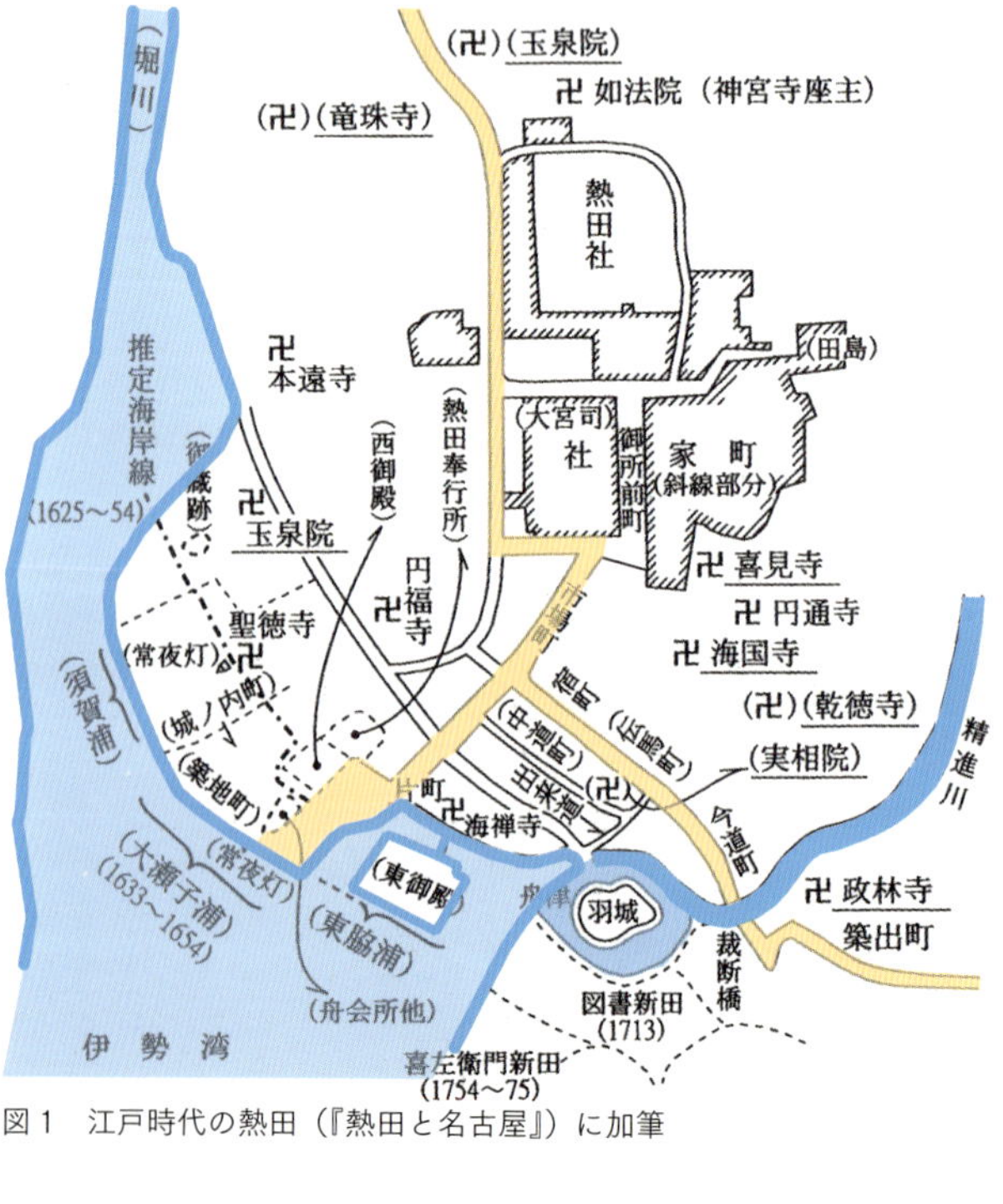


図1　江戸時代の熱田（『熱田と名古屋』）に加筆

の街には、明治維新後いくつかの大きな変化があった。まず、明治の初めに宿駅制度が廃止される。七里の渡しも別の陸路に変わった。しかしまだ旅客も貨物も熱田経由に変わりはなかった。

交通面で大きな変化があったのは明治19年の東海道線の熱田駅の設置である。名古屋駅より2カ月早く、はじめは東海道と交差する伝馬町の東で開業した。ところが10年後、約1km北の現在位置に移されている（図2）。

明治20年代は熱田社が大きく変わろうとしていた時期である。大宮司になった角田忠行の、熱田と伊勢両神宮は同格に見るべきだという建白をめぐって、熱田の街が揺れるという出来事があった。最終的には、国費で本殿が整備されることにはなった。

だが、このように熱田の中が揺れている間に、隣の名古屋は着々と都市の整備を進めていたのである。その中で、熱田港を改築して名古屋の港をつくろうという運動が進み、明治29年には着手の運びになった。並行して名古屋と熱田を結ぶ道路・軌道も計画された。最初は本町通が考えられたが、地元の反対で、新たに南大津通を延ばして熱田に結ぶ熱田街道（今の大津町線）がつくられることになった。40年、市、熱田町と電車会社の寄附で13間（約25m）の道路として整備された。

同じ年、熱田町は名古屋市と合併し、同時に熱田湊は名古屋港という名前で開港した。熱田は港も含めて名古屋市の一部になったのである。市電が栄町から熱田駅前、伝馬町へと延び、名古屋と熱田は強く結ばれた。

## ◉鉄道、道路に翻弄されて

その後、明治の終わりから大正にかけて、熱田には南の常滑や有松方面からの郊外電車が乗り入れた。しかし市内電車の独占契約で中心部には入れず、長い間、神宮前が終端駅だった。このため東側の神宮前付近が交通の拠点として発展することになった。

戦後、大きな戦災を受けた熱田は都市計画を受けて、東西に国道1号線を拡幅。南北にも国道がつくられた。共に幅50mで旧市街の中央を斜めに横断することになった。昔の宮への参道や旧東海道もそれらの広い道路によってバラバラになった。熱田の街にはもう、一体感はなくなってしまったのである。

## 変遷を追って

熱田の街を歩いてみたい（図3）。地下鉄伝馬町駅の1番出口を出て、西北に5分くらいで神宮の正門（南門）に着く。南正面の道が昔の街の軸線になった参道である。七里の渡し場までまっすぐ続いていたが、今では広い国道によって2箇所で分断された。南に、国道を右側の口の字の歩道橋に迂回して反対側に渡る。そのすぐ先の三差路が旧東海道の曲がり角、美濃路、佐屋路の分岐点にもなる宿場の中心だった。東南角に道標が残されていたが駐車場になり、北側に移転される。

角から東海道を南に進むと、また国道に中断されて歩道橋を渡ることになる。三差路から渡し場までは神戸町と呼ばれ、街道の繁華街だった。少し先の右側には藩の役所が並び、その先には西御殿があった。昔はその東側は海で、中に東御殿があった。旧道を突き当たると公園になっている。その右奥に七里の渡し場の跡

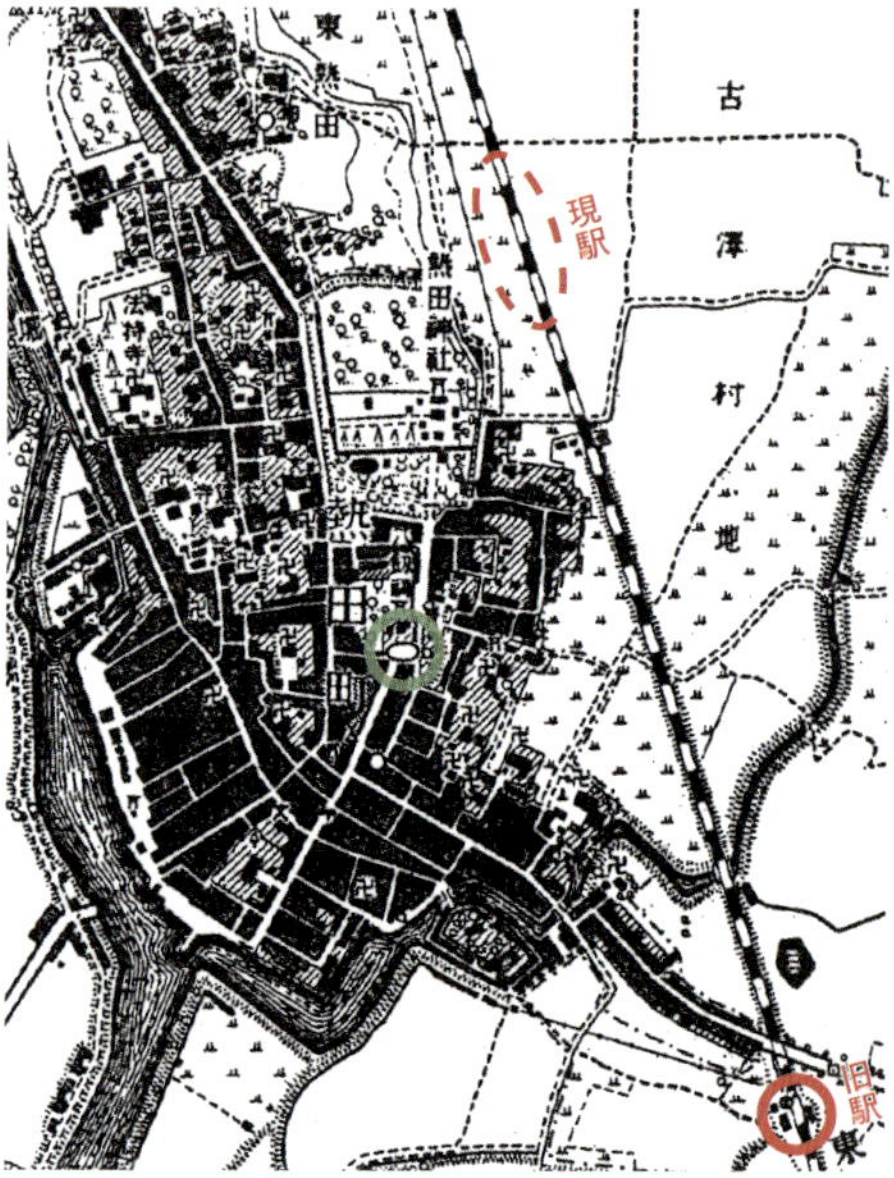

図２　明治図（◯は旧駅と現駅）

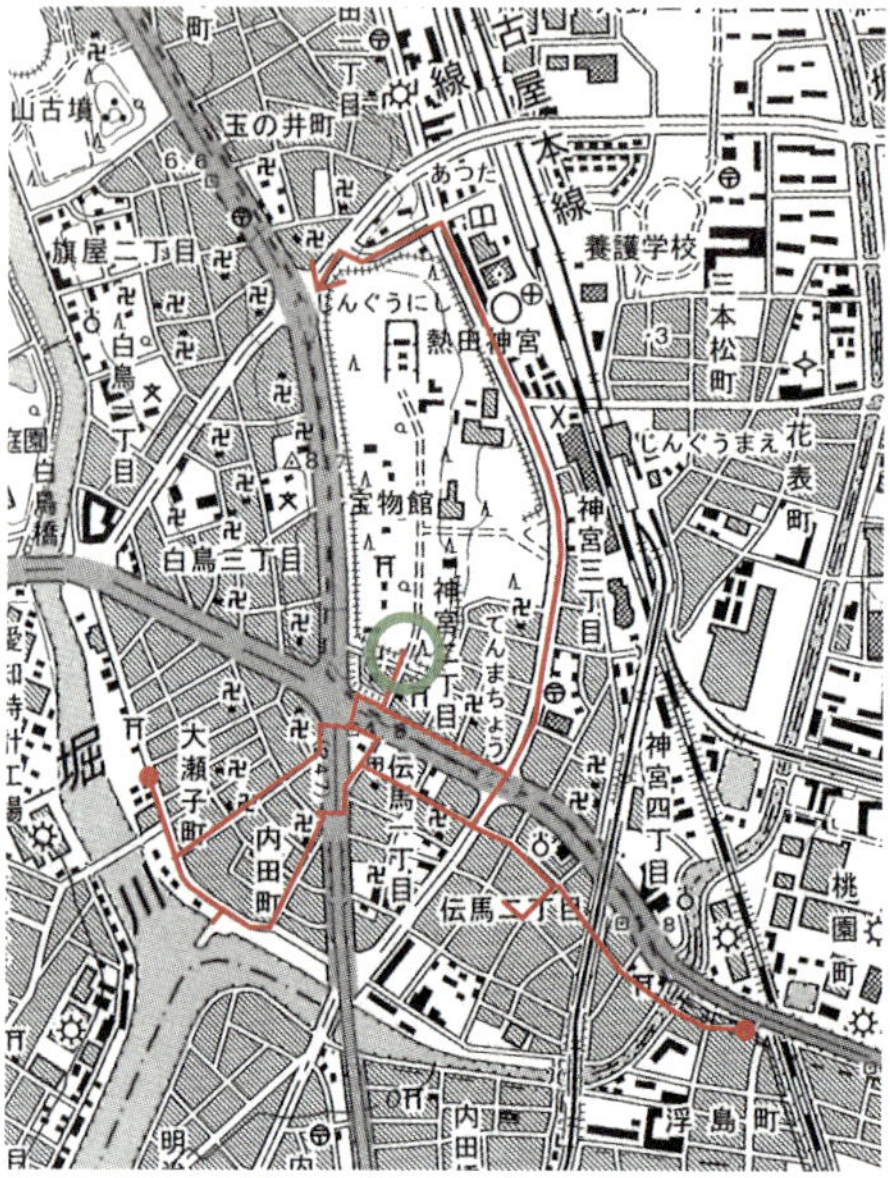

図３　現在図（◯は熱田神宮正門）

0　500m

七里の渡し跡

がある。常夜灯が復元され、堀川の水辺と合わせると、渡しの雰囲気になる。陸側の道路沿いに二軒、当時のイメージを残す建物がある。丹羽家と熱田荘である。『尾張名所図会』に当時のこの辺りの料理屋の賑やかさを伝える絵がある。

道を西に進むと左に大瀬子橋がある。それを通り過ぎた所に、最近まで昔の魚問屋の建物が残っていた。今では、それも消えて、魚の市の跡を伝えるものはもうなくなってしまった。

大瀬子橋の所に戻り、左に街の中に入る。昔は冷凍用の土蔵が目に付いたといい、須賀町は賑やかな商店街だったというが、イメージがわかない。まっすぐ行くと右側に平景清をまつる社がある。謡曲「景清」では、この熱田で一子を儲けたとある。

道は国道に出る。再びロの字の歩道橋を渡り、先ほどの旧東海道の三差路に戻って、今度は東に進む。こちらは伝馬町といい、宿場の中心だったが、その跡を伝えるものは見当たらない。少し行くと幹線道路で行く手を塞がれる。熱田街道が港に延長されたもので、左の国道交差点に迂回する。反対側に出て東に進む。この辺りから右は、古くは「羽城」という堀に囲まれた屋敷があった。戦国時代、徳川家康が6から8歳まで人質となっていた所である。今はその痕跡も消え、石碑が建てられて、そのことを伝えている。

街道に戻ると、右に裁断橋と姥堂の史跡がある。裁断橋は、中世、新堀川の前身の精進川に架けられたが、流路が変えられて今は形だけである。その擬宝珠に刻まれた、子を思う母の心情を綴った文は、日本女性三名文の一つといわれている。亡くなった子の33回忌に橋を架け替えるときに刻んだ供養文である。

その東辺りは、宿場の飯盛女の間で歌われた都都逸《どどいつ》の発祥の地とされ、その記念碑も建っている。

裁断橋と姥堂史跡。この向こうを精進川が流れていた

当初の熱田駅は旧東海道交差部の西南にあった

少し先にある、当初の熱田駅の跡を訪ねてみよう。新堀川を渡り少し行くと東海道線と交差する。東海道の当初の熱田駅はこの南側に小さな駅としてつくられた。ところが、10年で北1㎞の現在地に移された。

先ほど迂回した国道の伝馬町交差点に戻り、北に行くと名鉄の神宮前駅である。今、強いて熱田の街の核を探そうとすればここだろうか。ただ正面には神宮域が広がり、駅前に発展の余地はない。そこから北にJR熱田駅までは商店街がある。戦後は賑やかだったというが、今はその面影はない。熱田駅の正面で左に曲がり、坂を上ると地下鉄の神宮西駅である。

## 都市の計画

熱田の街の曲がり角は明治20年代だったように思える。熱田派と伊勢派が争い合う間に、明治29年には国鉄の駅が北の神宮東北角に移った。運河が掘られ、街の向きが神宮の南から東に変わった。その後、道路も路面電車も郊外電車も、その熱田駅を目指すことになった。宿場から熱田駅に中心が動き始めたのである。さらに駅の東側には大きな軍事産業が立地し、駅は軍事産業の中に取り込まれていくことになった。

昭和20年につくられた市の戦災復興計画の基本の中では、熱田駅は高架化する見返りに消えてしまう可能性すらあった。

今から見ると、熱田という歴史ある街を一つのまとまりとして計画し、残していこうとする人材も、発想もなく、忘れられたままだったような気もする。

# 3 名古屋駅【中央駅の立地】

## 名古屋の中央駅

都市の中央駅は、その都市を訪れる人、出発する人の玄関口として都市を代表する。名古屋駅は多くの交通機関が集中し、一日に100万人近い人が集まる名古屋圏の代表的な場所である。

しかし、この名古屋駅はどうして今の場所に決まったのだろうか。この辺りは江戸時代には城下にも入らない、さみしい地域だった。笹島と呼ばれたこの辺りは、田んぼや泥地の地域だった。道路は少し南に城下から佐屋路に向かう柳街道が通るだけだったのである（図1）。

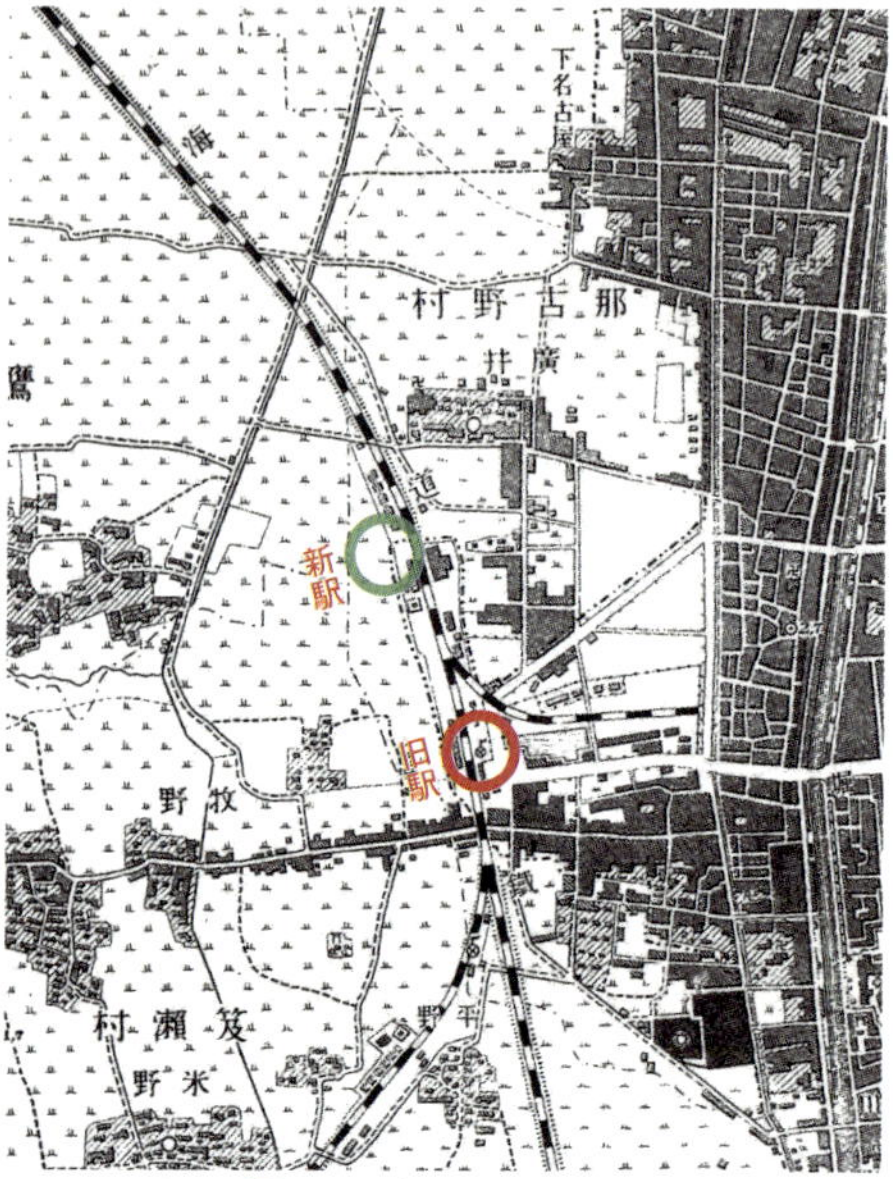


図1　明治図（◯は旧駅）

0　500m

このような場所が、今日のように変身した過程には何があったのだろうか。その形成過程を追ってみたい。

## 国土幹線鉄道と駅

### ◉中山道か、東海道か

明治維新、近代国家を目指すわが国にとっては鉄道の整備は大きな課題になった。明治2年には早くも新都東京と京都、両京の間に幹線鉄道を敷設することが決まっている。しかし問題はそのルートだった。東海道と中山道である。今日からすれば意外だが、中山道案が優勢に進んだのである。明治4年には内部調査で、8年にはお雇い外国人のボイルが調査し、いずれも中山道案を推した。理由は東海道には橋が多くて建設費がかかり、船や馬車との競争になること。一方中山道には支線を含めて開発効果が期待できることだった。西南戦争で中断したが、そこで軍が、兵員や物資の輸送で鉄道の重要性に目をつけたのである。

明治16年、山県有朋が、東海道では艦砲射撃の危険性があるとの意見を出して、中山道に決まった。そして翌17年には東の横川・高崎間、西の大垣・加納（岐阜）間から工事が始まった。名古屋は鉄道ルートから外れてしまいそうになったのである。

### ◉区長・吉田禄在

「この中山道の計画は難しい」「名古屋も取り残されてしまう」そう考えて動き出し

たのが、まだ市のできる前、名古屋区の区長の吉田禄在だった。知事の合意を取り付けて、東京の鉄道局長井上勝宅に向かい、直接自分の意見をぶつけた。禄在は藩政時代に木曽の山林の役人を勤めており、中山道の鉄道建設の難しさを理解していたのである。

ところが実は、この時、国はすでに中山道を名古屋経由にすること。さらには東海道を優先することも内定していたようである。だが、決定前なら鉄道局長としては、名古屋区長の言うことを、すぐに了解するわけにはいかない。再調査を約し、事実、自らも踏査したうえで、明治19年、正式に国の方針を東海道経由に変更したのである。

結果から見れば、禄在の考えた通り、名古屋は幹線鉄道のルートに入り、大都市への第一歩を踏み出すことができたといえる。

図2　明治19年に開業した名古屋駅

## 名古屋駅の立地

鉄道が名古屋を通ることになっても、駅をどこにつくるかは都市として重大な選択だった。当初の鉄道側の計画は東海道と鉄道との交点、熱田の伝馬町だったようである。しかし禄在は広小路を西に延長した笹島の地を主張したのである。井上局長は泥地を埋め基盤をつくること、大通りを駅まで延長することを条件に笹島での駅設置を認めたという。

明治19年5月1日、東海道への変更が正式に決定される前だったため、名古屋駅（始めはなぜか名護屋駅）は、まず半田港から岐阜への資材輸送線を仮営業する形で開業した。

初代の名古屋駅を写した写真は少ない（図2）。というのもその5年後に濃尾地震があって駅舎は倒壊し、その後は2倍の規模で再建されたからである。そして第三代目の駅舎は、昭和12年、そこから200mほど北の現在の位置に、東洋一という規模で完成した。あわせて駅前には、都市計画に基づき、桜通がつくられたのである。

## 変遷を追って

少し離れた地下鉄の伏見駅から名古屋駅に向かう（図3）。伏見駅の7番出口を出て広小路通を西に。広小路は、今は名古屋を貫通する幹線道路だが、江戸時代は本町通の1本西までしかなかった。この付近は、細い道と排水溝があるだけだった。

ビルの立ち並ぶ広小路通を進むと堀川の納屋橋に出る。昔はこの橋の先に道はなく、少し南を西に入る道があった。柳街道と呼ばれたこの道は佐屋路の鳥森への近道である。

明治 33 年、明治橋はこの付近から鉄道を跨いだ橋だった

　その道に入り、次の幹線道路を迂回して進む。2本目で1本南の道にずれるが、その西北角に石碑が建っている。夏目漱石の小説「三四郎」の冒頭。名古屋での宿泊の場面。その宿の跡を示す石碑である(元の位置は少し西北)。西に曲がり少し行くと柳里神社がある。この辺りには柳橋とか柳町という地名もあり、柳が多く、柳街道の名もそれに由来するという。

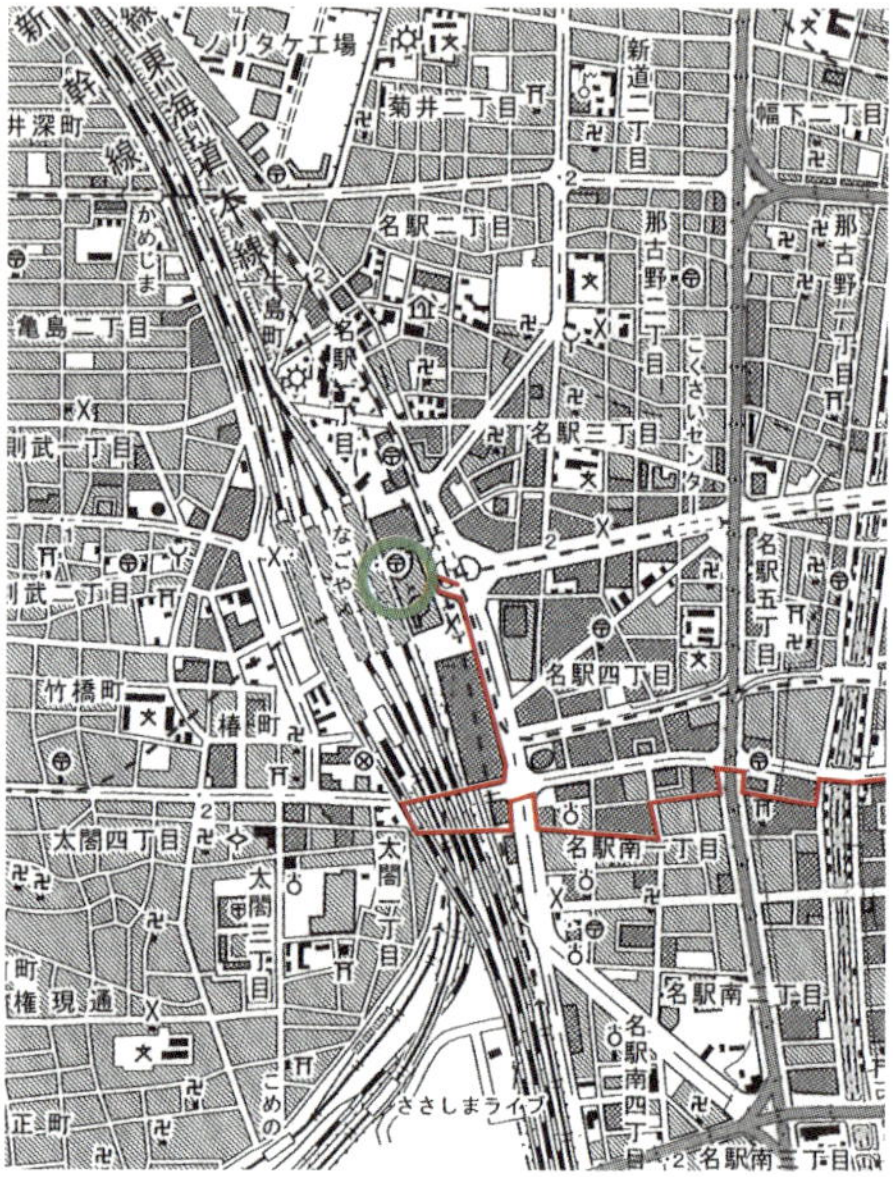


図３　現在図（○は名古屋駅）

0　500m

　駅前を通る広い幹線道路に出た所に、昔、鉄道跨線橋だった「明治橋」の橋柱が保存されている。幹線道路を迂回して西側に渡る。この南には、明治28年に開業した関西鉄道の愛知駅があった。モダンな駅舎で注目を集めたが、国有化されて関西線に。明治42年には駅も統合され廃止されてしまった。

笹島交差点。この正面のビルの下辺りに当初の駅があった

　迂回した道路の西に二層の高架橋が見える。バスターミナルへの橋だが、昔の東海道線はこの辺りの地上を走っていた。明治34年、鉄道を越すために、跨線橋の明治橋が架けられた。この橋は昭和12年に鉄道が築提式に変わるまで、街の東西を結ぶ重要な役割を果たしたのである。

　進んで名鉄が地下線になる所を越え、ＪＲの何本かのガードをくぐる。出た所は昔は明治橋を下った所である。ここは中村に向かう中村電気軌道の起点になっていた。この軌道も昭和12年、国鉄が高架になるとともに、市営電車として今の広小路通に切り替えられている。北にその広小路通に出て右に曲がる。

　鉄道のガードをくぐると笹島の交差点に出る。その西北角のビルの辺りが当初の名古屋駅の位置になる。広小路の延長上からやや北である。少し北に行くと右の車道の反対側、錦通の左側に、東北方向からの斜めの道が見える。この道は初めの駅の時に、碁盤割地区の中心であった伝馬町通と駅とをつなぐため、堀川の伝馬橋から名古屋駅まで延長された道である。初めの駅の跡は時代とともに消えたが、広小路通とこの斜めの道が、その中間に昔の駅があったことを物語っている。

碁盤割地区の中心（伝馬町通）と旧駅を結んだ道

　駅前を北に進むと円錐形のモニュメントの立つロータリーに出る。東には幅員24間（44m）の桜通が延びている。昭和12年にできた時は広かった道路も今では狭く感じるようになった。

　その北側は、ビル工事のラッシュである。十数年後のリニア中央新幹線の開業にあわせて、名古屋駅はさらなる転機を迎える。

現名古屋駅前のロータリー

## 「大名古屋」の志

　吉田禄在は鉄道局長井上と駅前大通として広小路の延伸を約したが、当時の名古屋区にそんな財政力はなかった。彼はその不足分に区民の寄附を募ることにしたのである。それも町の繁栄のため区民から申し出る義捐金という形にして。それは大変な試みだった。区民から総スカンを食らい、「禄在なんて捨てんしょ（ステンショ＝駅）」と囁かれた。それでも商家等の大口もあって工事費の過半の四万円を超す寄附を集め、鉄道からは少し遅れた明治20年初めには開通させた。

　広小路の延長はその後の名古屋の街の発展に大きな影響を与えることになった。広場だった広小路が広小路「通」と道路に変わり、都市の軸線になった。

　禄在はこのあと区長を辞して自由の身になった。しかし在任中も含め、金の鯱の復元から名古屋城の離宮化、新堀川運河開削、覚王殿の誘致などさまざまな問題に力を発揮し、名古屋に大きな足跡を残した。とりわけ大きいのが名古屋の築港で、大隈、井上馨、山縣といった歴々をはじめ何度となくその必要性を訴えた。その港の必要性を論じた具申書の中で、禄在は、「而して彼の江、勢、濃、飛、信、遠等の諸国未曾有の便利を得…」と。滋賀県から長野県、静岡県までを含めた中で、名古屋を「大名古屋」にすることを考えていたのである。

# 4 千種駅

## 【通過する人々】

### 東の名古屋駅

現在、中央線には、名古屋、金山、鶴舞、千種、大曽根、新守山と名古屋市内に多くの駅がある。ところが明治33年にこの鉄道ができた時は名古屋と千種の二駅しかなかった。

千種駅は中心街から見ると名古屋駅の反対側になる。この駅は名古屋駅と同じ発想で広小路を東に延ばした交点につくられたのである。当時は、名古屋駅は西の名古屋駅、千種駅は東の名古屋駅として構想されたともいえる（図1）。

図1　明治末の市街。名古屋駅と千種駅が対になっている

名古屋駅と千種駅には、その他にもいくつもの共通点がある。①吉田禄在が設置に活躍したこと、②街道（名古屋駅は柳街道、千種駅は飯田街道）に隣接してつくられたこと、③市内電車が駅まで延ばされたこと、など。タイミングの違いはあるが大変よく似ており、市民には一時は「東の名古屋駅」というイメージがあったのかもしれない。

しかし、今、千種駅の駅前に立ってみると、そこには名古屋駅と対になることを期待してつくられた街のイメージはない。駅前広場も狭く、ビルはあるがマンションで、駅の西側には出口もないのである。後からできた大曽根や金山よりもさびしい街になっているようにすら感じる。期待されつつも、それが期待はずれになってしまった背景には何があったのだろうか。その経緯を追ってみたい。

### 名古屋東部駅

#### ●中央線千種駅

中央線は東海道線の全通の後、やはり軍部の後押しで建設が促進された。ただルートは中山道ではなく、東側は甲府を経由して諏訪に。西側も名古屋が目的地になった。諏訪からは木曽谷と伊奈谷が比較されたが、木曽の木材運搬等が評価されて、明治27年正式に木曽谷に決まっている。名古屋から木曽谷へは29年に着手され、33年名古屋・多治見間が完成し、千種駅が開業した。今の駅の南500mほど。駅舎は線路の西側である。

この駅の設置をめぐっては、名古屋駅の時と違って名古屋側の対応は早かった。明治27年から名古屋東部駅の構想づくりが始まり、駅の位置も広小路線を東に延長した所とされた。ところがアクセス道路については、当時広小路の東端に県庁があり、その迂回か移設かで調整に時間がかかった。また千種駅は市外の千種村だったが、村との交渉がこじれてしまった。結局、東部道路といわれた千種駅までの広小路線の延長が完成したのは、市内部分が明治34年末。千種村の部分はわずかの距離だが、明治41年になっていた。

### 名古屋駅との違い

千種駅は名古屋駅と共通点が多いが、異なった点もある。一つは名前である。名古屋が都市の中央駅の名であったのに対して、千種は千種村という小さな村の名だった。二つ目は路線である。名古屋駅がその後多くの鉄道の終着駅になったのに対し、千種駅はそれに続く鉄道路線ができず、ただの通過駅に過ぎなかった。そのため乗客数も名古屋駅の10～15％だった。三つ目は駅の開発が進む前に街が線路を越えて東に延びたことである。市内からの電車は明治36年には千種駅のすぐ北の西裏まで開通した。ところが37年に覚王山日暹《せん》寺ができ、多くの参詣者があったため、44年には中央線の東から月見坂（覚王山）へ。翌年には千種橋ができて都心につながってしまった。このため路面電車の千種駅までの区間は盲腸線のようになってしまったのである。

### 千種駅の限界

こう見ると千種駅付近の街が発展しなかった理由は、いくつか考えられる。一つは需要が少なかったこと。東海道線と中央線の差のほかに、市内電車の客が東に通過してしまったこともある。もう一つは駅が千種村という小さな村の、しかも裏側にあったことである。千種村は明治35年には町制が敷かれたが、人口1万人の町には東部駅を育てる力も気もなかった。千種町が名古屋市と合併するのは明治43年で、駅ができて10年経っていた。この遅れで隣の大曽根駅や路面電車の交差する今池に追いつかれたといえるだろう。

そして戦後になり、取り残されたようになっていた千種駅は、戦災復興事業の中で、地下鉄と連絡するため北に移動し、向きも東に変えることになった。そして昭和35年、新しい千種駅として再出発したのである。

## 変遷を追って

今のJRの千種駅からスタートしたい（図3）。ホームの南にある地上の改札口を出ると、正面は駅前広場になっている。左右に幹線道路が迫るためか、狭い印象を受ける。右の広小路通に架かる予備校への歩道橋を渡る。広小路通を東に、二つ目の信号

千種駅前広場。昭和 35 年に開かれた

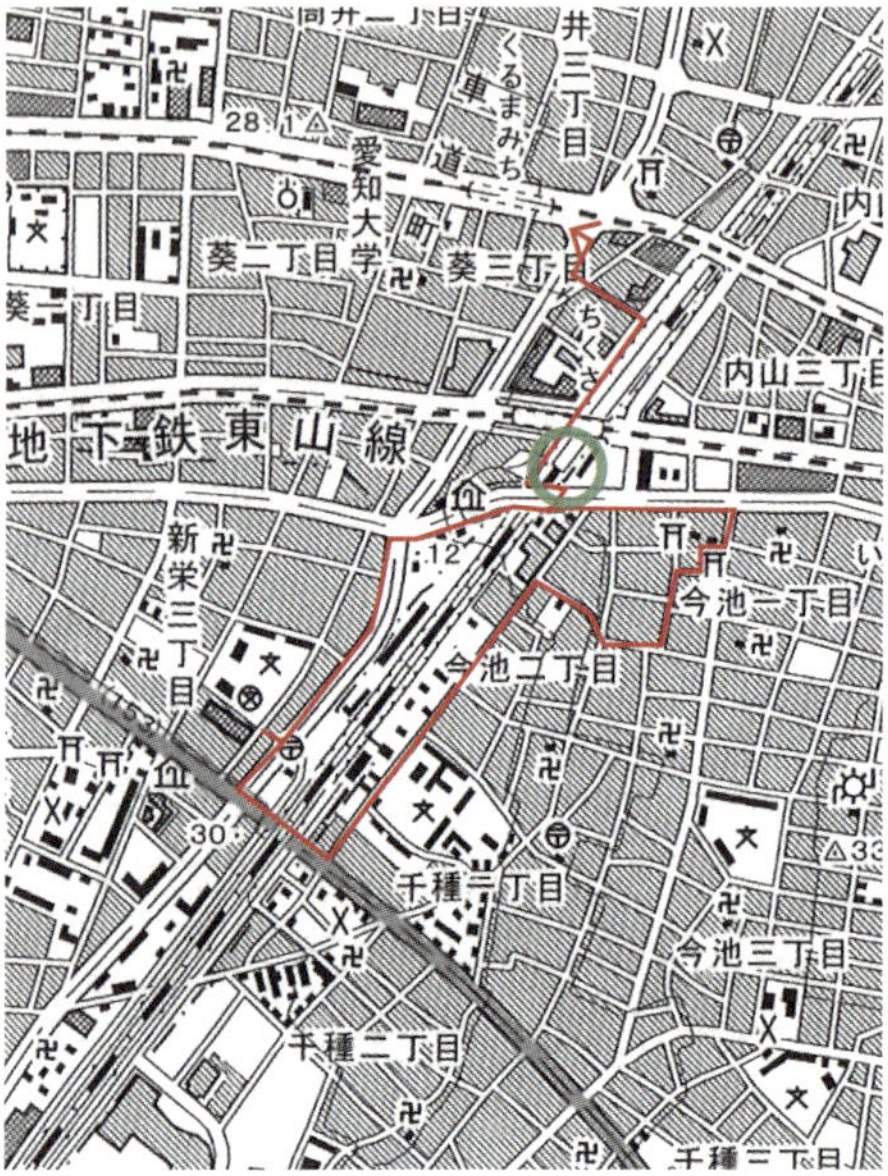

図３　現在図（◯は現在の千種駅前）

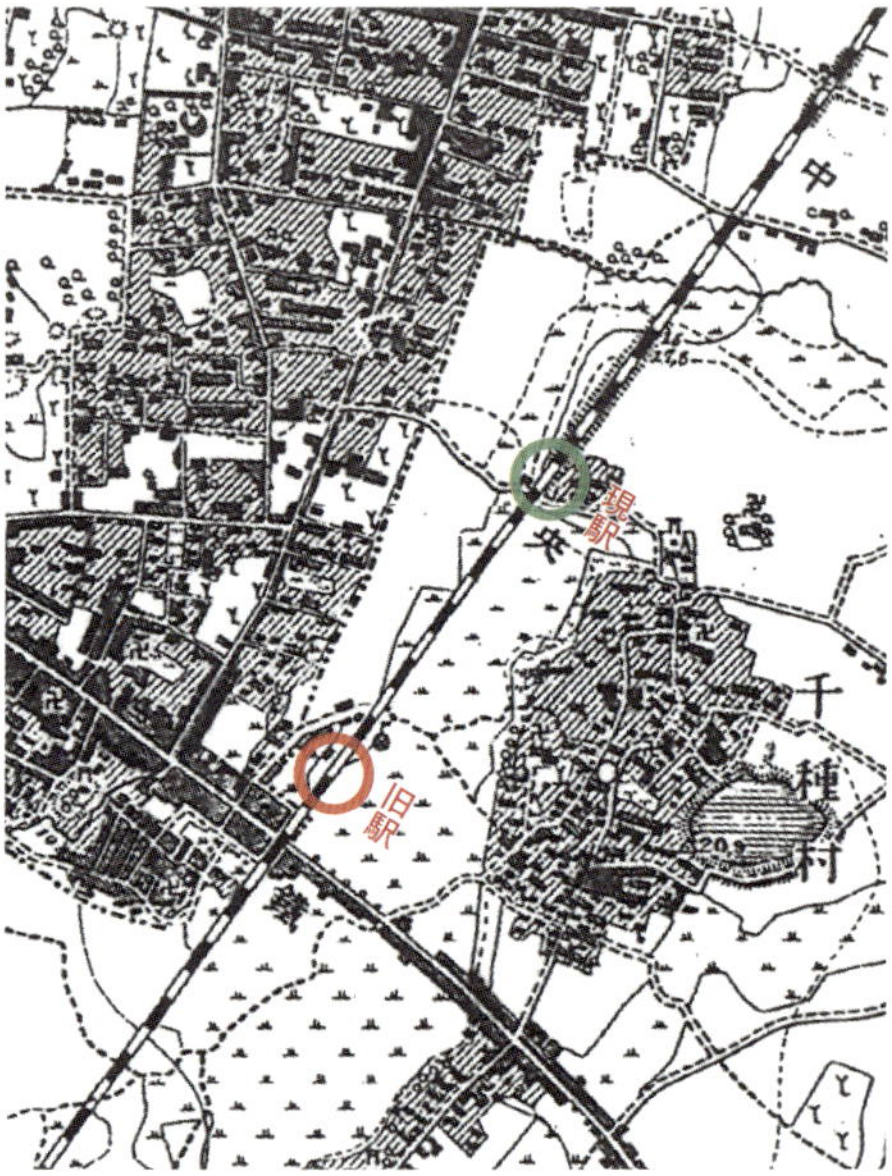

図２　明治図（◯は旧駅）

0　500m

高牟神社。旧「古井」地名のもとの井戸

を右に入るとすぐ左に光正院がある。古くは大きな境内だった。右にはこの付近の地名、「古井」のもとになったという井戸のある高牟神社がある。10世紀の延喜式に載る式内社で、この一帯に住んだ尾張物部氏の武器や農具の倉が始まりとされている。西側にある井戸には今も水を汲む人が絶えない。

西の口を出て左に向かう。千種村は明治の初めに古井村が名前を変えたもので、この辺りから南はその集落だった。台地状で、中央線からは５ｍほど上がっている。

二つ目の角を西に坂を下ると旧千種駅の東側の道に出る。昔は西側には鉄道関係の施設が並んでいたが、今ではほとんどなくなった。南に進むと駅の南端は飯田街道になる。街道を右に中央線の低いガードをぬけるとすぐ、旧駅前に続く幹線道路に出る。交差点を渡り北に少し行くと西に入る細い道が昔の市と村との境だった。境から駅まではわずかだが、この間が駅の成長に大きく係わったように思える。

幹線道路を北に進む。右側一帯は旧千種駅のあった所だがその面影はない。駅用地は昭和35年に駅が北に移った後もしばらく貨物駅として利用

当初の千種駅。もう面影はない

線路の向こうが北改札口の駅前広場用地

されていた。その後、清算事業団の土地になり、分割されて民間に売却された。大きな区画が生かされ遊興施設や住宅用地として利用されている。

北に向かうと広小路通との交差点になる。昔の道路計画の影響で一度旧駅に向けてカーブした後、逆に北に振って千種橋に向かっている。こんなカーブも今から見るとどうしてなのかわからなくなってしまった。東に広小路通を上って千種橋に行く。南側からは旧千種駅を見ることができる。再び歩道橋を渡る。現在の駅が見えるが小さな駅だと思う。もうここに移った時はあまり期待されてはいなかったようである。

しかし、それでも、もう少し…と期待されたところもあった。線路の西側を北に進むと新千種橋をくぐった向こうに左に開かれた三角形の空間がある。地図で見ないとよくわからないが、これは戦後の復興計画で将来の駅前広場にと確保された空間である。新しい駅には、北側の改札と東西の出入口をつくる余地が残されていたのである。

その後数十年経って、地下鉄桜通線をつくる時に、ここから車道駅に乗換えるルートが検討された。車道駅には、幅の広い出入口や改札口の増設の余地まで残されているのである。ここからその出入口までは西北にわずか１５０ｍに過ぎない。

## 終着駅の時

一般的にいえば交通施設が街に影響を与えるのは、その交通施設から街に出る人の量になる。いくら大量の人が動いても、その人が街に出ることがないと、街は変わらない。

千種駅は中央線では中間駅であり、地下鉄との乗換えも地下でスムーズである。このため、大半の人が通過してしまうのである。ただし千種駅が路面電車の終着駅になったことがある。明治36年から明治45年までの間の9年間。栄方面から電車の終点だったのだ。この時に街が変われば、その後の発展の基になったかもしれない。ところが、村との紛争の間に終わってしまったように思える。

本来なら東の副都心になってもおかしくない条件の地域が、そして今でも中央線から都心への最短経路にありながら、千種駅の周りの街は、学生の街になっている。

# 5 築地口 【変わりゆく港の街】

## 国際化の玄関

名古屋港は、明治40年、名古屋の将来を担って開港された。以来100年、大きな成長を遂げ、今日では貿易量日本一の国際港に成長した。

その港の入口は築地口に始まり、その先の中央埠頭へと延びた。そして堀川の東側や中川運河の西側の稲永方面へと広がっていった。港を支える街、築地口付近は、都市計画でも港の後背地として一帯が商業地域に指定され、都心部と同じような土地利用が期待される地域になっている。

昭和30年代は入港する貿易船から出た外国人船員が街に溢れ、国際港をイメージさせた。築地口の辺りも船員さんのための店が並び、国際的な港町になっていた。

ところが今、築地口からガーデン埠頭、街を歩いてみても、船員さんの姿は見られない。むしろレジャーランドの客が流れてくるのが目に付き、セーラーズ通と名づけられた商店街が虚しく響く。期待された商業業務地区も見当たらない。名古屋の国際化の玄関を期待された街はどこに消えてしまったのだろうか。築地口から港へ変遷を追ってみたい。

## 港を支える街

### ●名古屋港の変遷

名古屋の築港が問題になったのは明治10年代に遡る。安場知事、吉田名古屋区長はじめ多くの推進者があった。しかし予算や事業主体のほか、先行する四日市港や武豊港との優劣なども問題になった。着手に漕ぎ着けたのは明治29年になる。

第一期工事はまず「築港」だった。江戸時代に干拓された熱田前新田と作良新田の前、今の築地口から南に、一、二号地。その西に中川を挟んで三、四号地。また東に堀川を

図1　名古屋港第1期計画（明治29～43年）（『名古屋築港誌』）

挟んで五号地が計画され、明治の終わりには埋立てが完成した（図1）。その後、二、三、四期と進められ、昭和9年には一〇号地の一部、後に一一号地に、名古屋国際飛行場もできた。

戦後、名古屋港は重工業化の産業の大きなうねりの中で発展し、東の知多半島側には大工場が、西の木曽川側には港湾機能が張り付き、名古屋港は国際貿易のみならず、この地方の重工業の一大拠点となったのである。

### ●港と街

港を支える街も大きく変わった。築港工事を始めた頃は築地口への道さえなく、北から中川沿いに入ったという。そこに工事に合わせて熱田からの道が通り、埋立てた土地が売却されて人が通うようになった。新たにできた一～四号地は「築地」と命名された。

街は南に桟橋に向かって一、二号地に展開していった。昭和になると先端に岸壁ができ、入港船も増え、付近の街も次第に密度を増した。しかし名古屋港は、まだ名古屋の街とは遠く離れて孤立した存在だったのである。

昭和12年に名古屋で大きな博覧会が開催された。「汎太平洋平和博覧会」である。この年は名古屋港開港30年に当たり、この機会に孤立した港と名古屋の街を繋げようと、会場は熱田と港との中間の港明町一帯が選ばれた。博覧会は会期中480万人を集め大成功だった。付近の土地も工場用地として評価され、港の町は工場地帯で名古屋の街とつながることになった。

### ●戦後の港町

軍事産業の基地でもあった港は、戦災で大きな被害を受けた。しかし戦後は平和の時代の中で国際化が進み、港は急成長を遂げることになった。名古屋港も整備が進み、我が国有数の国際港湾としての地位を獲得し、周辺の街も国際的な港町に変身した。

ところが、昭和40年代になると国際海運の動向に大きな変化があった。船舶の大型化とともに、省力化、コンテナ化が進んだのである。船が何日も停泊し、大量の船員が上陸するということはなくなってしまった。そのような中で、昭和46年に地下鉄が名古屋港まで開通したのである。皮肉にも、港の街は大きく変わることになってしまった。

## 変遷を追って

変遷の跡を追って街を歩いてみたい（図3）。地下鉄港区役所駅の1番出口を出る。この駅の周辺は昭和12年の汎太平洋博の会場になった所である。前の幹線道路（江川線）は博覧会のときにできたもので、同時に路面電車も敷かれた。北に進むと、当時ここにあった港北運河に架けられていた橋の跡が残されている。博覧会の名前から「平和橋」と名づけられた。会場はここから西北、東北、東南に展開していた。今ではもうこの橋の跡だけしか伝えるところはないという。

東に曲がり、運河の跡の公

「汎太平洋平和博」記念の平和橋（高欄）

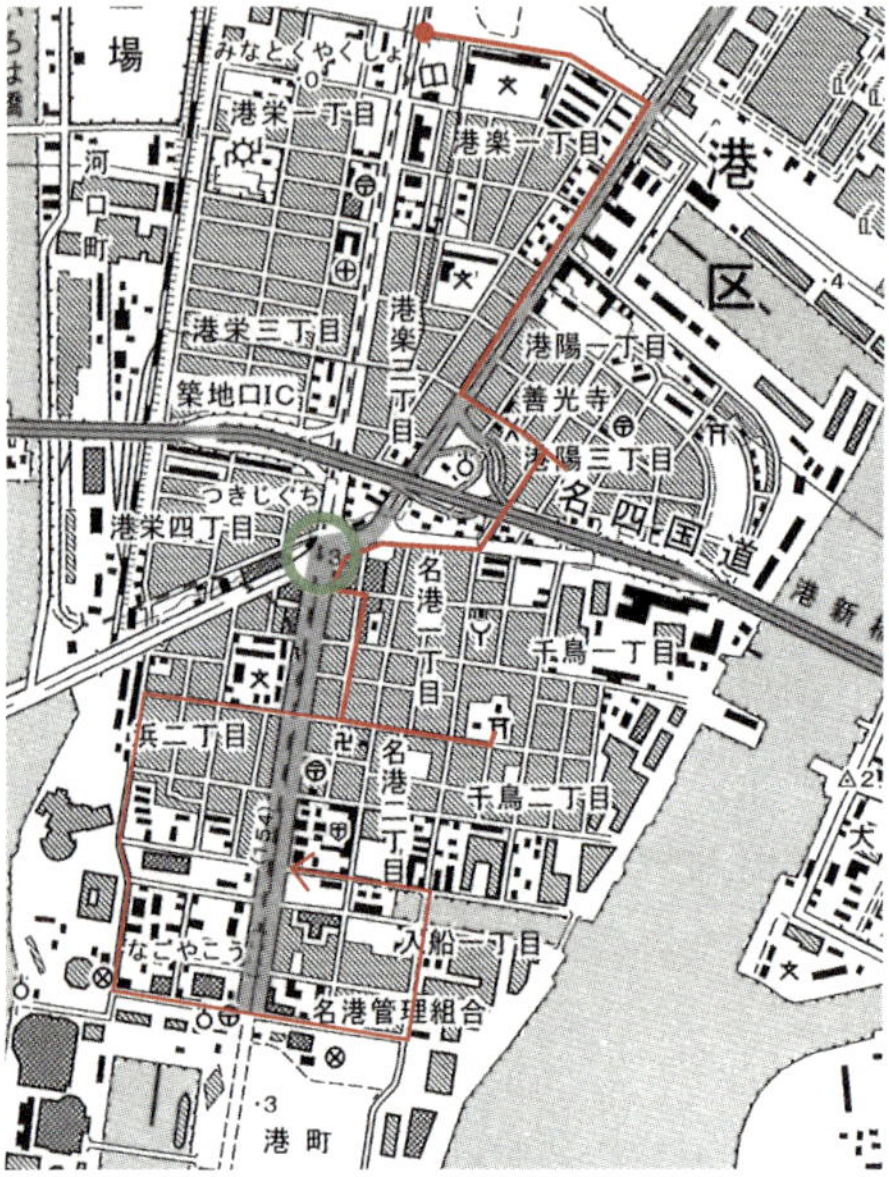


図3　現在図（○は築地口交差点）

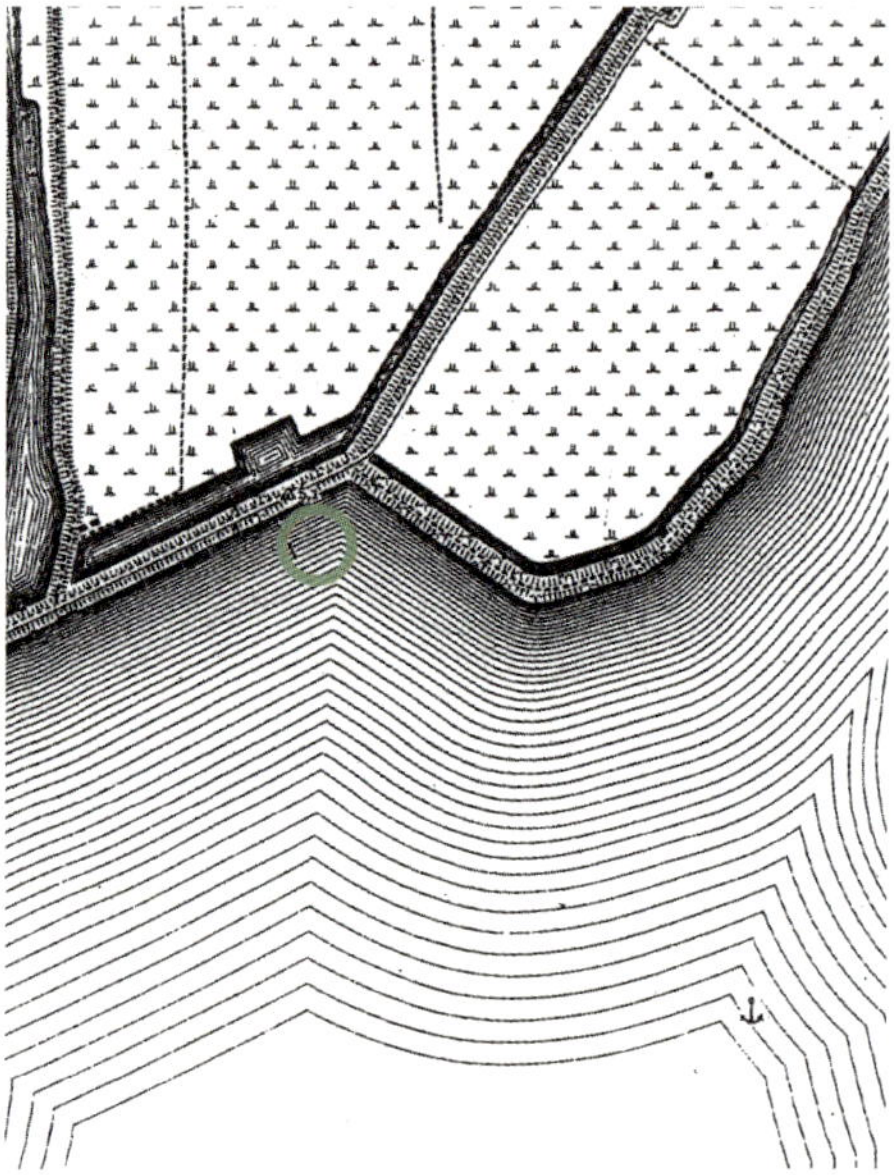

図2　明治図

0　500m

園を進んで国道に出る。この道は幹線国道と港湾を結ぶもので、わずか6㎞余の国道（154号）である。南に進み、三つ目の信号を東に入る。最近まで、そこに「港新世界商店街」という看板があった。すぐ左に善光寺がある。寺を東に行った所には昭和20年代には港陽園という小さな遊廓があった。戦災を受けた稲永からここに移ったものだが、もうその面影も消えようとしている。

築地口交差点から北を見る。高さの差は干拓と埋立の差

　バックして角を南に曲がり、高架道路（国道23号）をくぐる。幹線道路を右に行くと築地口交差点に出る。ここが港の開発の基点だった。国道と50m幅の道路が合流し、今でも港の町の要である。

　交差点東南の道を東に少し入った所が、この辺りで最も賑やかな商店街になっている。1本目を南に行く。この辺りにも港を感じさせてくれるものはなくなった。3本目を東に行くと築地神社がある。大正の終わりに、創建されており、この頃にこの辺りの町がまとまってきたことがわかる。

　神社の前の道をバックして西に進む。国道を越えると旅館や料理屋が目に付くようになる。小学校を過ぎた道の右に屋根に灯台を載せた白い建物が見える。灯台は二号地に

中央ふ頭の付け根にある建設功労者奥田助七郎の胸像

1 号地と 2 号地を結ぶ貨物線の跳上橋が保存された

実際にあったものだそうだ。

西に進むと、すぐ突き当たる。この一帯は名古屋駅からの臨港鉄道の貨物駅の敷地だった。この臨港線は埋立てができるとすぐ開設され、港の貨物輸送の中核としての役割を果たしたが、昭和50年代になると順次廃止されていった。突き当たりを左に進むとその跡地がいろいろに利用されている。結婚式場、観覧車のあるレジャーランド等。その先にはシャチのいる水族館である。

信号を東に曲がると左側には港に関係する官庁等が並んでいる。右側のショッピング街を抜けると中央埠頭になる。東側には港の管理者、名古屋港管理組合の建物があり、入口には、港湾建設の功労者・奥田助七郎の胸像がある。

東に進むと駐車場の向こうにイタリア村の跡が見える。ここには戦後できた四つの倉庫群があった。イタリア村だったが、その保存策が今は廃棄されようとしている。

北に曲がって少し行くと、一号地と二号地を結ぶために架けられた2本の橋のひとつ、稲荷橋である。この辺りは運河が残っており、東を見ると古い鉄道橋が見える。右の一径間が跳上橋になっている。昭和2年に架けられたもので、この橋は存廃の議論の中で生き延びることができた貴重な遺産である。

橋を渡り左に曲がると、付近には船員宿泊所、船舶協会、港湾福祉会館等、港を支える裏方の建物が目に付く。この付近にようやく港の街が生きていることを感じることができた。西に進むと地下鉄名古屋港駅がある。

## 交通の変化と街

名古屋港は、この１００年間着実に成長してきた。外航船の隻数やトン数も戦後一貫して増加傾向にある。では港が成長している中で、街を変えたものは何だったのか。

ひとつは、やはり昭和40年代に始まるコンテナ化である。コンテナ化は操業の高速化、省力化によって停泊時間の短縮と乗務員の縮小を可能にする。いまひとつは昭和46年の地下鉄の開通である。一見、港が便利になったように見えるが、逆に都心への吸引力も大きい。そして、港付近は都心の住宅適地に変わってしまったのである。

港の背後の街は、船員の減少と都心の求心力によって、港を向いた街から都心を向いた普通の住宅地へと変わっていった。そして港自身も、中心部が空洞化し、レジャーランド化しか選択がなかったのかもしれない。

# 6 大曽根

## ［動いていく街］

### 東北部の交通拠点

大曽根は名古屋東北部の最大の拠点だろうか。大曽根駅には、JR中央線、名鉄瀬戸線、地下鉄名城線のほかガイドウェイバスなどが集中し、その乗降客だけで一日10万人にのぼる。駅前は区画整理等の工事が完了し、徐々に新しい市街地に生まれ変わっている。

ところが、注意してみると「大曽根」という所は駅前ではない。駅前は東大曽根といい、大曽根交差点はそこから西南西に600mほど行った商店街のはずれになる。江戸時代、城下五口の一つとされた大曽根口は、さらにそこから南に800mほども行った赤塚の近くだった（図1）。大曽根という街はどんどん動いていくようにもみえる。街が動き、変化していった背景には何があったのだろうか。大曽根の変遷を追ってみたい。

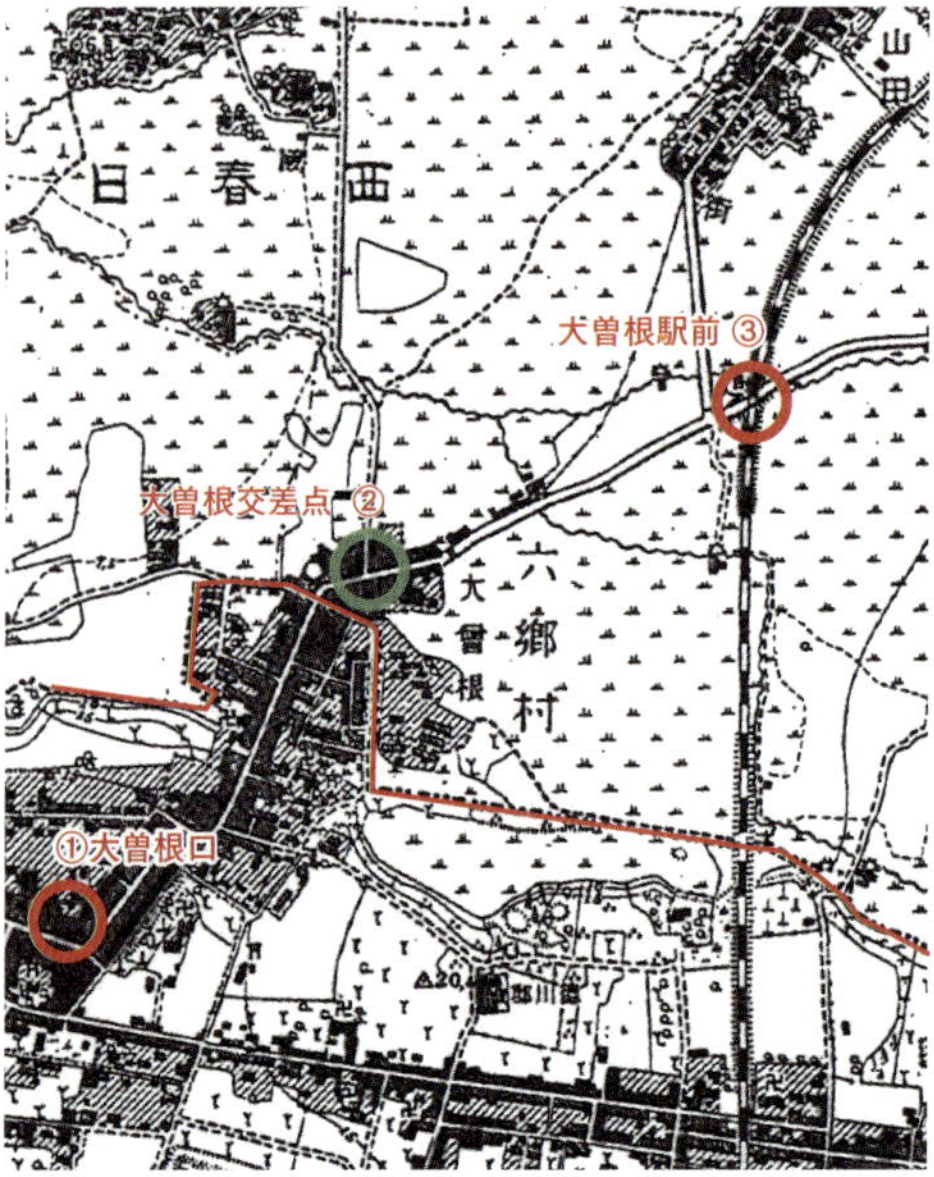


図1　明治図。大曽根の中心は①→②→③と。赤線は明治13年以降の市域境

0　500m

図2　古代、中世と存在した山田郡

### 大曽根の街

#### ◉古い時代

今の大曽根付近は、古代は山田郡に属して山田荘という荘園の中だった。1221年の承久の変ではその主、山田重忠が活躍した。山田郡は西区、北区、守山区、さらには尾張旭市、瀬戸市等にまたがる広い区域だったが、どういうわけか戦国時代に愛智郡と春日井郡に分けられてなくなっている（図2）。

江戸時代には、大曽根は信州へと続く善光寺街道（下街道）が通っていた。城下との境には大曽根口の大木戸が設けられ、城下の東北部の出入口になった。またその先では、瀬戸を結ぶ街道との分岐点になっていた。街道に沿って町屋が並び、実質的な宿場が形成されていったため、江戸時代の終わり頃には、赤塚から今の大曽根交差点付近まで長い町屋が続いていたという。

### ●明治の大曽根

明治になって、大曽根は多治見方面と瀬戸方面からの街道の交点として、両地域で生産される陶磁器を港に結ぶ重要な位置を担うようになった。

ところが明治20年代後半に計画された中央線では千種に駅ができて、大曽根には駅の計画はなかった。あわてた地元では周辺の村を誘って停車場の設置運動を始めた。そして明治44年に大曽根駅開設に漕ぎつけたのである。駅の条件だった瀬戸からの鉄道はその前の明治39年に開通し、44年にはお城の堀を通って西の堀川と結ばれた。大曽根は地元の努力で、鉄道の時代になっても交通の拠点の地位を守ることができたのである。

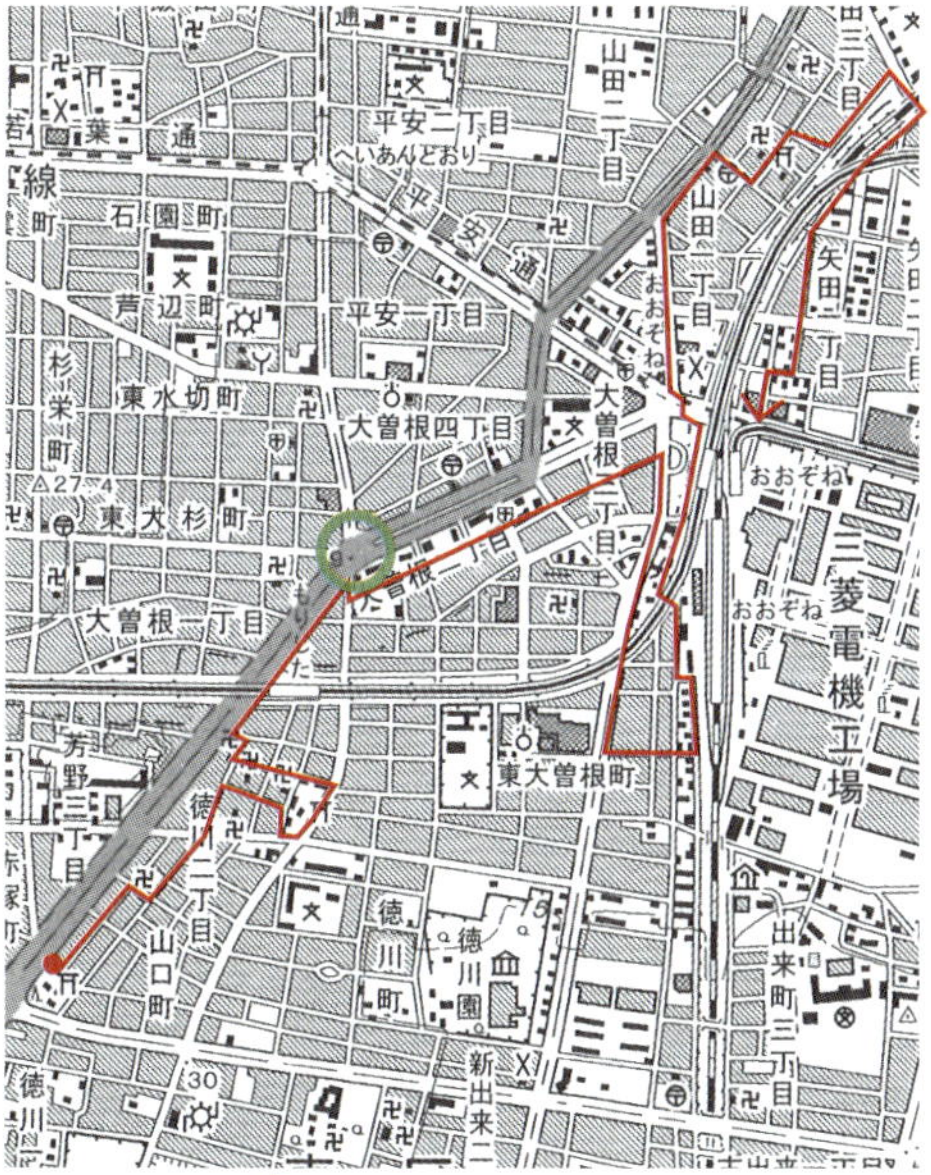


図3　現在図（○は大曽根交差点）

0　500m

### ●行政の区域変更

交通体系では成果を収めた大曽根も、行政の区域変更には翻弄された。

江戸時代の大曽根村は、明治13年、春日井郡が東西に分かれる時に、街の連担する部分は名古屋区に編入されてしまった。大曽根村南部の坂上町、森下町、大曽根町、八軒町などで、北部は大曽根村として残った。大曽根は南北に分断されてしまった。明治21年の市町村制への移行の時には、名古屋市への声があったが村民の意向で実現せず、大曽根村は他の村と合併して六郷村になった。しかし大正10年、名古屋市と周辺町村との大合併の時、六郷村も市に編入され、旧大曽根村は、同じ東区に戻った。

昭和19年に北区ができた時も、六郷村をはじめ旧大曽根村は東区に残ったのである。ところが昭和21年、学区の関係からか、六郷村の区域は北区になった。再び南北に分かれたばかりか、こんどは大曽根駅が北区と東区の境になってしまったのである。

第二次大戦では大曽根付近も大きな被害を受けた。この地域は、戦災に遭わなかった地域があったので、少し遅れて大曽根全体の大掛かりな土地区画整理事業が実施されることになった。新たな大曽根の街づくりがスタートしたのである。

## 変遷を追って

変遷を追ってみたい（図3）。東区の赤塚。基幹バス新出来町線の赤塚白壁停で降車する。赤塚の交差点は広い

赤塚交差点。正面の神明社の向こうに大曽根口があった

大曽根交差点。ここが大曽根の中心

国道19号になったが、その東北角に、神明社がある。江戸時代の大曽根口はその少し北だったという。神明社を出て1本北の道を東に、すぐ北に曲がる。この辺りからが旧大曽根村で、道は善光寺街道である。鍵の手になった道路を越えて北に進むと道は坂を下り始める。その手前の道を東に入るといくつかの寺社が並んでいる。手前の了義院は、右側に二つ石碑が並んでいる。これは三日月塚といい、貞享5年（1688）秋、芭蕉が訪れた所という。右側の碑は戦災で壊れて繋ぎ合わされたものである。了義院の向こうには、名古屋三景の一つとされた閑貞寺がある。その東は片山神社で、古い歴史があり大曽根八幡宮ともいう。境内の右奥の出口を出て左に曲がり込むと崖が見える。この辺りは大きな段差のある地形であることがわかる。西に進むと元の街道に戻る。街道は北にすぐ突き当たり、左に曲がると広い国道（19号）に出る。右に曲がり名鉄瀬戸線をくぐると大曽根交差点である。江戸時代には店はここまでだったが、今はここから店が始まっている。

善光寺街道は交差点のすぐ南を東北東に進む道である。駅までの道の西半分は早く事業が進み「オズモール」という商店街に再開発された。車を規制し、三角屋根が共通のデザインだったが、路面電車も消え、今はさびしい通りになっている。その先の広い道路の向こうは、区画整理が終わって新しい再開発ビルが建った。だが、単なるビルの下の商店街に終わっている。

新しい幹線道路（国道バイパス）を左に迂回して、駅に向かう。駅への地下通路の入口の手前に石碑が立っている。石碑は、「いゐたみち」（飯田道）と読め、反対は善光寺道とある。この道標はもともと善光寺街道と信州飯田への瀬戸街道の分岐点の標識である。本当の位置は、駅西広場の中になる。

駅前広場の手前の道を右に曲がる。まっすぐ進み、瀬戸

昔3差路にあった道標。「右いゐたみち」と読める

完成した大曽根駅西口広場

線をくぐって一つ目の信号を東に曲がる。突き当たりはJR駅の南口である。ここが当初の大曽根駅だった。駅前の道を北に、再び名鉄線をくぐって進むと駅西広場に出る。広場を横切って北の五差路の東大曽根交差点にゆく。

ここは昔、六差路で、戦後「魔の交差点」といわれた。国道19号線と環状線、それに名鉄線も平面で交差する大変な交差点だった。今は、西の道は閉鎖、国道は西に移設、名鉄は高架化と整理され、道路も拡幅されて見違えるほどすっきりした。

幼稚園の奥に立つ山田荘の館跡の石碑

交差点北側の道に入る。旧国道だが、今ではそのイメージはない。しばらく行くと広い現国道19号に出る。右に曲がり、1本目を右に入ると山田天満宮がある。二代藩主光友が藩学問祈願所として建てたもの。境内に合祀された金神社の横の門を出て右に曲がる。少し行くと左に幼稚園があり、運動場の中にこんもりした茂みがある。廣福寺の中になり、入口には「山田重忠旧里」とある。ここは中世、名古屋の東北部を支配した山田荘の館があった所とされる。北に行くと信号のある通りだが、ここは古い矢田川の堤防の跡になる。右にJR線をくぐり、右折すると二つ目の信号が瀬戸街道の旧道になる。右に旧道を進み、線路の手前で左に曲がると大曽根駅である。

## 行政区の境

街が動くのは時代の流れといえる。江戸時代の初めには城下のはずれの赤塚付近が大曽根口で、その向こうが大曽根村だった。その後街道に沿って街が北に延び、明治の頃には今の大曽根交差点の付近まで達した。そして今では、その東の大曽根駅に人々が集まり、駅前が街の中心へと動き始めている。

心配なのは行政区域である。これまでの区域のゴタゴタは、よく見ると大曽根という地域の取り合いのようにも見える。はじめは名古屋市と春日井郡でもめて大曽根を南北に分断してしまった。その後は東区と北区に分かれ、最後は駅前が境界になってしまった。今後、中心になるべき駅前が、その境目になったことは要注意である。

これまでは、両区をまとめて大曽根を考える仕組みがあった。区画整理事業である。それが終わった今、大曽根の将来は、区の境を越えた街づくりをどう進めていくかにかかっているような気がする。

# 7 金山 ［名古屋台地のくびれ］

## 都市計画の街

金山は戦災復興でつくられた街である。今日ではJR、名鉄、地下鉄、そして多くのバス路線が集まる総合駅になり、近年目立って賑やかになった。さらに北口にも「明日なる！」という商業施設ができ、また中部空港へのアクセス拠点としても賑わっている。長い間懸案だった「副都心」という言葉に少し近づいたようにもみえる。

このように賑わいを見せるようになった金山という街は、実は戦後の都市計画の中から生まれたものである。当時は戦災を受けて荒廃し、何もない、いや大きな工場街ですらあった地域である。これを、第二の名古屋駅に変えようという都市計画。その大胆な計画を追ってみたい。

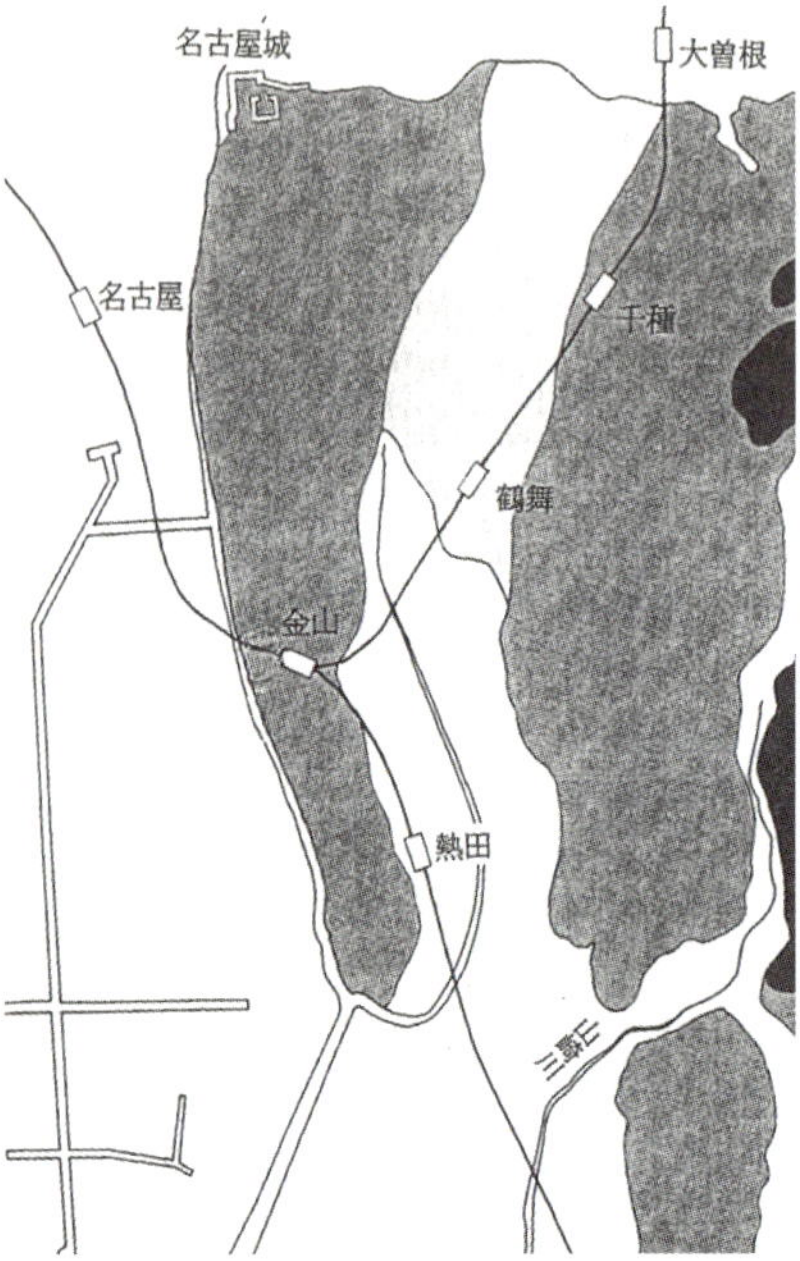

図１　名古屋台地のくびれ部にある金山（名古屋市教育委員会）

## 古代からの交通拠点

### ●台地のくびれに

名古屋城と熱田神宮を結ぶ名古屋―熱田台地は、金山の付近が最も細くなっている（図1）。この細くなった所は、古来、古渡と呼ばれ、遺跡の多い所で、古代の東海道や中世の鎌倉街道も通っていたとされる。有名なのは金山駅のすぐ西にあったという元興寺だろう。7世紀の中頃の創建という。奈良元興寺の支院といわれる東海地方最古の寺である。往時は北に広がる広い伽藍を持ち、9世紀には一時尾張の国分寺を代行していたという記録もある。

古代からの街道が通っていたのは、金山の少し北の東別院に近い所のようで、近くの工事現場からは伝馬に使ったとみられる馬の骨が出土したという。金山のすぐ南には、熱田社の一の鳥居があり、いつごろからか、金山は街道から熱田社への玄関口になった。金山付近は古代、中世と、街道の拠点として活況を呈した所だった。

### ●名古屋と熱田の間

戦国時代になって、織田信秀が鎌倉街道の北側、今の東別院の所に古渡城を築いた。そして台地上を北の那古野城と古渡城と結ぶルートができた。同時に金山を通って熱田社へのルートもできたと考えられる。

江戸時代になると、この南北のルートは幕府五街道に準じる美濃路になり、名古屋城下と東海道を結ぶ重要な道路になった。金山付近は、城下と熱田宿の中間地点になり、佐屋路と美濃路との分岐点にもなった。金山付近はこの時代も交通体系の重要な拠点だった。

### ●鉄道の集中

明治18年、東海道線が名古屋〜熱田の台地を横切る時、線路は市街と熱田社の中間の台地が細くなっている所、金山付近を掘割で通ることになった。その後中央線が通る時も、同じ掘割を通るルートが選ばれたのである。

大戦中、輸送力の強化のために、それまで北と南にわかれていた名鉄の連絡線（名古屋—神宮前）を敷く時も、金山は通過点になった。台地のくびれ部にあるため、鉄道が集中する場所になったのである。

### ●戦災復興計画

戦後、「復興計画の基本」が出されたとき、東海道線の名古屋駅と熱田駅の間に金山駅が計画された。都市の副都心として、金山駅には将来名古屋駅が限界になったときの受け皿にできる施設空間が準備された。鉄道の通過地点だった金山は、再び交通の拠点への道を歩み始めた。

昭和30年代後半になって、金山にはさらに大きな役割が与えられることになった。昭和37年に策定された名古屋市基本計画基本要綱の中で、金山は市町村合併の目標とされた市域の中心点とされたのである。「金山中心に半径15km」、というのが将来の名古屋市域を表す言葉になった。

しかしその後、金山の総合駅化も副都心構想もなかなか進まなかった。戦災復興事業で、支障した専売公社工場の移転や将来の駅用地の確保などは進み、地下鉄も開業した。しかし肝心の①東海道線新駅の設置、②名鉄金山橋駅の移設、③南口の開設など、総合駅化に必要な施策は、鉄道事業者間の調整が進まず、お預けだった。

総合駅ができたのは構想から40年後の平成元年。世界デザイン博覧会のアクセスで、南口に会場までのバスターミナルをつくる時だったのである。

## 変遷を追って

金山の変遷を追って街角を歩いてみたい（図3）。出発は少し北の地下鉄の東別院駅から。駅の3番出口を出て西に幹線道路を渡る。少し行くと東別院、正式には本願寺大谷派名古屋別院の大きな本堂が見え始める。その正門を入って左手に行くと「古渡城址」の石碑がある。この城は織田信秀がつくったもので、信長はこの城で元服した。

西門を出て左に曲がる。この付近には江戸時代は芝居小屋があった。幹線道路の手前の道を西に曲がり、大きな古渡交差点を渡って西南角に出る。1本西の道を左に入ると稲荷社で、山王社が合祀されている。この北側、道路の

東別院は織田信秀の古渡城の跡につくられた

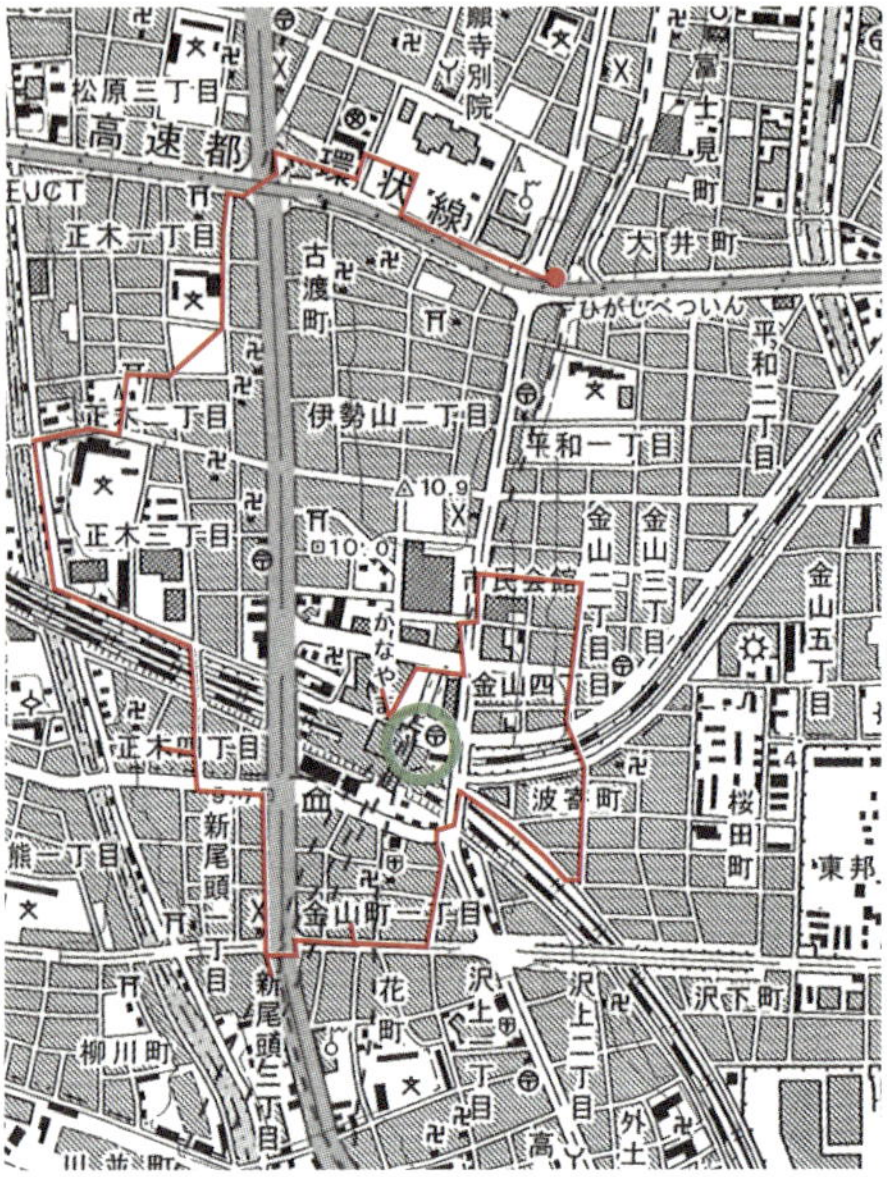

図3　現在図（◯は金山総合駅）

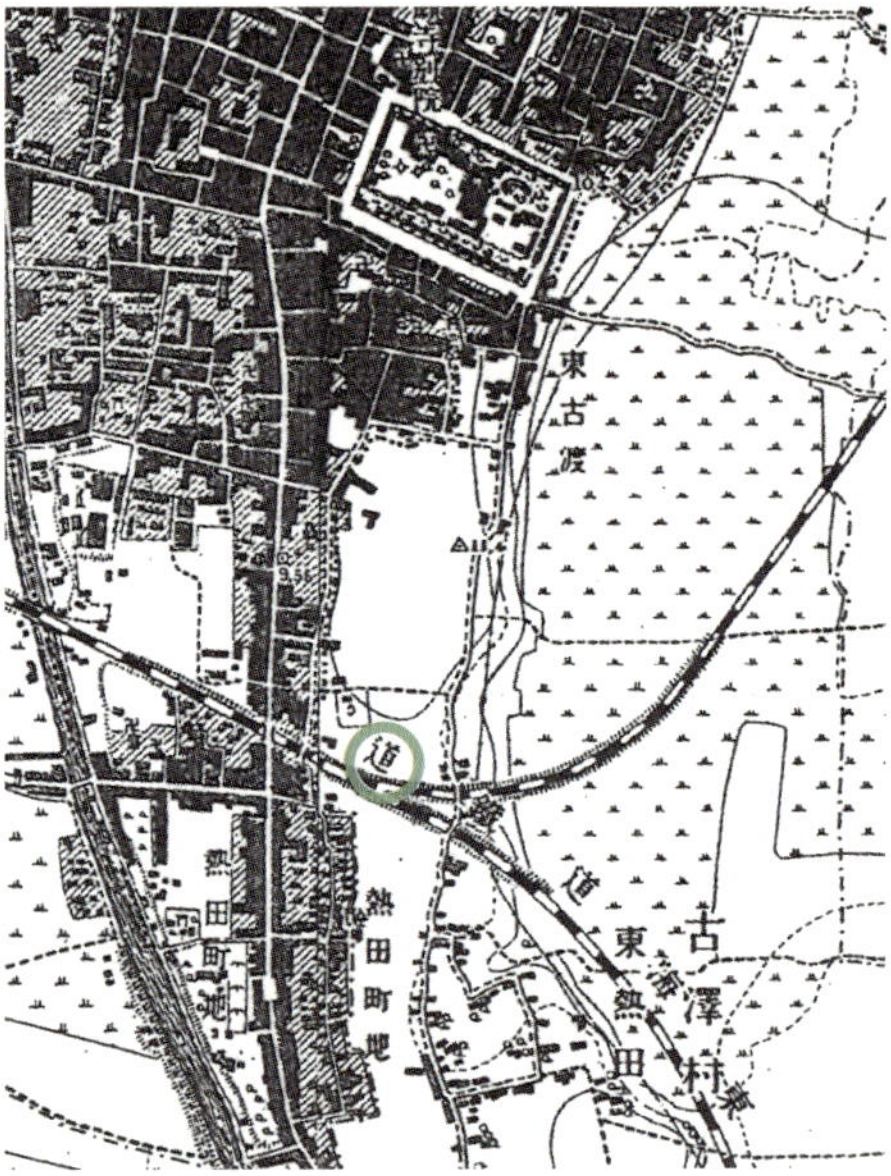

図2　明治図

0　500m

中で消滅した犬御堂との間を鎌倉街道が通っていたという。南に300mほど進んで右に1本越えた所には、闇《くらがり》の森八幡とも呼ばれる社がある。本殿の西には源平時代に活躍した源為朝の鎧塚がある。社を出て右に下ると堀川の古渡橋になる。

　堀川に沿って南に進み鉄道橋の手前を左の小公園に入る。

東に上り、1本目の道を右に曲がって跨線橋を渡る。JR、名鉄の何本もの線が台地を掘り割って走っている。渡って2本目の道を右に入ると元興寺がある。飛鳥時代の寺は法隆寺に匹敵する規模があったが廃寺になり、今は江戸時代にできた寺で、規模も小さい。この辺りから有名な蓮華文軒丸瓦や塔の水煙が出土してい

名古屋台地の掘割部分にできた金山駅

金山は江戸時代、美濃路と佐屋路の分岐点だった

る。南に進みバス通りを左に曲がると国道に出る。交差点の右手前の歩道に石標がある。面影はないが、ここは美濃路と佐屋路の分岐点だった。

国道を南に行くと、次の新尾頭交差点のすぐ先に熱田神宮の一の鳥居の跡がある。バックして交差点を東北に渡って東に進む。100mほど行くと左手少し奥また所に金山神社がある。中世、熱田神宮の鍛冶職が開いた社で、今日の「金山」の地名はここに始まる。

東に2本行き、左に入る。

「金山」の名の起こりになった金山神社

この道は台地の東側を伝う古くからの道だった。すぐ幹線道路（大津通）に合流する。信号を東に渡って北に進み、橋のすぐの坂を下る。この坂は、昔は金山橋駅を降りた客で賑っていた。坂を降りた所が旧の駅跡で、東側に波寄商店街がある。斜めに商店街に入り、次の十字路を左に曲がる。その東に戦前まで東海道線と中央線の軍用の連絡線が通っていた。進むと中央線に突き当たる。

そのそばの通路で線路をくぐり、北に向かう。戦後、この付近は都市計画で「盛り場」に位置づけられた。昭和28年、商工会議所でまとめた構想では、この辺りは「歓楽街」とされた。計画は実現しなかったが、その名残のような建物を気にしつつ、一つ目の信号を左に曲がる。西に坂を上ると幹線道路の大津通である。

正面、左手先の中央線から右手の市民会館にかけて、戦後まで専売公社の大きな工場があった。金山の総合駅化の構想で支障したため東区の大幸に移転を交渉した。この移転の成功が、金山を工場地帯から副都心へと転換するキッカケになった。信号を渡れば、駅前商業施設「明日なる！」の賑わいの中に入る。

## 「街」をつくるもの

戦後、金山は名鉄の金山橋駅から市電や地下鉄への乗り継ぎの街だった。目標は、「総合駅と副都心の実現」だが、街づくりはなかなか進まなかった。平成元年に総合駅になってからでも、金山はまだ乗り継ぎの街だった。都市計画も総合駅も、それだけでは街ができるとはいえない。金山の街は長い間、苦悩の中にあった。

変化の兆しは総合駅化から10年経った平成11年、南口にボストン美術館や高層のホテルが立地した時である。それまで駅構内を通過していた人たちが街に出始めた。広場には若者が集まり、外食チェーンも出店し始めた。街は若者を中心に動きだしたのである。

金山の地は、古代から交通の拠点だった。街道が通り、鉄道が集まったのも台地のくびれという地の利にあった。そこを総合駅にしようと思いついた人の慧眼で、金山は新しい方向を与えられた。しかしそれだけでは街はできない。人が駅から街に出る目的。ボストン美術館と高層ホテルは、金山に、その大切な契機をつくることになった。

# 8 栄 ［移動した栄町］

## 名古屋を代表する街角

栄交差点は、名古屋を代表する街角といえるのではないだろうか。とくに40年くらい前までは「栄町」と呼ばれ、今でも、名古屋人が街（都心）をイメージするときの中心である。

栄の街は江戸時代、城下の大火の後に、碁盤割地域の南端を拡幅して「広小路」と呼ばれたのに始まる。広い空間が人の集まる場所になり、賑やかな繁華街になった（図1）。明治20年には市街の西のはずれにできた名古屋停車場まで延長拡幅され、次第に名古屋を代表する通りになっていった。

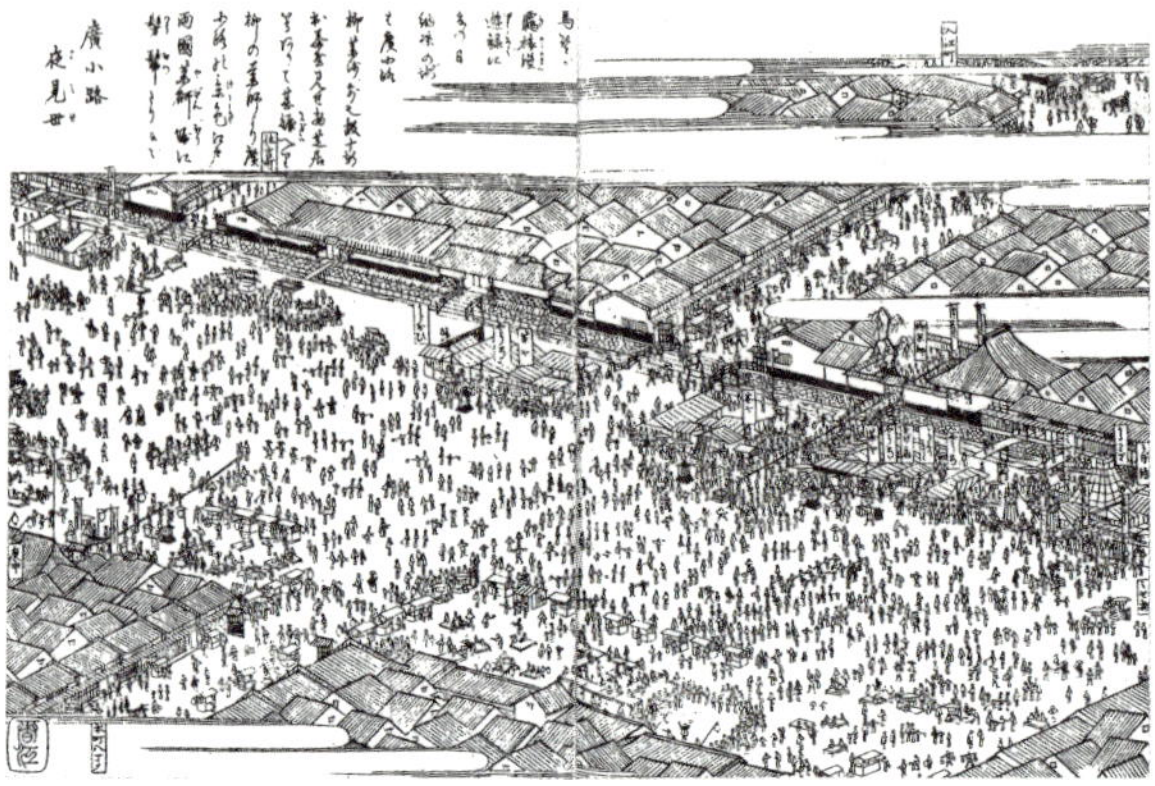

図1　『尾張名所図会』に描かれた「広小路」

　ところが、当時の街の中心は、今の栄の交差点ではない。西に500mほど行った本町通の交差点にあった。今の栄の交差点は、あまり目立たない街角だったのである。その目立たない街角が、何時どうして名古屋を代表する場所になったのだろうか。街の変遷を追いかけてみたい。

## 栄の歴史

### ◉江戸時代の広小路

　江戸時代の初め、名古屋の街の中心線は南北に通る本町通にあった。中でもその碁盤割地区内は、名古屋の老舗といわれる店が並んでいた。

　ところが1660年の万治の大火の後、碁盤割地区の南端、東西の堀切筋の焼けた部分が拡幅され、「広小路」と呼ぶ広い空間ができた。大火の後にできたため防火が目的とされているが、拡幅した所は街の風下に当たるため理由はよくわからない。できあがった広い空間は、当初は寂しいところだった。しかし次第に、寺の開帳や、売店・見世物も並ぶ広場になり、城下町第一の繁華街になっていった。

### ◉明治の繁華街

　明治になって、広小路片町と呼ばれていた広小路は「栄町」と名づけられた。栄町とは、本町通の一筋西から久屋町までの細長い広小路全体を指す地名だった。愛知県庁が東の突きあたりにできたのを始め、警察や郵便などの官庁の多くもこの栄町に立地した。

　明治18年頃、東海道線の名古屋駅を誘致する時に、将来の町の中心的な道路に想定さ

図2　明治末の名古屋の都心部（明治42年）

れたのが広小路だった。駅は広小路を西に延長することを条件に笹島が選ばれ、笹島までの広幅員道路が整備された。そして明治31年には、京都に次いで我国2番目の路面電車が笹島と東の県庁前の間に完成した。この頃はまだ街の南北の中心は本町通で、今の栄交差点には電停もなかったのである。

ところが市の中心部から南部の熱田や将来の港への幹線道路の必要性が議論されるようになった。同じ頃、路面電車が熱田への延長を企画し、本町通への敷設を試みた。しかし沿道には有力な商店が多く、電車敷設の理解は得られなかった。そのため市は今の武平町通から熱田への道を模索し、県との協議で大津通を南に延長拡幅する案になった。これに軌道会社も加わって、明治38年には新しい南部への幹線道路の事業化にこぎつけた。

明治40年は名古屋市にとって記念すべき年になった。熱田町との合併、名古屋港の開港、そしてこの幹線道路、熱田街道の開通である。少し遅れて路面電車も熱田駅まで延びた。その後、広小路線と交差する所の電停名が「栄町」と名づけられたのである（図2）。ここに、今の栄の交差点が「栄町」と呼ばれるきっかけができ、以降、特別の街角になっていった。

## ●栄町の移動

その後、市街を南北に結ぶ道路には柳橋から名古屋港への道路もできた。が、栄町からの熱田街道は、名古屋城下と熱田や鶴舞公園、名古屋港など市南部を結ぶ幹線として、本町通に変わって南北の要の道路になったのである。

栄町の交差点西南角は、明

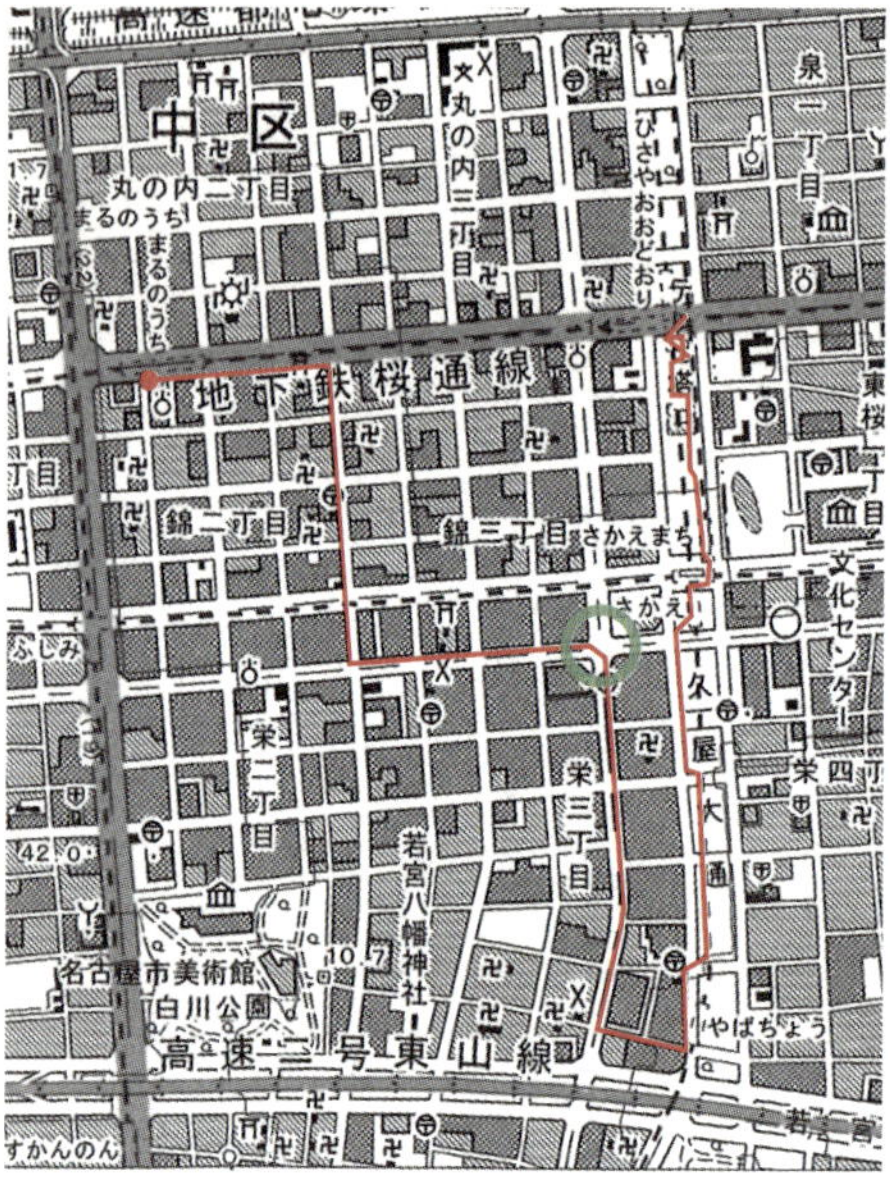

図４　現在図（◯は栄交差点）

0　500m

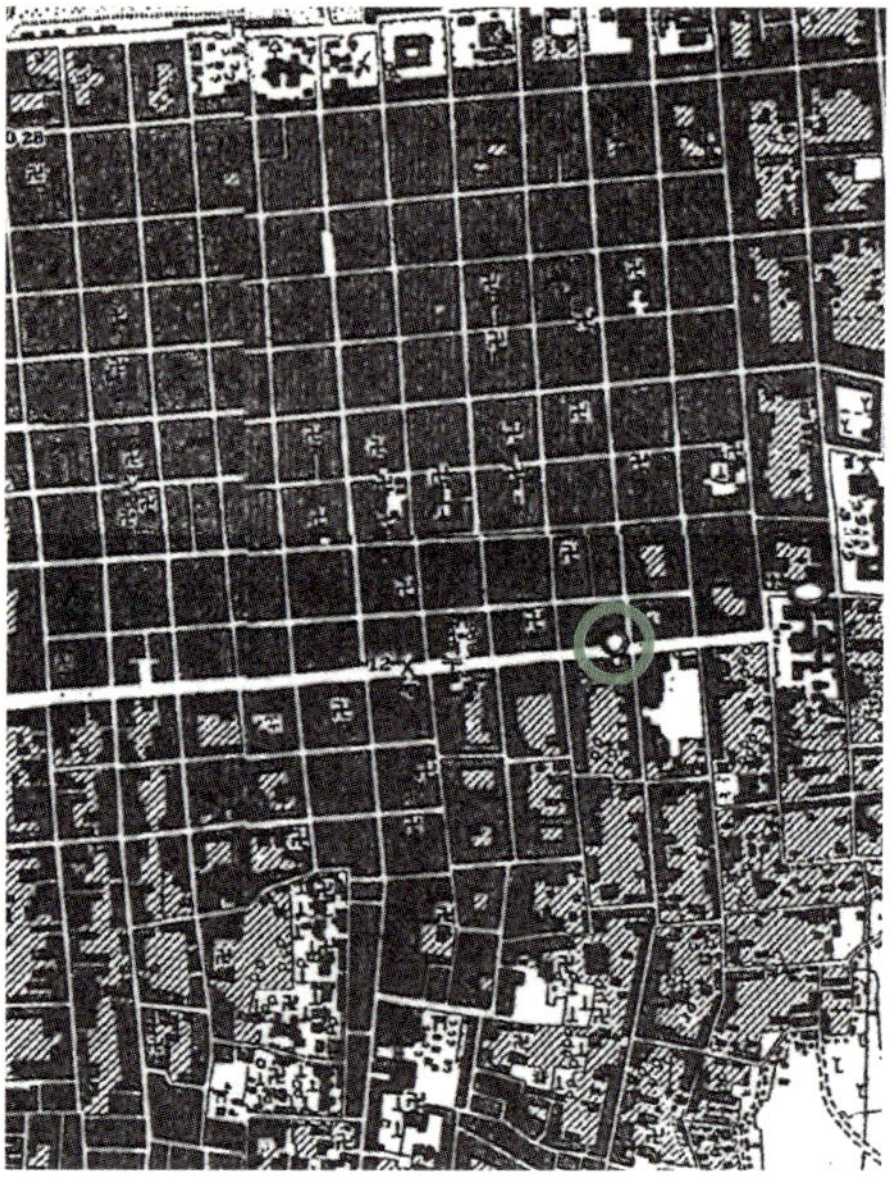
図３　明治図

治10年代から名古屋区、名古屋市の庁舎のあった所だったが、明治40年に火災で焼け、移転した。その跡に、いとう呉服店（現松坂屋）が近代的なデパートをオープンさせた。多くの客を集め、名古屋の街の近代化に一石を投じたのである。また反対側の東北角には赤レンガの日本銀行支店の建物が建っており、栄町には中心地としての環境もできあがったといえる。

　大正、昭和初とその流れは定着した。戦後になると、栄町の周りには、オリエンタル中村、丸栄、松坂屋とデパートが三つ揃った。市電、市バスも集まり、さらに地下鉄も東西、そして南北に開通し、栄町は名古屋の街の中心の地位を不動にしたのである。

## 変遷を追って

街の変遷を追って歩いてみたい（図4）。少し外れるが、地下鉄の丸の内駅からとする。駅の5番出口を出て東に歩く。2本目を右に曲がると本町通で、江戸時代はこの通りが城下の中心軸だった。南に1本行った角が美濃路の名古屋宿の中心だった札の辻である。この辻は街道が南から西に曲がる所で、北には木曽街道、東には岡崎街道（飯田街道）が延びていた。

　南に進むと広小路通になる。

国道だった本町通と広小路通の交点の道路元標

当時本町通は国道で、この角は、明治・大正時代には名古屋の繁華街栄町の中心だった所である。東南角には、大正時代設置の名古屋市の道路元標が残されている。東に曲がると広小路通で、明治の町名では栄町二丁目に入る。

東に1本越えた左側に朝日神社がある。清須の朝日村からの清須越えの神社で、ここには広小路に唯一、江戸時代から残るという物がある。それは鳥居のすぐ横にある目隠し（蕃塀）で、斜め前にあった刑場を出入りする罪人を隠したものとされる。一帯は戦災で焼けたが、奇跡的に残った所である。

東に行くと栄の交差点になる。西南角は明治初に名古屋区の役所が置かれ、市役所に。松坂屋、東海銀行、スカイルと変わった。そこから南に延びる道がこの栄を今日の街角にした大津通である。その発展の一翼を担った路面電車は昭和43年に廃止されたが、もうこの付近は地下鉄の時代に入っていた。

南に大津通を歩くと、今では東側には三越、松坂屋、パルコと大型店が分館とともに並んでいる。西には少し離れてナディアパークがあり、日曜遊歩道が実施されるなど、人の流れは広小路を圧倒するようになった。

パルコの本館と南館の間を東に。旧い細い道に入る。すぐ百米道路（久屋大通）に出る。名古屋の戦災復興計画の目玉として、2本の南北の通りの間を抜いて実現した。長

本町通付近の広小路通。かっては街の中心だった

清須越の朝日神社。江戸時代からの蕃塀が残る

栄交差点から賑やかになった大津通を見る

道路中央の久屋大通公園。イベント空間になる

テレビ塔の東北角にある芭蕉の「蕉風発祥の地」の碑

さは約2kmある。パリのシャンゼリゼ通と同じ規模で、東京青山通に競り勝って友好商店街になった。公園になった中央部は、周辺の喧騒さから隔離された都心の別天地である。遠くに見えるテレビ塔に向かって歩くとバスターミナルに出る。この北は広小路通、錦通と一番賑やかな所が続く。

テレビ塔は、街のシンボルとして昭和29年に建設された。全国に先駆けてテレビ電波を各社共用にし、展望台を作り観光施設にするなどの先進的な塔だった。地上90mの展望台に上ると、一望できる都心部の中に、百米道路の緑の軸線が見事である。

塔の足元に意外な史跡がある。東北10mほどの所にある「蕉風《しょうふう》発祥の地」の碑である。芭蕉が旧来の俳諧から脱して俳句の新しい境地を開いた所。それはこの場所で開かれた名古屋の町衆との、後に句集「冬の日」としてまとめられた句会だった。北に進むと桜通で、その下に地下鉄の久屋大通駅がある。

## 街の形成と道路

街の形成に、道路は大きな関わりがある。道路によってその地域の意味が変わってくる。栄町も、明治40年に南北の幹線道路が500m東にでき電停がつくられたことが、「栄町」という名古屋の街の中心を本町通から大津通に動かすことになった。当時は気がつかなかったが、歴史的に見るとその時がひとつの契機になっていることがわかる。

道路の拡幅に反対してバイパスができ、旧道沿いの地域が沈んだ街。鉄道を拒否して寒村になった街。空港を拒否して対岸が栄えることになった街。交通施設は地域の浮沈に大きく関わる。交通路による繁栄は、その需要の多くが交通に依存しているからである。

このように見ると、今日の栄の繁栄は本町通の拡幅の拒否というところに行き着く。街は時代とともに栄枯盛衰がある。昔栄えた、京町も、札の辻も、広小路本町も、今はピークから降りて、普通の街角になっている。

# 9 大須 【ミスマッチの魅力】

## 復活した繁華街

大須は、江戸時代から長い間、名古屋を代表する盛り場だった。盛り場とは、繁華街というよりは歓楽街に近く、いわば大人の遊び場だったといえる。

大須一帯は、もともと名古屋城下の南の寺町として計画された。本町通を中心に、西には大須観音、東には万松寺があった。寺への参詣者が集まり、芝居小屋や一時期遊廓もできて一帯は盛り場へと変わっていった。そして明治になると遊廓が許可され、さまざまな娯楽が集中し、大須は名古屋一の盛り場になった。

ところが繁栄も大正時代になると少し陰りが出てきた。交通に便がいい広小路通や大津通に人が集中したのである。戦後は映画館が名古屋駅前に客を取られ、大須は次第に市民から遠い存在になっていった。

しかしその大須の街が今、全国でも一番元気な商店街として見学者の絶えない街に再生した。土曜日曜などは通りをまっすぐ歩けないくらいの人ごみになる。大須の街には何があったのだろうか。江戸時代からの街の変遷を辿ってみたい。

## 大須の街の変遷

### ●城下の頃の大須

名古屋城下には、南と東の街道の入口に大きな寺町が配置された。置かれた所から考えると、寺の境内が援軍の駐留地に想定されたようである。とくに南は東海道を控えもっとも大きな寺町が設けられた。各寺院は、最大の万松寺が2万坪以上。5千坪クラスがいくつもあり、小さい寺でも1千坪を与えられている（図1）。少し遅れた東・西の本願寺もそれぞれ大きな敷地が与えられた。

大須一帯はこれらの寺への

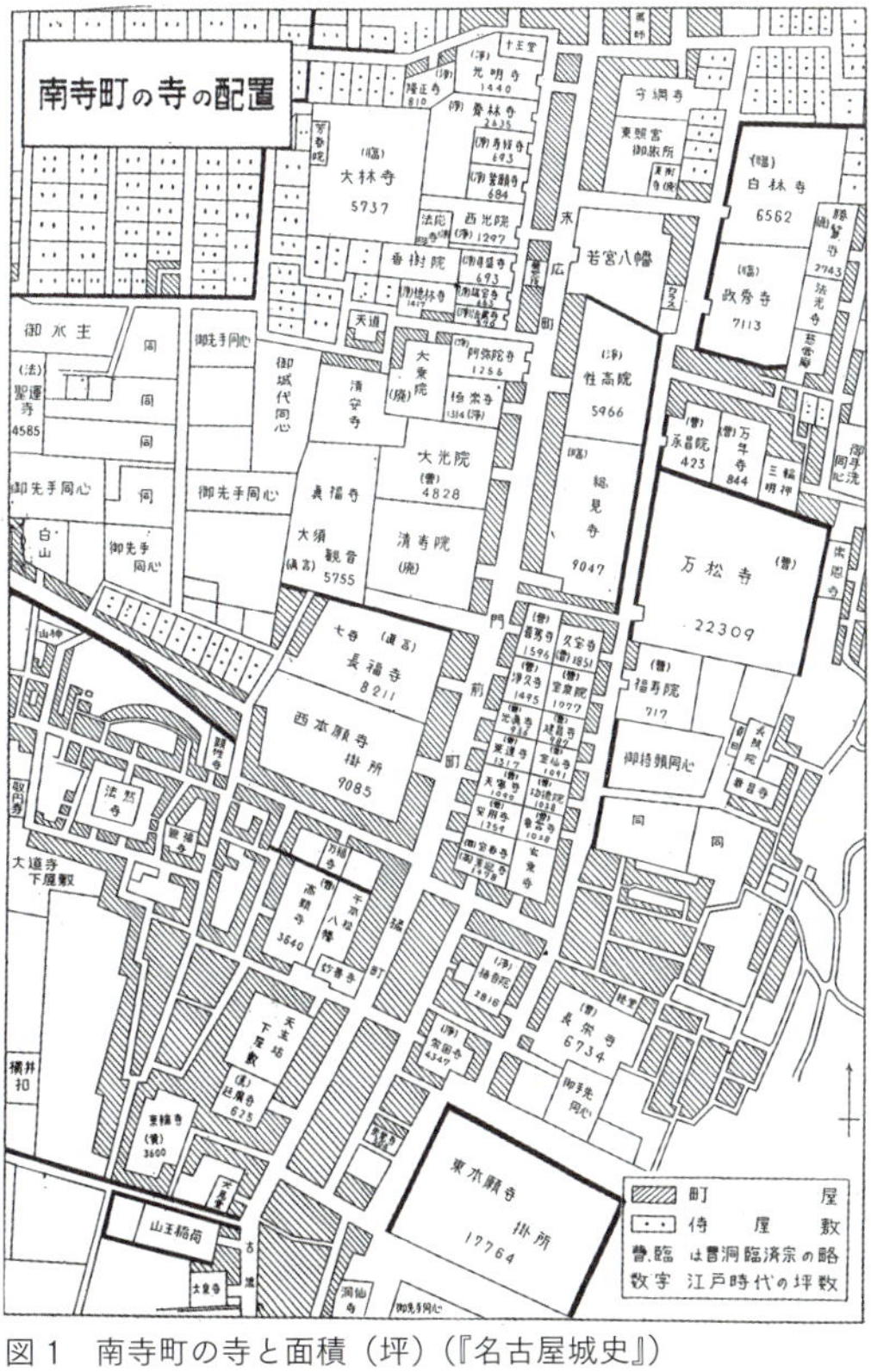


図1　南寺町の寺と面積（坪）（『名古屋城史』）

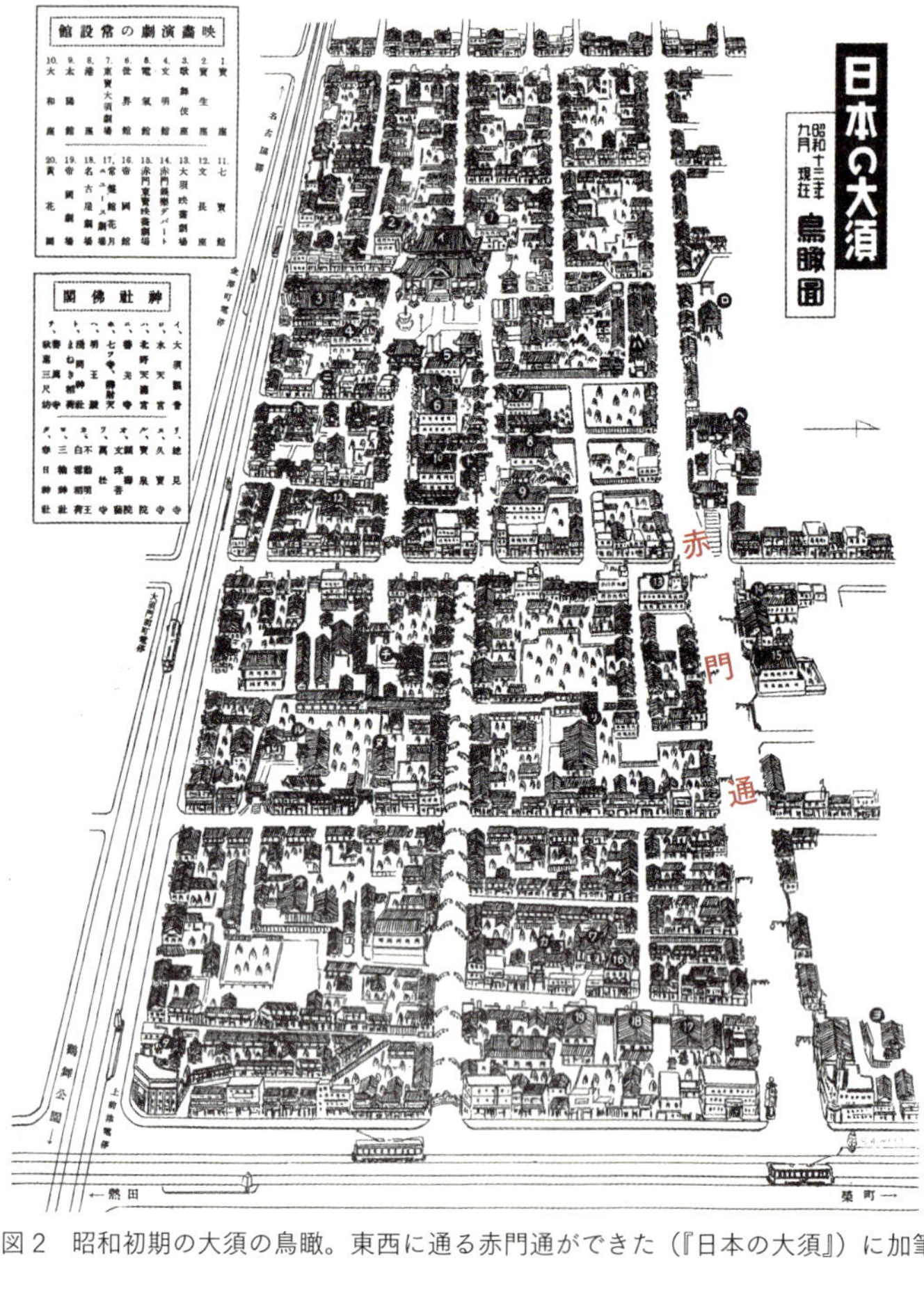

図2　昭和初期の大須の鳥瞰。東西に通る赤門通ができた（『日本の大須』）に加筆

参詣者で賑わった。とくに大須観音と東・西の本願寺別院、それに本町通を行き交う人も混じって、大須は大変多くの人が集まる地域になった。付近には芝居小屋も立ち、七代藩主宗春の時には、南に三つの遊廓もできた。その後遊廓は廃止されたが、広い境内には芝居、寄席、見世物などさまざまな小屋が立ち、大道芸人も現れて大須は大衆娯楽の拠点になった。

## ◉明治・大正・昭和

明治時代になっても大須は名古屋の盛り場の中心にあった。明治4年、京都とほぼ同時に初めての「博覧会」が開催されたのもこの大須だった。明治7年には観音の北、北野新地に遊廓が許可され、「旭廓」と名づけられた。最盛期には妓楼173軒、芸妓・娼妓1728人を数えたという。

　ところが明治の終わりから大正にかけて、大須の街に気になることが起こった。一つは明治40年、名古屋の街と熱田を結ぶ幹線道路が、本町通ではなく大須の東側の大津通につくられたことである。明治41年には市電も走り出し、大須は交通の主流から外れることになった。いまひとつは大正12年に遊廓の旭廓が中村に移転した。大須最大の集客施設が消えてしまった。

## ◉戦後の大須

　そんなことがあっても大須は、戦前はまだ名古屋の主要な盛り場だった（図2）。しかし戦後、遊廓後の集客の中心で、戦前には20館を数えた映画演劇館がその首座を名古屋駅前に奪われた。さらに映画そのものがテレビに取って代わられて斜陽化し、大須には目玉がなくなってしまった。追い討ちをかけたのは戦災復興の都市計画でできた広い道路である。西側の伏見通と北側の百米道路によって街が分断され、都心と隔離されてしまった。陸の孤島といわれ、人が集まらなくなった大須の街は昭和40年代、火の消えたような街になってしまった。

50年代になるとこの大須を残念に思う人たちが動き出した。昭和50年の「アクション大須」に始まり、昭和53年からは「大道町人祭」が始まった。思わぬ商店も立地した。一つは昭和52年の「ラジオセンター・アメ横」。もう一つはさまざまな「古着屋」である。これまでの客層とはまったく違う。「旧」と「新」。「老」と「若」。このミスマッチが大須に火をつけた。街は変身を始めたのである。

## 変遷を追って

大須の変遷を辿ってみたい（図4）。地下鉄の上前津駅の12番出口を出る。このあたりは名古屋台地の東端にあたり、東に向けて下がっている。江戸時代は風光明媚な所として、暮雨巷《ぼうこう》など文人の庵があった。

出口を出て左に進み、道が右にカーブして下り始めた左側に清浄寺がある。ここは街のできる前、戦国時代に小林城のあった所である。城主は牧長清。信長の義兄弟になる。寺に入った左手に一族の墓がある。ここは廃城の後も、剣術家・柳生兵庫の屋敷になった。

矢場地蔵もある清浄寺を西に通り抜けると大津通に出る。南に歩き、二つ目の信号、一番賑やかな万松寺通から大須に入る。昭和35年にできたアーケード街は人がいっぱいだ。その間を抜けて進むと若

大津通側の万松寺通入口

仁王門通と古い食堂。これが大須の魅力

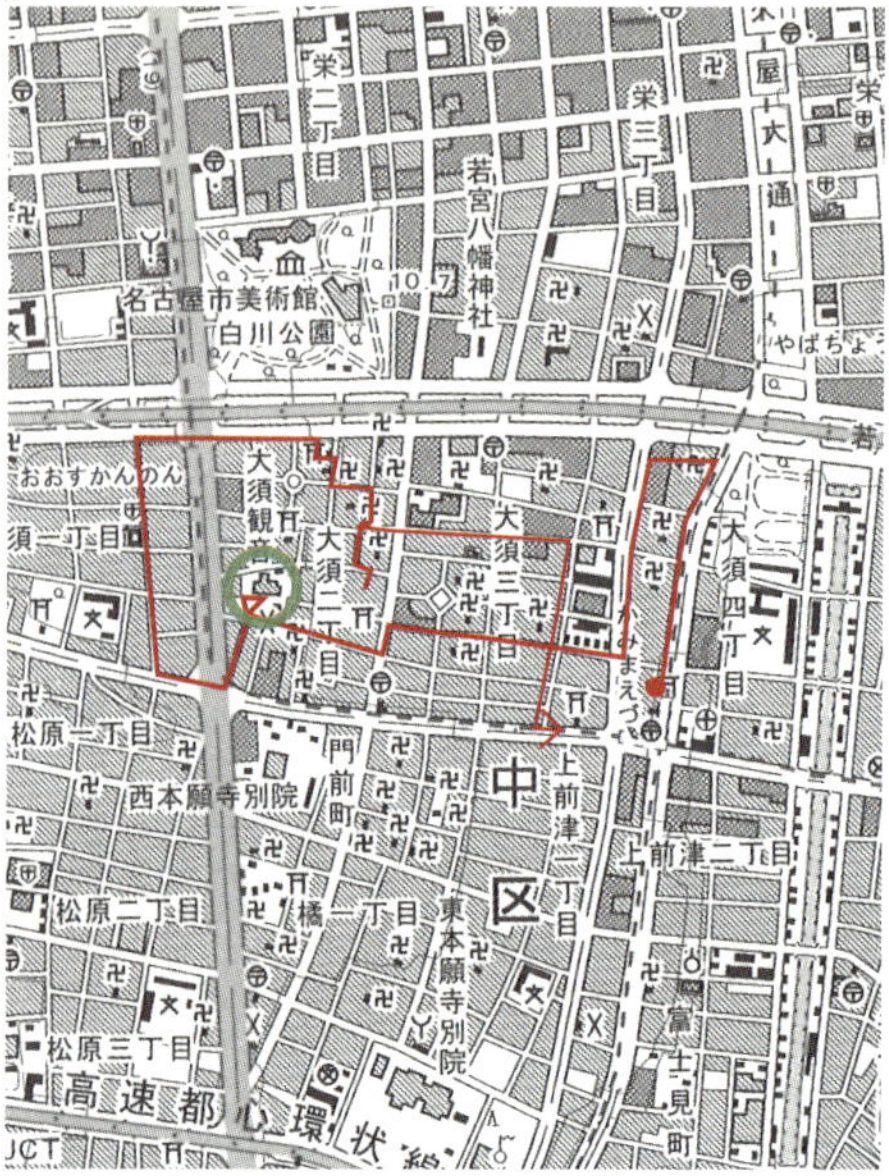


図４　現在図（○は大須観音）

図３　明治図

0　　500m

者向けの店やお年寄り向けの店が雑多に並んでいる。全国ブランドになったコメ兵の向こうが本町通である。元の大須はこの本町通を中心に東西に分かれていた。このため万松寺通はここで終わり、観音への参道は少し左の仁王門通になる。今では正面の大須観音通に賑わいを奪われそうだが、昔は南の仁王門に通じる道が正面だった（当時本堂は東を向いていた）。

大須観音。昔はこの裏手が遊郭だった

　大須という、地域を代表する言葉になった大須観音、正式には北野山宝生院真福寺は、もともと今の岐阜県羽島市の大須にあった。１３３３年に開創されたが、開基の能信上人は学徳高く、多くの書物を収集した。ところがそこは木曽、長良の大河に挟まれて洪水が絶えなかった。そのため家康が名古屋城の築城の時、ここに移させたのである。大須文庫にはわが国最古の『国宝古事記』をはじめ貴重な古文書が保存されている。本堂は大戦でも焼けたが、昭和59年に再建された。

　観音の南に表参道という商店街がある。戦前はその南の幹線道路に市電の金沢町電停があり、名古屋駅から大須へのアクセスルートだった。通

県最初の公園だった那古野山公園。古墳跡につくられた

大須再生の起爆剤になった「アメ横」

りを抜けると今は国道に出る。交差点を西に渡った一本西の道を常盤通といい、観音の北からこの辺りにかけてが明治時代は遊廓だった。大正になって中村に移転し、その後戦災をうけ、区画整理されたので面影はほとんど見られない。

常盤通を歩き、北の百米道路を東に。国道を渡って東に3本ほど行くと日出神社がある。見たとおり古墳の跡である。旭廓の名はここの日之出町という名からである。東に出て南に。突き当たると赤門通である。東に行くと赤門の名になった大光院があり、その正面を南に行くと那古野山公園がある。江戸時代の修験道の寺、清寿院《せいじゅいん》の跡で、当時は山谷が残った所だった。その一部が明治12年、県で最初の公園、浪越公園になり、今でも古墳のある小さな公園が残っている。

バックして赤門通に戻り、東に本町通を渡る。両側はパソコン系の店が並んで道には若者が溢れている。３００ｍほど行った新天地通で右に曲がるとさらに賑やかになり、左には大須の街の転機をつくった第一アメ横ビルが、その先の右側には万松寺がある。万松寺は１５４０年、信長の父信秀によって建てられ、名古屋城の築城時にここに移された。近代化が進み、通りに少し情緒がなくなってしまった。まっすぐ南に東仁王門通の広場を越えると幹線道路の左に上前津駅入口がある。

## 残された古き街並み

大須の街が再生した理由はいくつかある。まず地元の人々が結集してがんばったこと。次に若者を集客する情報機器店が立地したことだろうか。しかし、それだけではない。大須の街の沈んだ時期のことである。昭和30年代後半から高度成長の時代になった。経済も人口も伸びた。名古屋の街も膨張し、郊外化も進んだ。ところがその間、大須は取り残され沈んでいたのだ。

もしこの時代に注目を集めていれば、今の大須はない。きれいな普通の街になっていただろう。でもそれは大須の魅力ではない。高度成長期に沈んでいたことが、大須の街の歴史を守ることにつながった。雑多な店が並び、建物も客も、新旧が交じり合うミスマッチの街になった。名古屋には少ないレトロ的雰囲気を残す街。それこそが歴史の活きた、まねのできない大須の魅力になっている。

# 10 円頓寺

## 【奪われた交通手段】

### 円頓寺筋の発展

戦前の名古屋の繁華街というと、広小路、大須と並んで「円頓寺」という名前が出てくる。今から見ると意外な感もあるが、戦前・戦後と、とても賑やかな商店街だった。円頓寺《えんどうじ》商店街の名前は、江戸時代、寺の前の通りを円頓寺筋と呼んだことがその起こりとされる。商店街のルーツとされるのは、寺社の門前町と堀川運輸の人の遊び場である。江戸時代の終わりごろには、円頓寺の前や堀川端にはいくつかの店が並び、商店街がスタートしたとされる。

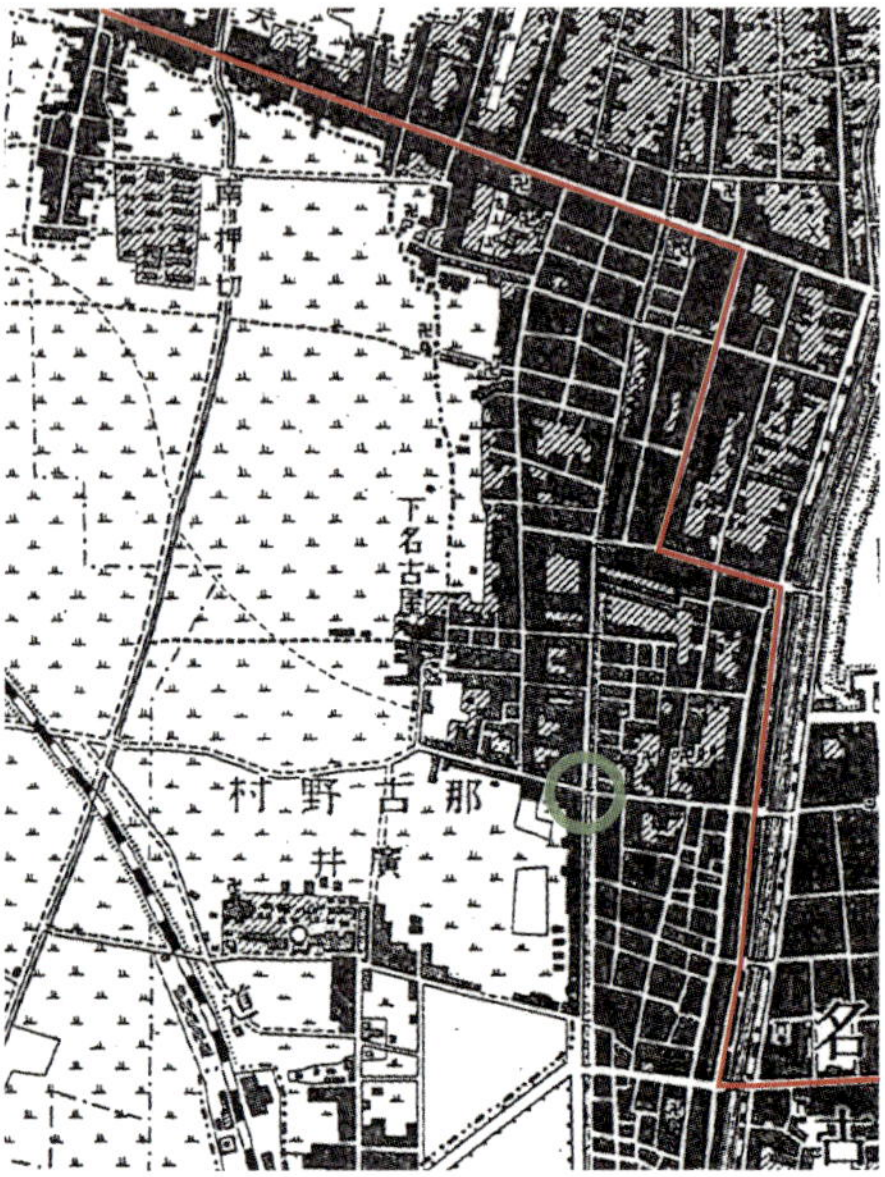


図１　明治図（赤線は美濃路）

0　500m

その後、明治・大正・昭和と大きく発展した。そして名古屋の三大繁華街といわれるまでに成長したのである。

しかし、現在商店街を歩くと寂しい。そこで、この商店街がこれまでどう変遷してきたかをみてみたい。

### 城西の拠点

**◉江戸時代の円頓寺筋**

美濃路は、名古屋城下の中心の碁盤割地域と物流の中心の堀川を結ぶように計画された（図1）。美濃路の堀川沿いに並んだのが堀川端の商家群である。堀川端は、当初は築城資材の陸揚・加工場所だった。城下が安定するとともに、移出入の米や塩、肥料などの問屋が集まった。ところがこれらは大きな商家の集まりではあったが、あくまでも堀川に沿って展開しており、円頓寺商店街とは一線を画している。

寺の円頓寺《えんどんじ》は、１７２５年、この地域の大火の後、南３００mの地から、現在地に移転した。それ以前に、南側に真宗高田派の名古屋別院の前身があり、また同期に円頓寺の横に慶栄寺が立地している。このように付近には、江戸中期には小さな寺町ができあがり、これらの寺の催事日はけっこう賑わったという。

**◉明治・大正の動き**

このミニ寺町の周辺に大きな変化が訪れたのは明治時代になってからである。円頓寺では、尾張藩ゆかりの鬼子母神が公開され、縁日には多くの人が集まるようになった。

　しかし、この地域の人の流れに大きな影響を与えたのは、交通施設の設置と工場の立地である。まず明治19年、東海道線の名古屋駅の開設で、城下の西の寂しい地域が、一転、将来の新都市域として注目を集めることになった。

　街の変化は少し経った明治30年代に始まった。明治34年①押切と柳橋の間に路面電車が走るようになった。36年には②少し西の則武村に大きな製陶工場が建設された。その後も③近くに紡績工場が二つできた。明治44年には④瀬戸電気鉄道が大曽根から少し東の堀川端まで延長され、終着駅・堀川駅ができた。そして、大正2年、⑤路面電車がより近い江川線を通って名古屋城の前まで延伸されたのである（図2）。このように、明治の後半以降に起こった工場や交通手段の変化は、商店街を大きく変えていった。

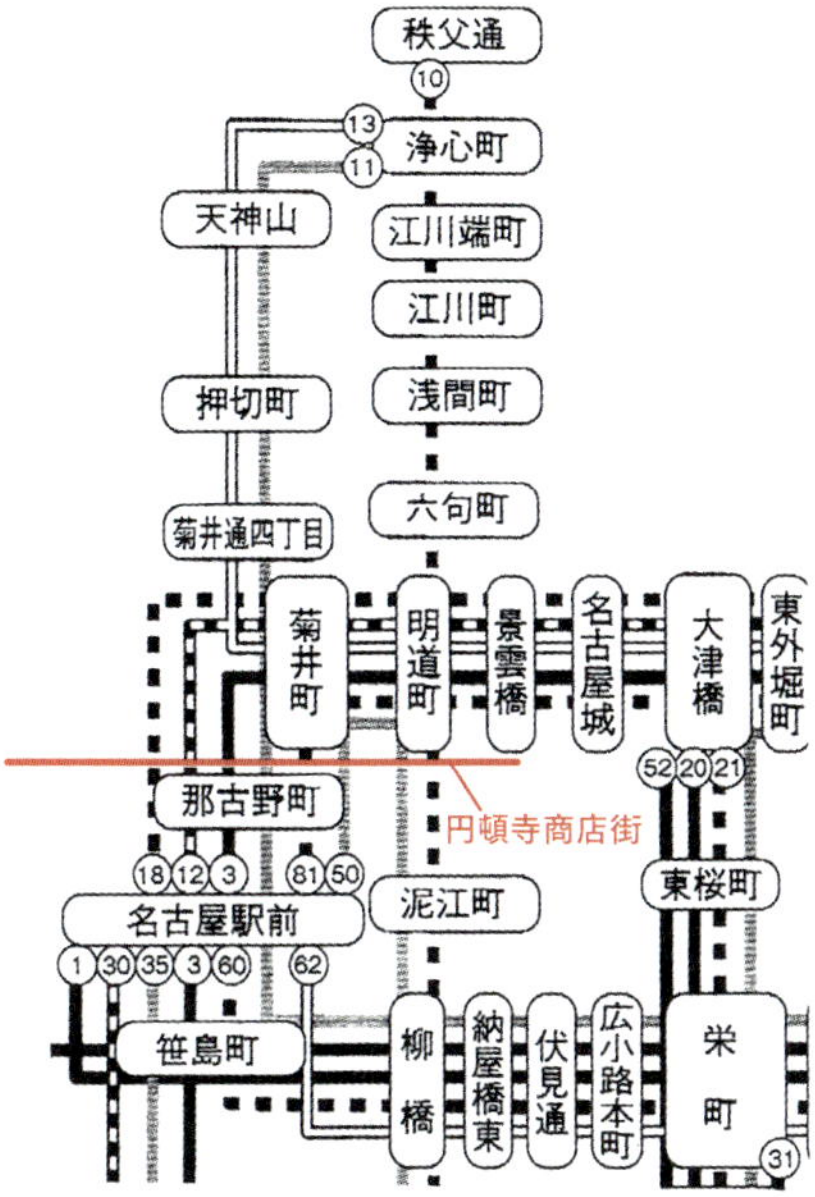

図2　円頓寺付近の路面電車の系統（『名古屋市電（上）』）に加筆

## ●戦前・戦後の円頓寺

　戦前の円頓寺は寄席や劇場、映画館もあり、芸者も多数、という盛り場の街になった。まさに名古屋の三大繁華街といわれる地域になったのである。その後、戦災にはあったが、一部は焼け残り、比較的早く復興を遂げた。円頓寺は再び多くの人を集め始める。

　しかし、昭和30年代になると少し陰りがでてしまった。昭和32年、地下鉄開通で名古屋駅前の商店街に活気が出てきたのである。客が奪われるばかりか、円頓寺の商店が駅前に進出するところすらあった。そのため、昭和30年代後半には、七夕まつりの盛大化やアーケードの設置などの対応策がとられた。

　だが、街の退潮の流れは変わらなかった。追い打ちをかけたのが、大型スーパーの登場、自動車時代の到来等の都市環境の変化である。加えて昭和40年代になると、堀川水運の衰え、路面電車の廃止（昭和46年）、そして瀬戸線のルート変更での堀川駅の廃止（昭和51年）と続き、大量のアクセス手段が全滅してしまった。このような、時代の流れと交通手段の廃止で、円頓寺

パチンコ屋も残っている円頓寺本町商店街

商店街からは、客の姿が消えていってしまったのである。

## 変遷を追って

円頓寺商店街と堀川沿いの四間道付近の今昔を訪ねてみたい（図3）。円頓寺の西側からアクセスする。地下鉄亀島駅の東改札を通り、3番出口を出る。右に進むと東海道線のガードをくぐって則武新町の交差点に出る。このすぐ北は、大きな工場跡につくられた「産業技術記念館」や「ノリタケの森」がある。交差点の東南角から、すぐ南の細い道に入る。この道が、円頓寺へと続く旧道である。

円頓寺商店街は三つの商店街が東西につながっている。少し行くと、一つ目の「西円頓寺商店街」に入る。この辺りは名古屋駅に近いため、最近の名古屋駅勢圏膨張の影響を受けているようにも感じられる。

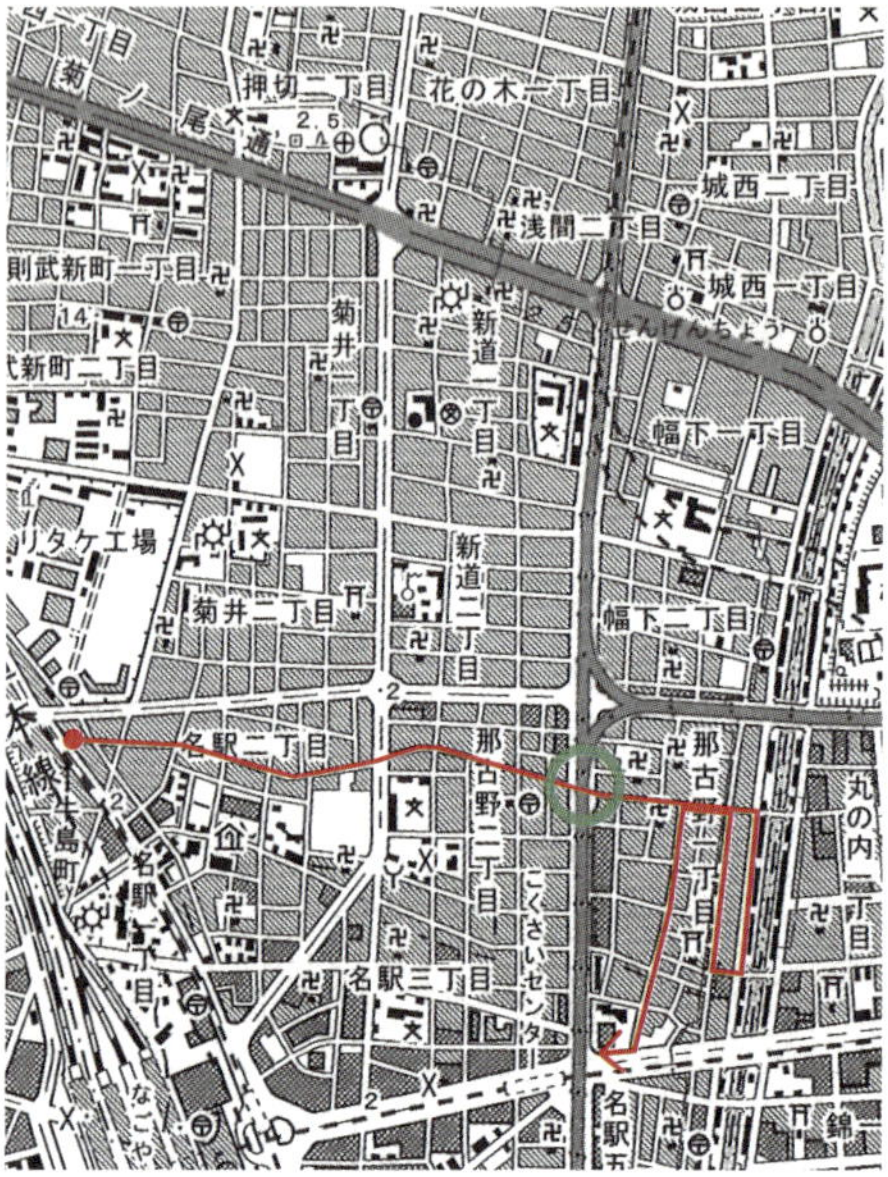

図3　現在図（○は円頓寺交差点）

円頓寺前の円頓寺商店街

しばらく行くと名古屋駅前から、昔は市電が走っていた道路を横断する。ここから東は二つ目の「円頓寺本町商店街」である。アーケードを入るとすぐパチンコ屋がある。姿は変わったが、円頓寺には欠かせない店だ。一方ではイタリアン○○などと新しい店もできている。真ん中を過ぎた辺りで交差する道が「新道」である。江戸時代初期にできた道で、この南は大きな藩の土地であったためここで曲がって五条橋に出たのである。そして北の明道町辺りの菓子産業につながる道にもなった。まもなく幹線道路の江川線に出る。昔は江川という用水が流れていた。ここもその後、路面電車の通りになった。

渡ると三つ目の「円頓寺商店街」である。少し行くと左に円頓寺がある。商店街の名になった寺だが、近代的になっている。すぐ先に慶栄寺もあり、この付近が門前町の中心である。昔は有名な開慶座もあった。アーケードの先に五条橋が見え始めると円頓寺商店街は終わる。

ここからは、隣接する美濃路と四間道を歩いてみたい。江戸時代の美濃路は、橋の手前の道である。右に曲がり美

美濃路に残る川伊藤家

防火のためにつくられた四間道の倉庫群

濃路に入る。少し行くと左右に黒壁の家がある。ここは清須越しの商人、伊藤家（川伊藤家）宅である。左側はそのまま堀川につながり、右側は道路1本向こうまで続く大きなお屋敷である。

南に進むと中橋の通りになる。右に曲がると突き当たりは浅間神社である。ここを再び右に曲がると、「四間道《しけみち》」と呼ばれる通りになる。他の道路よりも広く四間あったことから命名されたといわれる。見事なのは右側の白い蔵の連続である。道路を広げ、土地を一段上げ、漆喰の土蔵を連続させることによって、西側からの火事の延焼を防いでいる。この蔵は、昔はその南にも続いていて、通りをゆく人を圧倒させたという。

蔵の前の道から1本左に入った所に、見事な屋根神様がある。屋根神様は、津島、熱田、秋葉といった神様を屋根の上に祀るこの地方独特の方法で、西区に多い。一回りして蔵の前の道に戻り、少し進むと再び円頓寺商店街に出る。

左に曲がって商店街を行き、次の道を左に入ると、すぐ真宗高田派の名古屋別院がある。この寺は円頓寺よりも古くからあって、初期にはこの寺が結構な人を集めたという。寺の前の道は戦災を受けていないため、狭いが、なかなか魅力的でもある。まっすぐ進み、突き当たりを右に曲がると、地下鉄の国際センター駅になる。

## 商店街とアクセス

大きな商店街には、アクセス手段が不可欠である。明治時代から路面電車や瀬戸電があったことが、円頓寺の商店街を全市的な繁華街へと押し上げたといえる。

今、それらの手段が消滅してしまった。どうすればいいのだろうか。実は、その後、円頓寺商店街の近くに、昭和50年代に地下鉄鶴舞線の丸の内駅ができ、60年代に桜通線の国際センター駅ができている。しかし、商店街とセットにする発想はなかった。街は、その頃はもう沈んでいたのかもしれない。

円頓寺の商店街は1kmを超す長い商店街である。やはり、再生には鉄道・軌道といった大量のアクセス手段をどう確保し、活用していくかが、問われることになりそうである。

# 11 中村 ［ディベロッパーが消えて］

## 秀吉・清正の街

中村という地名は結構広い範囲で用いられている。しかし「中村」という交差点も、駅・バス停もない。ただ、町名の中村町、元中村町、中村本町等から考えると、大鳥居があり、地下鉄の中村公園駅のある辺りが中村の代表的な街角ということになりそうだ。

中村は、古代、中世と歴史のあるところである。そして、有名な豊臣秀吉、加藤清正を生んだ。ところがその反作用で、徳川の世になると、静かな農村に戻ってしまった。そこが、明治時代になって、秀吉の再評価で注目を集めるようになったのである。その変遷を追ってみたい。

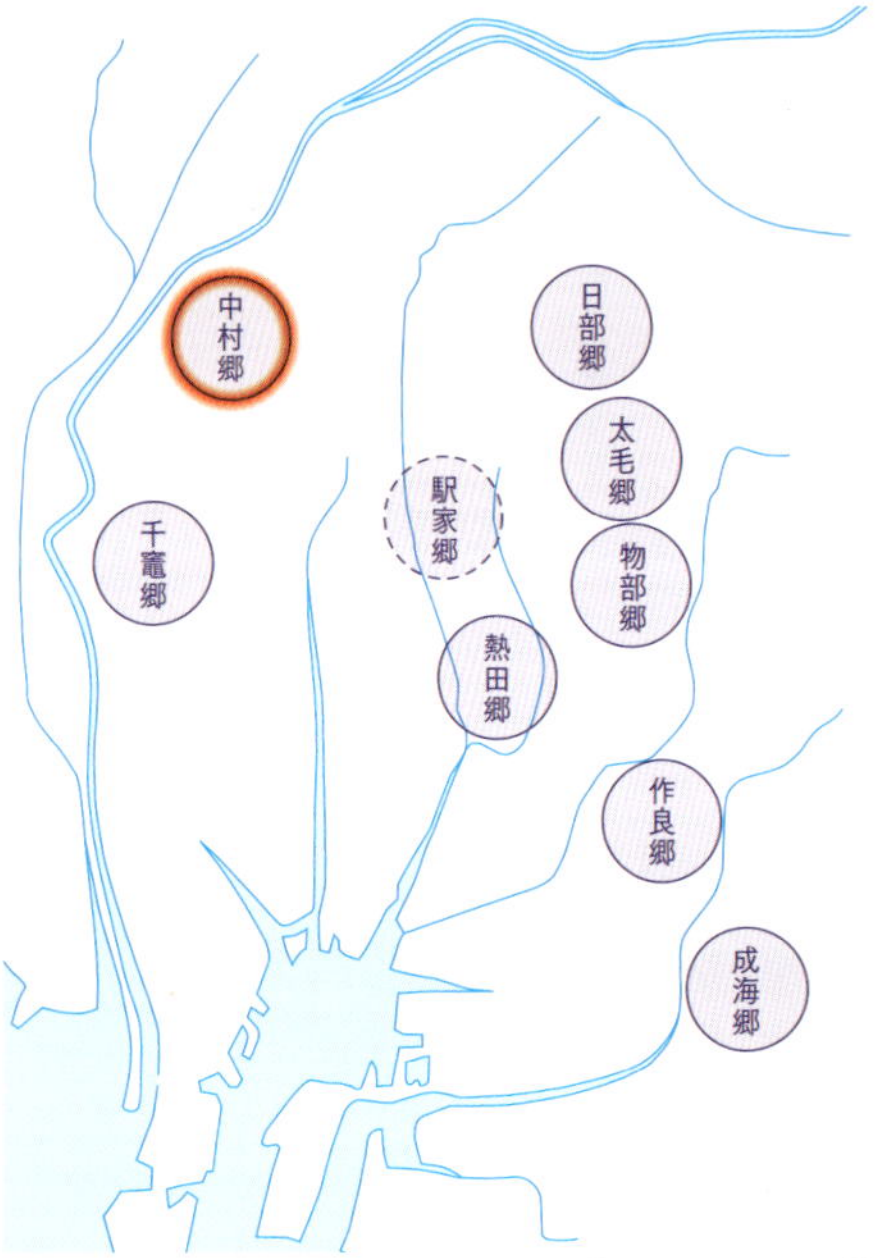

図1　古代（『和名抄』）からあった「中村」の地名（『新修名古屋市史1』に加筆）

## 中村というところ

### ●古代から中世、近世へ

中村は古くからの歴史があるが、その名前が文書に見られるのは、10世紀にまとめられた『和名抄』である。その中で愛智郡には10個の郷の名があり、中村はその一つだった。なかでも厚田（熱田）、成海（鳴海）等とともに今日までその地に、同名で残っている数少ない地名の一つになる（図1）。

その中村付近を、西北の萱津（甚目寺町）から東南の露橋に向けて、古代の東海道が通っていたとされる。そのルートはおおむね中世の鎌倉街道へと引き継がれ、中村は長い間、国土幹線の街道沿いの村だった。西北には「東宿」「宿跡」という地名が残されている。

しかし、戦国時代になると清須が栄え、街道は北に行ってしまった。その頃、中村には秀吉や清正が生まれ、尾張中村は英雄の故郷になった。ところが江戸時代には、逆に徳川政権下で厳しい目で見られることになった。中世の街の萌芽も、田の中に消えてしまったのである。

なおこの中村は、江戸時代、歌舞伎の中村家（初代中村勘三郎）の出身の地だともいう。

### ●明治になって

明治時代になると、徳川か

らの反動で、秀吉を称えようという動きが出てきた。明治16年、当時の県知事の国貞廉平が地元の有力者と諮り、18年に豊公の生誕地を設定し豊国神社の正殿を完成させた。その後、拡張されて中村公園ができることになり、明治43年には清正も合祀された。豊国神社は中村のシンボルになったのである。大正になると笹島から西に今日の太閤通が整備され、大正2年には、名古屋駅の南、明治橋の西から中村公園前まで電車も走り出した。

中村は、戦国時代には上・中・下の三つの村だったというが、江戸時代は上、下の二つにされていた。それが明治時代に、織豊村となり、次に他の二村と合併して「中」という村になり、大正10年に名古屋市と合併した。

大正12年、中村を揺るがす施設ができた。大須から遊廓が移ってきたのである。面積12ha。当時で1軒30万円とかの高楼が軒を連ね、名古屋駅西からはバスも走り出した。この中村遊廓にはなんと年間100万人近くが訪れ、最盛期の昭和12年には娼家130軒、娼妓2000人を数え、日本一といわれる遊廓になった。

### ◉戦前・戦後の中村

昭和12年に名古屋駅は新しくなり、前後の線路も高架になった。道路も広小路線が鉄道をくぐって中村に延び、電車も栄町線とつながった。便利になり家の数も徐々に増えた。しかし、昭和33年、遊廓が廃止されると街は沈んでしまったのである。

期待された大きな変化は、昭和44年、地下鉄が中村公園まで延長された時だろう。駅に付置されたバスターミナルには周辺からのバス路線も集められた。中村にはようやく中心的な街角ができることになった。

けれども、どういうわけかその後の中村は大きく変わらなかった。地下鉄の乗客もあまり増えず、そのうちに地下鉄は南に延伸されて高畑が新たな拠点になった。中村を代表する中村公園駅付近の街は地域の拠点に止まってしまったように感じる。

## 変遷を追って

変遷を追って歩いてみたい（図3）。地下鉄の中村公園駅の1番出口を出る。目の前に大きな鳥居が見える。豊国神社の大鳥居で、高さ24m、支間が18m。柱の直径でも2・4mになる。この鳥居は大正10年の名古屋市との合併記念によるもので、昭和4年に完成した。

交差点を北に渡り参道に沿って歩く。突き当たりは豊国神社だが、そこに入る前に中世に鎌倉街道の宿のあったとされる辺りを見てみたい。神社の前の道を西に4本行き、北に少し行くと明神社がある。付近は東宿町といい、鎌倉時代に萱津の東宿があった所とされている。中世三大紀行文の一つとされる『東関紀行』では、その賑やかな様子を描いている。

中村公園前交差点に建つ豊国神社の大鳥居

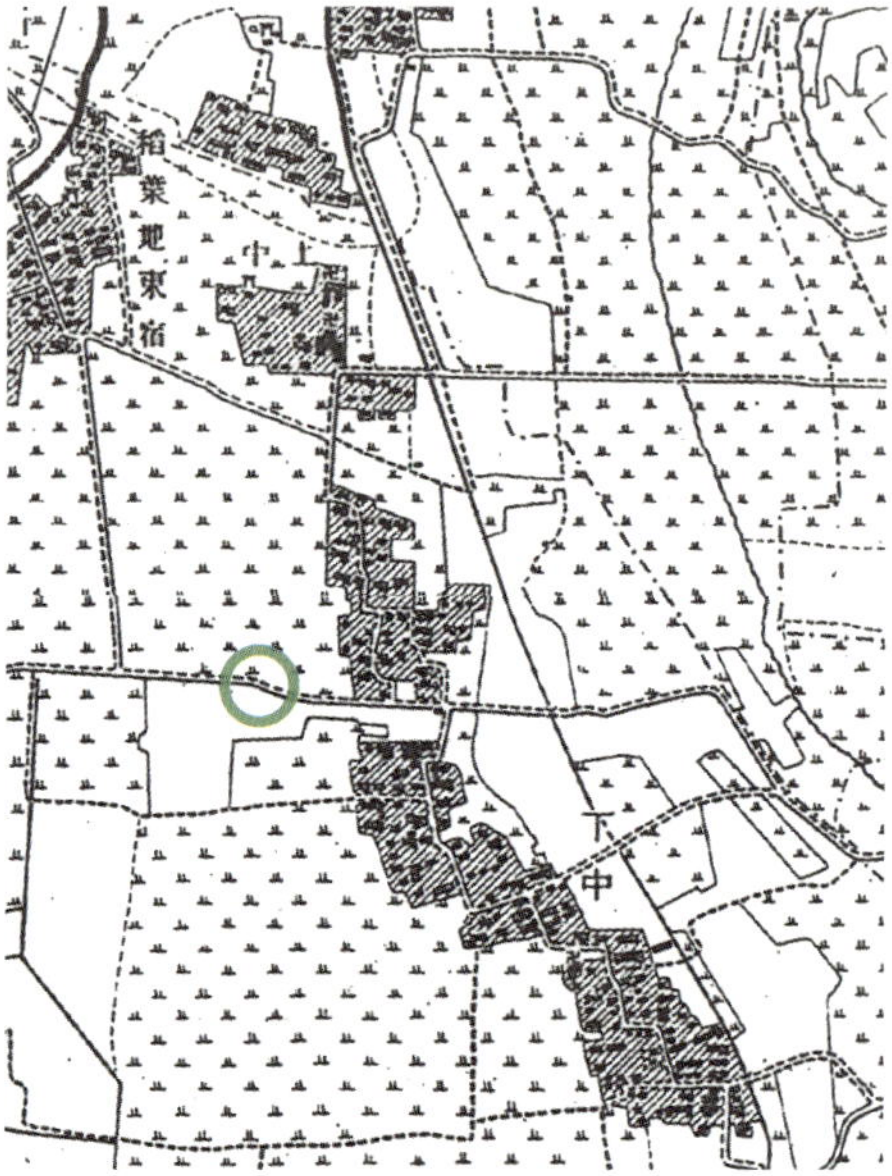


図２　明治図

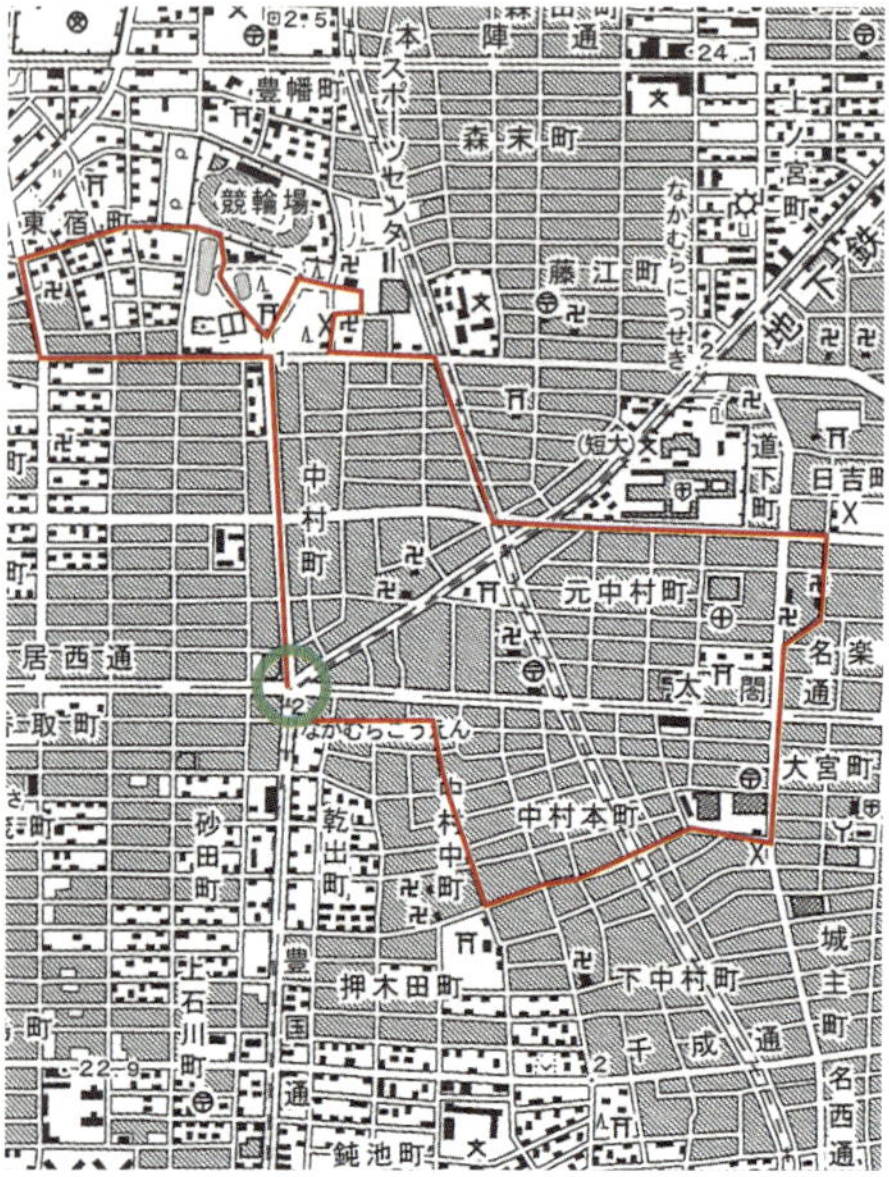


図３　現在図（◯は中村公園前交差点）

明神社の前の道を東に戻ると中村公園の西口に出る。北側は戦後、競輪場になってしまった。公園の中をまわって南の正門に戻り、豊国神社に参る。本殿の右隣には「豊公誕生之地」の碑が立っている。秀吉の出生地とされる所はいくつかある。ここは明治18年、豊臣氏の見直しの動きの中で、秀吉の出生地とされた、一つ目の候補地である。

豊国神社本殿横の「豊公誕生の地」の石碑

東に進み、細い道路を渡ると太閤山常泉寺がある。出生地の二つ目の候補地である。その南にまわると、常泉寺を隠すように加藤清正が建てた妙行寺がある。ここには清正の出生地の碑（移設）がある。その寺の前の道を東に進むと次の信号では庄内用水の中井筋（惣兵衛川）の跡の道になる。南に進み、5本目の道は昔「小栗橋」という橋で、この付近を、別名小栗街道といわれた鎌倉街道が通っていたとされる。

南に1本行くと広い通りに出る。左に曲がり、信号を越えて少し行くと第一日赤病院がある。遊廓造成の土を取った後が池になり、池には身投げした遊女を弔うために弁天が奉られて、遊里ヶ池と呼ばれた。一時遊園地として使用されていたが、病院誘致のために埋められた所である。東

惣兵衛川の緑道。昔ここに「小栗」橋がかかっていた

中中村の弥助屋敷跡とされる辺り

に信号を越えると2本目からは中村遊廓の跡である。廃止されて60年ほど経つが、特徴ある町割りと、幾つかの建物が残っている。曲がって南に向かい、右斜めに進んで遊廓跡を出る。

　広い道を南に行き幹線道路（太閤通）を越える。少し先に中村郵便局がある。ここには「名古屋花壇」という大きな娯楽施設があった。高さ60mの展望台もあったのである。その郵便局の向こうを右に曲がる。西に、中井筋の跡の緑道を越えたあたりから南は下中村である。少し南には日吉公園があり、中の日吉神社は、秀吉の母がよい子の出生を祈願した所という。緑道を越えてそのまま進むと左側に公園がありその向こうに中村八幡社が見える。ここで右に曲がると左に薬師寺、西光寺がある。いずれも秀吉の故事のある寺である。

　西光寺への道を過ぎて2本目から3本目にかけての右側は、早世した秀吉の父・弥助の屋敷跡といわれる。出生地の三つ目の候補地になる。その向こうの角を左に曲がると、秀吉が清正と小田原の陣のあと中村を訪れ、大盤振る舞いをした所といわれている。秀吉は「中」中村の生まれとされ、三つ目が本当の出生地のような気がする。まっすぐ西に行くとバスターミナルで、地下鉄中村公園駅になる。

### 地域を考える人

　中村の街を考える時、忘れてはならないのが名古屋土地株式会社である。名前は名古屋だが、中村を拠点に活動したこの会社は、まず大正の初めに名古屋駅西から中村公園前まで電車を走らせた。大正12年、遊廓ができるとバスも走らせた。そして大正14年に遊廓の西北、遊里ヶ池の所に4haもの中村遊園地をつくった。遊園地といっても、ラジューム温泉や宝塚が来るような大人向け施設である。

　昭和の初めには、その池を埋め立てた跡に日赤病院が誘致された。その時この会社は、地域に貢献するからと1ha強の土地を無償提供した。そして少し南に「名古屋花壇」をつくったのである。しかし、昭和11年電車を名古屋市に譲渡するとともに惜しまれつつ消えていった。

　今の言葉でいえばディベロッパーだろうか。中村にこだわり、大胆かつ先進的な事業を進めた。そしてその企業が消えるとともに、中心のない中村は、名古屋の住宅地としての道を歩むほかなかったのかもしれない。

# 12 今池

## ［路面電車がつくった街］

### 名古屋東部の開発

昔の名古屋の街は南北に長い形をしていた。その東は小さな谷を挟んで台地があり、点々と集落がある農村だった。明治24年の地図でも城下を外れると街道沿いを除いて、田畑が続いているのがわかる（図1）。

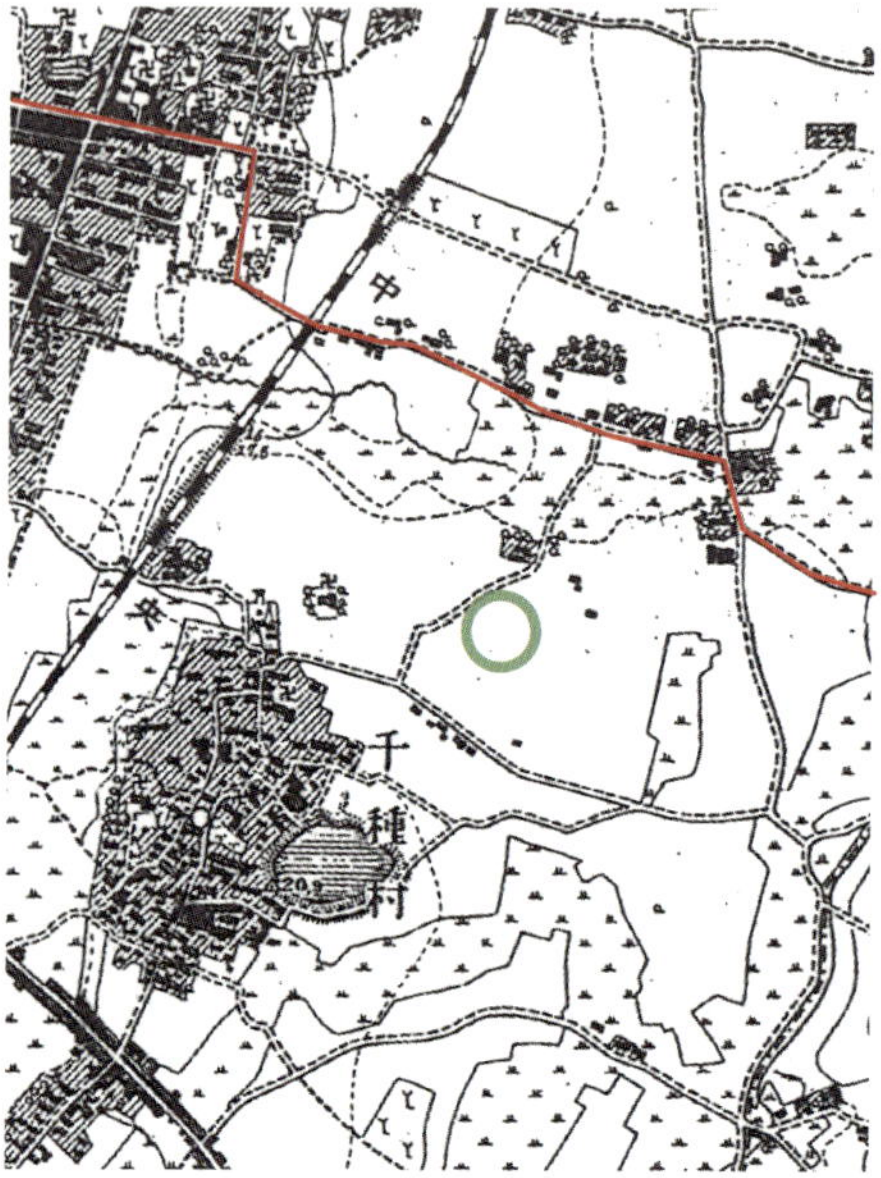


図1　明治図（赤線は高針街道）

0　500m

この未開発な地域に、最初に白羽の矢が立ったのは中央線の千種駅である。明治33年、名古屋台地のはずれ、広小路を東に延長した所に駅が設けられ、アクセスの幹線道路や路面電車も計画された。

ところがそれから百年余経った現在の街を見ると、千種駅に変わって地域の拠点になっているのは、当時一面の田畑だった今池のように思える。明治の後半から、その田畑に何が起こったのだろうか。その経緯を追ってみたい。

### 地域間競争

#### ◉明治の今池

明治の中頃までの今池は、北に少し離れて信州につながる高針街道が、東にこれも少し離れて星崎で取れた塩を北に運んだ塩付街道が通っていた。また西南５００ｍくらいの所に今池（馬池）という池があり、その横を城下の南から高針街道につながる道が通っていた。地名にもなった今池は、最初は馬池だったが、「ンマ」発音が似ていて今池になったという。この付近で宿場の伝馬が飼われ、水浴びさせていたことから馬池と呼ばれたようである。今池交差点付近は、当時は今池新田の中で、その北には名古屋東郊に散在していた名古屋新田があるだけだった（図2）。

#### ◉明治末からの大変化

明治の末から大正の初めにかけて、この地域に大きな出来事が重なって起こった。まず明治37年、今池の東1㎞ほどの月見坂に釈迦の真骨を奉った覚王山日暹寺（今は日泰寺）ができたことである。我が国唯一の寺には、この地域を通って多くの参詣者が訪れた。この客を見込んで明治44年、覚王山電軌という会社が千種駅の北から今池を通り月見坂（今の覚王山）までの

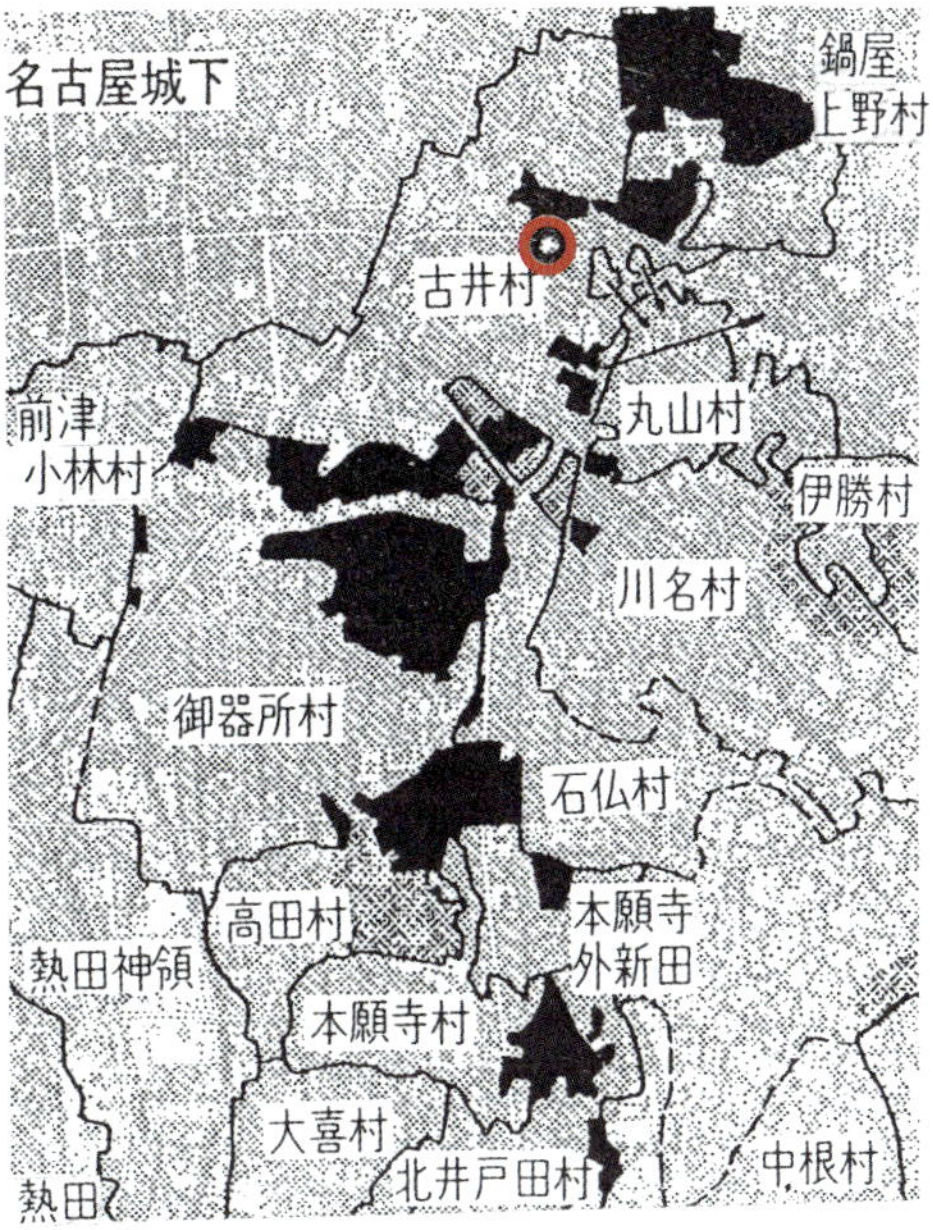


図２　東部丘陵地に開発された名古屋新田
（○は今池）（『新修名古屋市史３』）に加筆

電車を開通させた。そして翌年には中央線を越え栄町線と直通になった。

次に、明治40年頃から飯田街道で馬車鉄道を運行していた会社が電化のためにルートを北に動かし、45年には千早から大久手を経て八事まで運行を始めた。その時、併せて大久手から今池を結ぶ支線を開通させたのである。今池は、東西は名古屋駅から覚王山まで、南は八事までの電車の交点になった。何もない田畑の地域が、いきなり名古屋東部の交通結節点になってしまった。

もう一つの変化は、明治35年頃から東北に少し離れた所で陸軍が大きな兵器廠をつくり始めたことである。中央線からの引込み線もできた。つづいて大正5年からは、その南に機器（兵器）製造所をつくり始めた。前者は保管が中心で従業員も多くなかったが、後者はまさに労働集約型で多くの従業員がいた。この人たちが通勤に広小路通の仲田の電停まで仲田本通を歩いた。そのため、通りには両側に商店が張り付き、仲田は次第に賑やかな街になっていった。こうして交通拠点の今池と商店街の仲田の街ができ上がった。

## ●その後の今池

大正13年に初めてできた名古屋の都市計画で、今池を南北に通る道路は幅員33mの幹線街路になった。名古屋の環状ルートを構成する路線で、市東部を南北に走る最も重要な路線に位置づけられた。

日中戦争が始まる頃になると、兵器製造所はフル操業になった。その従業員はなんと2交替で5万人にもなったという。仲田は東部一の繁華街といわれるようになった。ところが大戦で軍の施設はことごとく破壊された。戦後の仲田は火の消えたような街になった。

しかし一方で、今池は南北の幹線道路が整備され、交通結節点として機能をさらに高めていた。市電で、北の矢田方面、東の東山方面、南の八事や桜山方面（戦中、戦後はトロリーバス）などからの客が集まる場所になった。そしてパチンコや映画館などの娯楽施設もでき始めた。そこに昭和35年、地下鉄1号線の今池駅ができ、街は市東部を代表する繁華街になったのである。

## 変遷を追って

変遷を追って歩いてみたい（図3）。まず、名の起こりの「馬池」を目指すことにする。

右側の今池跡（今池中学）を見下ろしている今池地蔵

大久手交差点。ここから北への電車が今池をつくった

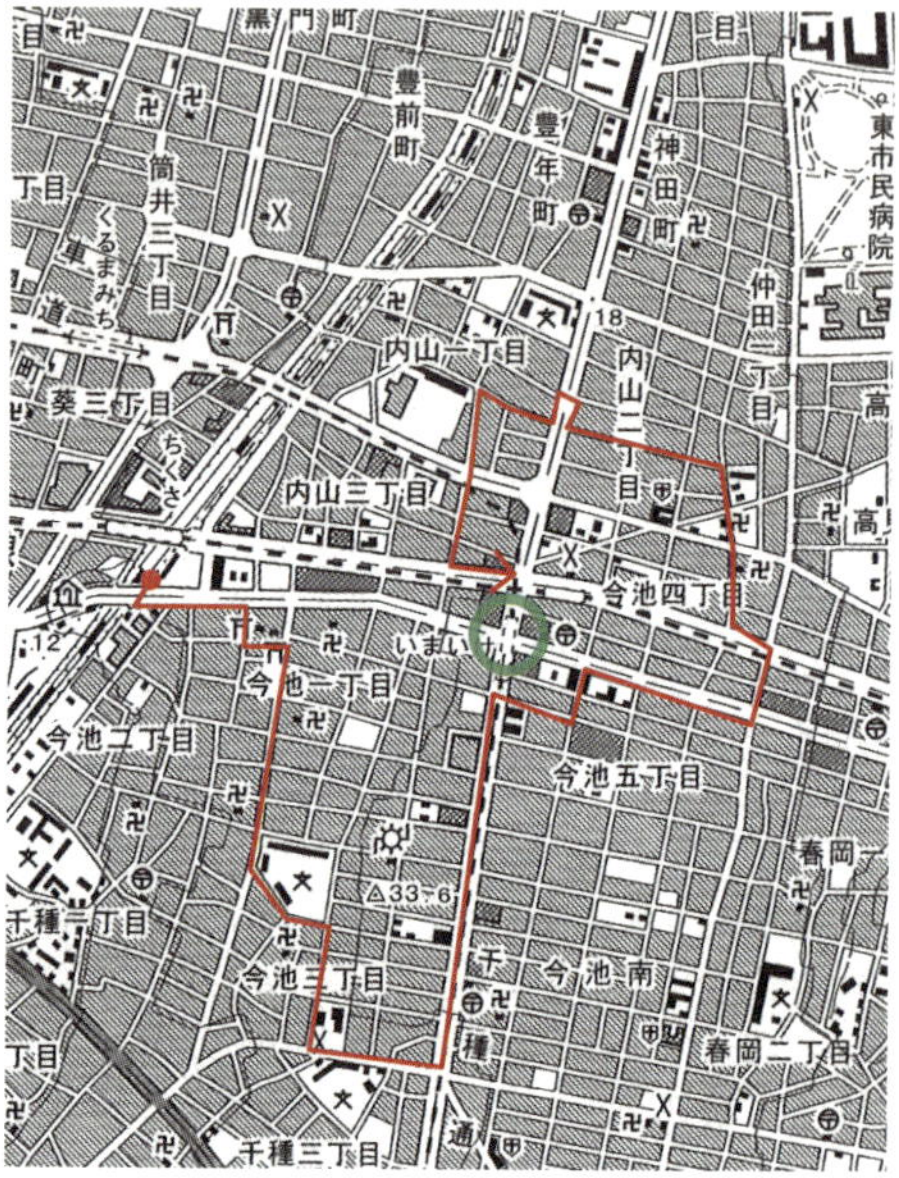


図3　現在図（○は今池交差点）

JR千種駅の駅前広場を出て南の広小路通を渡り、東に1本目を右に曲がると高牟神社がある。千種村は江戸時代には古井村といった。この社の井戸が名の起こりである。神社の東に出て、右に。しばらく行った今池中学の所が馬池の跡である。学校の向こう側の道を左に入ると、次の角に背の高い今池地蔵がある。明治の末に子供が池に溺れて亡くなった供養にと建てられた。

1本東に出て南に大久手に向かう。しばらく行って突き当たった道が昔、千早からの電車が走っていた道で、左に行くと大久手の五差路に出る。電車は手前から右斜めの道（飯田街道のバイパス）を八事に向かっていた。ここから北に、今池までの支線が敷かれたことが、今池を飯田街道方面と結び付ける因になった。この線路の道が都市計画で拡幅されて33m幅の幹線道路になったのである。

その幹線道路を北に進む。しばらく行くと繁華街の中に入る。今池は映画、演劇、パチンコなどの大衆娯楽の街だった。今池の交差点の1本手前の信号辺りが繁華街の中心だろうか。東に入ってみよう。左右には飲食の店などが並んでいるが、もう映画演劇の面影はない。2本目を左に行くと広小路通に出て、東に少し歩くと仲田の交差点である。

仲田を南北に通る仲田本通は戦前戦中と大変賑わった道だが、今はその面影はない。北に少し行くと地下鉄の走っている幹線道路（錦通）である。渡って左1本目の道は、すぐの所で少し曲がっている。この曲がった所から先が塩付街道である。少し行くと公園の西側に大昌寺がある。

戦前に栄えた仲田交差点

原点「馬池」の名から今池交差点につくられた馬の像

この辺りは名古屋新田だった。江戸時代の初め兼松（源蔵）家と小塚（源兵衛）家の先祖が中心になって開発した新田である。一箇所ではなく千種区、昭和区、瑞穂区と分散して300haに及んだ。後になって南北に分け、北は兼松家が庄屋（新田頭）になって現地に住み、拠点にしたのがこの付近だった。大昌寺は、元は兼松家の私庵で、住んだ所は100mほど北の右側、高針街道と塩付街道の一緒になる所だった。

寺の向こう側は水道道である。大正3年にできた覚王山水道塔から名古屋市内への上水の供給ルートで、地上は今は緑道に開放されている。その水道道を少し東に行った所に、最近まで、灌漑池や用水路等を整備した兼松正受の功績を記念する碑（1819年建立）があった。また、この仲田本通を北に進むと東市民病院があり、そこから向こうが大きな陸軍の兵器製造所跡になる。

水道道から2本北の道を西に入る。高針街道である。広い幹線道路を右の信号を迂回して、角から2本目を左に曲がる。この右には、昔は小川が流れ、大正9年まで清流女学校があったという。その後国鉄の研修施設になり、今は大きな電機店に変わっている。少し行くと錦通に出て、左に行けば地下鉄の今池駅である。右に行った今池交差点の東南角には馬池の馬が颯爽と遊んでいる。

## 地域間の競争

名古屋の東部の街を地域間の競争としてみてみよう。広小路通の東には大正時代、千種駅、今池、仲田、池下、月見丘（覚王山）と電停が並んでいた。この中で千種駅は、中央線の駅ができてトップに立ったが、合併問題がこじれ明治末まで何も変化がなかった。仲田は、戦前は陸軍の工場従業者で大変栄え、東部一の繁華街といわれた。が、戦争の後は需要がなくなってしまった。池下と覚王山は地形的に丘陵地を控え、南北の交通路も十分ではなく、大きな発展はなかった。ところが今池は、家屋もなく平坦な所だったがゆえに、東西南北に電車や道路が通った。そして、それが戦後花開くことになったのである。

たまたま飯田街道を走った馬車鉄道が、電化するためバイパスをつくってできた大久手。その曲がりから北に延びた支線が、今池にとって大きな意味を持つことになった。

# 13 星ヶ丘

## 【大きな土地の魅力】

### 地下鉄がつくった街

　星ヶ丘は、どうして成長したのだろうか。地下鉄の乗車人員を見ると、周辺駅では、藤が丘と競って、1日2万5000人を超える大きな駅である。藤が丘は終端駅のため多くが見込めるが、星ヶ丘は一時的に終端にはなったが、それほど大きな影響を考えることはできない。だが星ヶ丘は、名古屋では唯一の郊外型デパートがあり、市東部の拠点になっているのである。

　星ヶ丘の辺りは、昭和30年頃までは、ほとんど人の住んでいなかった地域である。星ヶ丘という名前さえなかった。そこが、今日のような成長を遂げたのはなぜだったのだろうか。星ヶ丘の街の成立とその変遷を追ってみたい。

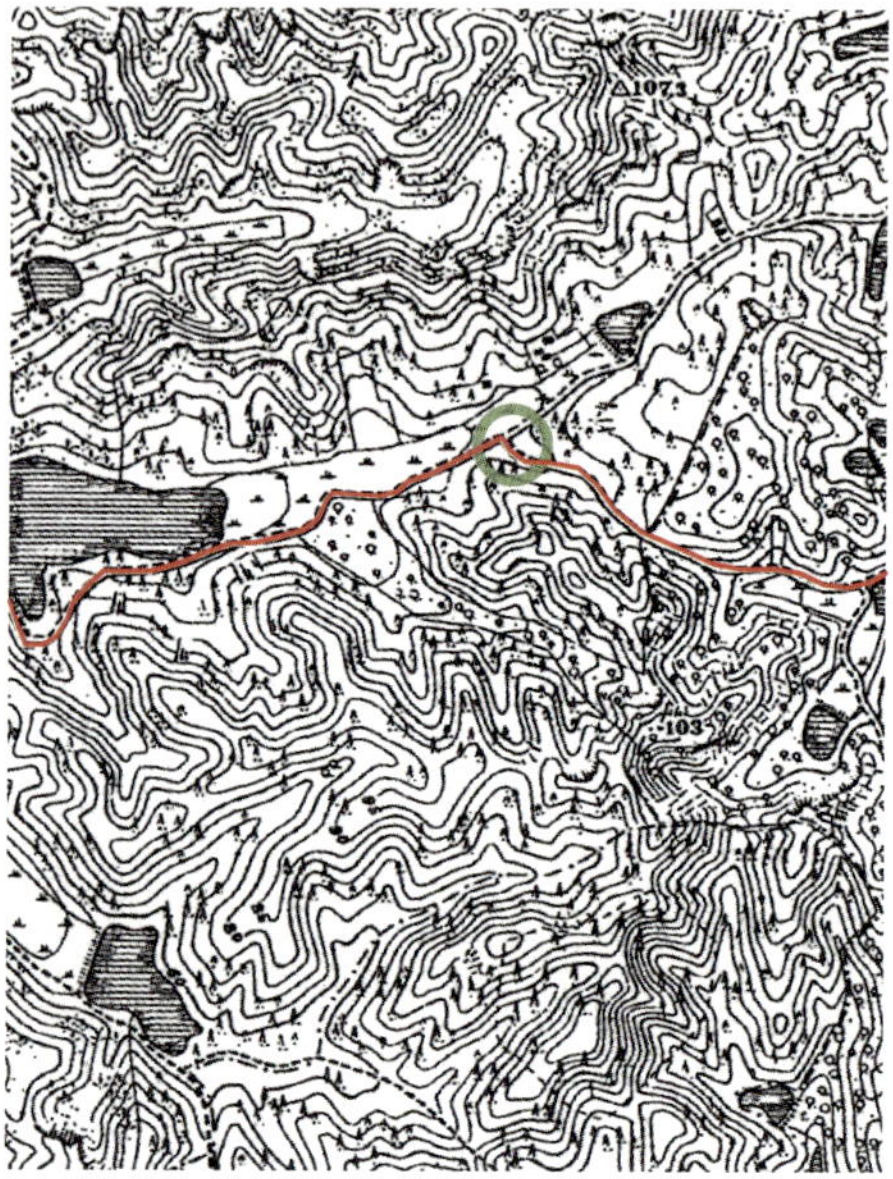

図1　明治図（赤線は高針街道）

0　500m

### 市電から地下鉄へ

#### ●高針街道の追分

　明治の中頃、城下の西に名古屋駅ができてから、名古屋の街はその反対の東に向かって延び始めた。千種から池下、東山公園へとメインストリートが延び、東西の軸が形成されていった。星ヶ丘はこの軸線上にあった。この軸線は池下、本山、東山と昔の高針街道に沿っていた。星ヶ丘は、当時は「追分」と呼ばれ、高針街道から長久手方面への分岐点になっていた。

　追分付近は、戦後になってもまだ寂しい所だったようで、明治初に開墾に入った井上さんの一族しか住んでいなかった。戦前のことといえば、井上さん一家が街道を通る人を相手に店を出していたこと。それと昭和3年に東邦ガス（系列の東邦殖産）が少し長久手寄りの所に田園都市用の土地を購入し、初めて電気を引いたくらいの場所だったのである。

　ところが戦後、その宅地予定地を、将来を見こして愛知淑徳学園が買収した。またその南側に住宅公団が大規模な団地を構想した。追分付近は学園や住宅の好立地地域として注目を集めるようになった。

#### ●激動の昭和30年代

　昭和30年、追分の奥の猪高町は名古屋市と合併し千種区

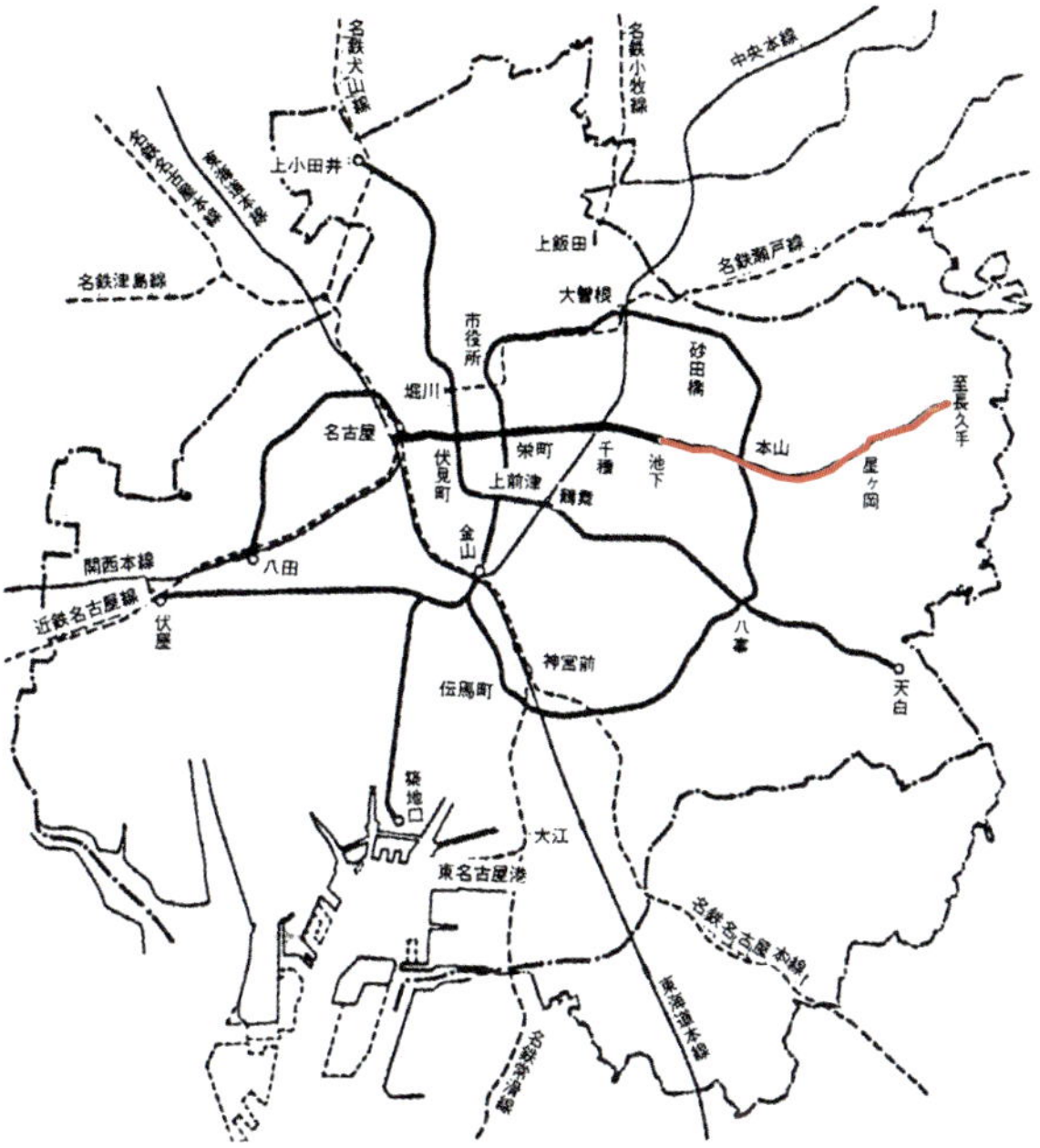


図2　昭和36年答申の地下鉄路線（赤線が東部への延伸）（『資料集・名古屋の地下鉄建設』から）

になった。追分付近も、新しい都市づくりの流れの中で「星ヶ丘」と名づけられた。この名は、当時建設中だった公団住宅が「星に一番近い所」として星ヶ丘住宅と名づけられたことによるという。

しかし、星ヶ丘の開発大きなきっかけになったのは、淑徳学園の移転だった。地下鉄の池下車庫建設のために淑徳は星ヶ丘移転を決断した。そして、昭和34年の開校日には星ヶ丘まで市電が延長されている。

その頃、都市交通審議会は、名古屋都市圏の鉄道網の議論していた。そして従来の路線網を大幅に見直し、新しい都市開発の進む名古屋東部は、1号線をまっすぐ東に長久手方面（上社）まで延ばすよう提言したのである（図2）。同じ頃、やはり構想中だった東名高速道路も、上社の東で名古屋と結ばれることになった。そして、それと呼応したように、昭和35年頃から星ヶ丘の東から今の藤が丘にかけての区画整理構想も動き出した。

星ヶ丘には、34年の淑徳をはじめに、35年に東山工業、37年に椙山と菊里と、相次いで中学・高校や大学が移転し、学園の街になっていったのである。

### 星ヶ丘の発展

昭和36年に池下まで開通した地下鉄は、38年には東山公園に。42年には星ヶ丘まで延びた。星ヶ丘の駅にはバスターミナルが設けられ、追分の主方向であった高針街道の西山や高針方面にも駅勢圏を広げることになった。44年に地下鉄は藤が丘まで延びたが、星ヶ丘は、何もなかったその沿線をも、勢力圏に取り込んでしまったのである。

その後、昭和49年に名古屋の郊外部では初めてのデパート、オリエンタル中村（後に三越）が開業した。公団をはじめとするディベロッパーも周辺に大きな団地等を開発し、星ヶ丘は名古屋東部最大の拠点へと発展したのである。

## 変遷を追って

変遷を追って歩いてみたい（図3）。地下鉄の東山公園駅、2番出口を出る。前の幹線道路（東山通）は昔の高針街道で、東に上る坂はその先の堤防への道である。少し上った

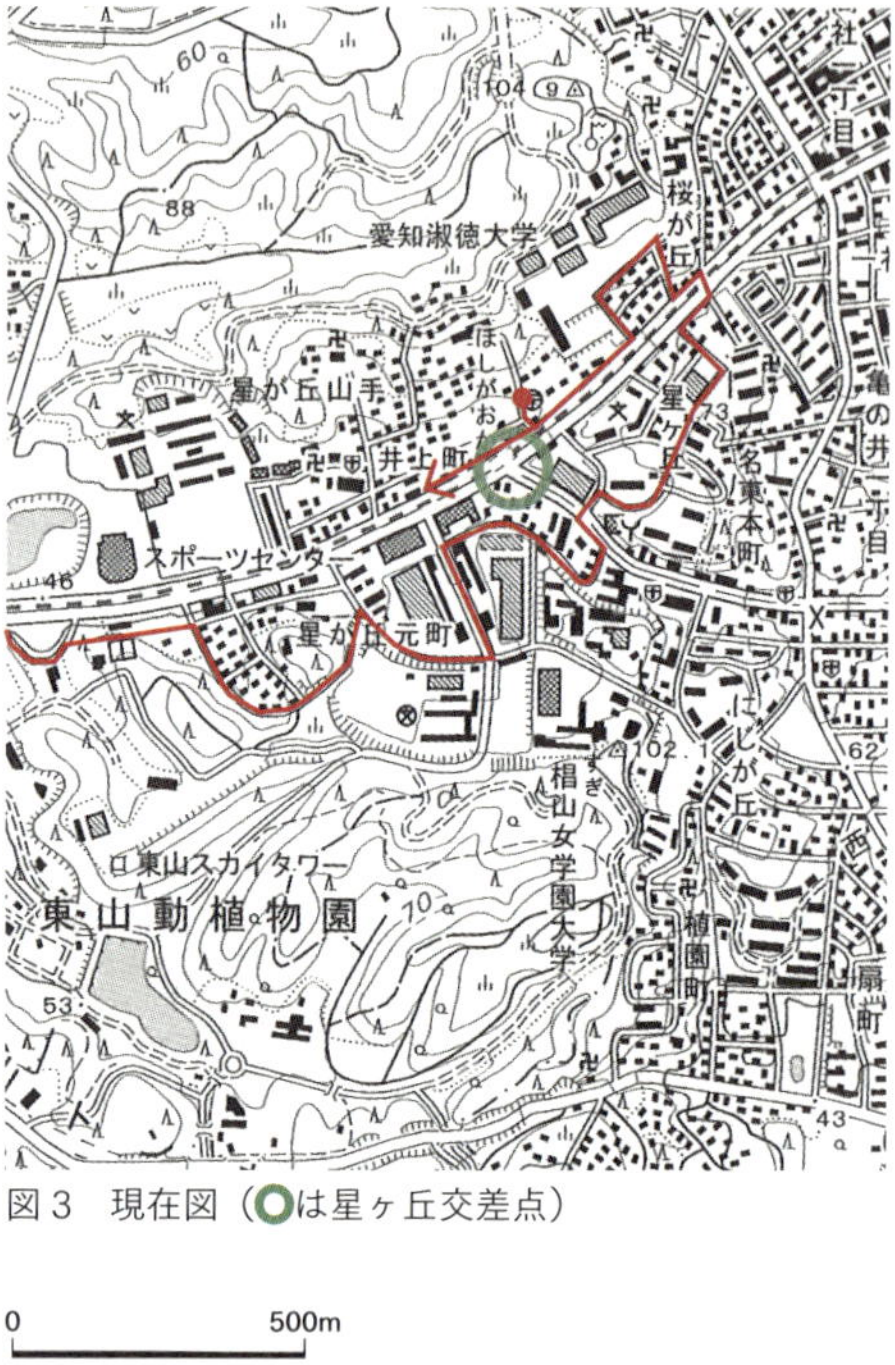

図３　現在図（○は星ヶ丘交差点）

昼なお暗い高針街道跡。東山公園北付近

信号交差点から先が新池で、街道はそこで右に、大通りから外れて東山公園の北門に続く道に入る。昔は池が大きく張り出していたのである。新池は、江戸時代につくられた大きな溜池で、堤の高さが10m近くあり、面積も今の数倍あった。東山工業高校等の土地もその一部を埋め立ててできたものである。

街道は公園の入口を過ぎ、昼なお暗い坂を上る。千種図書館を過ぎてはじめての十字路を街道から分かれて右に曲がる。坂を上ると道は左にカーブし、右側には菊里高校の運動場が見える。その右上は御殿山と呼ばれ、江戸時代に藩のお狩場があった山である。急な坂を下りて下の道を右に曲がる。道を上りながら進むと左にデパートの駐車場が現れ、信号交差点に出る。

ここは、星ヶ丘西の開発の十字路ともいえる。西北に菊里高校、西南に三越デパートがあり、東北にはボーリング場、東南には自動車学校があって、その向こうには椙山女学園大学の建物が並んでいる。昭和30年代後半のこの付近の開発が、星ヶ丘のその後のイメージをつくったといえそうだ。

交差点を北に曲がると道の両側に、最近できた星ヶ丘テラスのショッピング街が展開する。若い女性の行き交う街を抜け、その外れの右に行く道に入る。裏道を上り、道なりに左にカーブすると、幹線道路（西山本通）に飛び出す。ここは、昔は左下の追分から坂を上ってきた高針街道が通り、峠は野越峠と呼ばれた高針と名古屋との境だった。

正面の公団の高層ビルを見つつ、左手の信号を渡りそのまま公団の団地の中に入る。ここの団地が星ヶ丘団地と名づけられて、「星ヶ丘」の地名になった。団地内の道をすぐ右に曲がる。昭和30年代に建てられた建物は高層化されてゆったりしている。道なりに進み、突き当たりを左に行くと小さな公園を過ぎた先で道は階段を下り、幹線道路（東山通）に出る。階段からは正面の淑徳学園の建物が北側の斜面を埋め尽くしている

淑徳学園の並ぶ、戦前の東邦ガスの開発地

図4　星ヶ丘交差点（◯）の東北に開発地ができている（1/1万「東山」昭和12年）

今も街の変化を見つめている追分のお地蔵様

ように見える。右手の信号で幹線道路を渡る。

歩道を西に行き1本目を北に入る。この辺りから先は、戦前、東邦ガスが15ha近くを理想的な田園都市をつくるために開発を始めた所である。昭和12年の地図を見ると、分譲地の区画が一部できているのがわかる（図4）。突き当たりはその土地を買収した淑徳学園である。左に曲がると右側には学校の校舎群が続く。左に曲がって再び東山通に出る。学園はその西側に大学を拡張し、新しい専用の入口もできた。

西に進むと星ヶ丘の交差点、昔、追分といわれた三差路に出る。その手前、郵便局の所を北に少し行くと右手に祠がある。昔追分にあったお地蔵様が、今はここで街の変遷を見つめている。

東山通に戻り西に進むとバスターミナルになる。地下鉄に付随した、はじめての郊外型バスターミナルで、駅の勢力圏を広げることに大きな貢献をしたのである。

## 大区画の土地

星ヶ丘の発展には学園と団地という大きな施設の立地が重要な意味を持った。戦前、市内では区画整理が進み、土地は小さな区画に細分された。このため戦後になって、数ヘクタールを要する大きな施設をつくるには、開発の進んでいない郊外部に土地を求める必要があったのである。星ヶ丘付近は、近くの東山公園まで市電があるのに開発されていない適地だった。

しかし、星ヶ丘付近にはもう一つの特徴があった。大きな地主があったことである。追分付近は井上さん一族だった。その東には東邦ガスが大きな土地を持っていた。また南側は東山公園にかけての旧御料林が、明治の頃に一人の人に払い下げられ、戦後も続いていた。淑徳も椙山も菊里も、学校用地はこの大地主の土地だった。

大規模開発に大きな土地は不可欠である。一旦分割した土地を元に戻すことは困難なだけに、星ヶ丘付近の大きな土地の存在は貴重だった。星ヶ丘の街角は、昭和の初めに東邦ガスが始めた宅地造成が、戦後大きな誘発効果をもたらした結果なのかもしれない。

# 14 白壁 ［歴史を活かす］

## 文化のみち

名古屋城から徳川園に至る地域は、最近、「文化のみち」として観光地にも取り上げられるようになった。そこでは、江戸時代の武家文化に加えて、明治以降の近代建築の遺産が注目を集めている。

この地域は、名古屋台地の北側の高台にあって、築城時に上・中級の武士の屋敷町として整備された所である。城の東門（清水門）から、白壁町筋、主税町筋、橦木町筋等の道が東に延び、その両側に大きな武家屋敷が整然と並んでいた（図1）。

図1　江戸時代の白壁地区。記名は侍屋敷（「尾州名古屋御城下之図」1764～89年）

その武家屋敷の跡が、なぜ、明治以降、近代建築が残る町並みになり、観光地としても脚光を浴びるようになったのだろうか。この、白壁、主税、橦木等の通りが通る地域（以降、白壁地区）の歴史を追ってみたい。

## 武家屋敷の町並み

### ◉武家屋敷

名古屋城下の武家屋敷は、大きく三つに分けられていた。一つは郭内の三の丸地区で、家老を始め選定された重臣の屋敷があった。二つは城の東の白壁地区で、多くは中級武士の屋敷が西から東に並んだ。三つは城下町の周囲に分散し、中・下級武士の屋敷から足軽等の住宅が配置された。山口、小林、広井、幅下、などと呼ばれた地域である。そして、江戸時代２５０年の間、おおむねこのような配置が続くことになった。このうち白壁地区は、中級武士を中心とした区域である。城に近い所の家老格の屋敷から、東端は黒門組など足軽クラスの長屋まで続いていた。

この地域が注目されるのは、当時の街割が今日までそのまま残ったことである。区割には、六割と八割があり、白壁筋の中心部は六割地区で１街区が６個に割られている。その他は八割地区で、８個に割られた。六割地区は一筆が約８００坪。八割地区は約６００坪ほどになる。その大きな区割が、明治以降、大きく変更されることなく残り、いろいろに利用されて、白壁地区の歴史をつくることになった。

### ◉名古屋近代の遺産

明治時代になって、藩というものがなくなると、武士階級は基盤を失い、土地を手放す者も出てきた。そこに目を付けたのが陶磁器産業である。名古屋の陶磁器産業は、瀬戸や東濃の陶磁器製品を海に運び、輸出するのが仕事だった。ところがその製品は磁器の色絵付けが主流で、輸送のリスクを考えると、名古屋で絵付けをした方が効率的だった。そのため、両地方からの道が合流する大曽根から都心にかけて、その工場が集まることになった。とくに白壁地区は土地の安さ、大きさが工場に適していたという。

きっかけは、明治26年、森村組（現在の森村グループの祖）の立地である。橦木町に、東京、京都等から画工千人を集めた大色絵付工場を建設した。その後、付近には色絵付けの工場等が集まり、武家屋敷跡は、陶磁器産業の街へと変化していった。

大正時代になって、少し違う意味で大きな宅地を求める動きが出てきた。住宅である。陶磁器産業で成功を収めた人たちに加え、新しく興った産業の担い手や市外から名古屋に来た財界人などが、大きな宅地を求めた。そして白壁地区に西洋風の立派な邸宅を建設するようになった。橦木館、春田邸、豊田邸、二葉館、江口邸、料亭か茂免等、今日残る近代建築群はそうして生まれたのである。

### ◉町並み保存

この地域は多くが戦災を免れた。ところが高度成長期になって、それらの遺産が消え始めたのである。そのため名古屋市は、昭和58年、町並み保存要綱を制定し、翌年保存地区として、白壁地区の他、有松、四間道、中小田井と四地区を指定した。各戸の調査を行い、町並み保存の基準と伝統的建造物の指定等をしたのである。

ところがバブル期になると、再び除却が始まった。伝統的建造物の除却申請に、市はあわてて具体的な保存策を考えざるを得なくなった。その条件もさまざまだった。交渉を続けた結果、

豊田佐助邸：借りて公開
井元為三郎邸：土地交換して公開。「橦木館」
春田鉄次郎邸：借用してレストランに。一部公開
川上貞奴邸：寄付を受け、移築復元して公開。「二葉館」

など、多くの公開施設が生まれたのである。同時に、その政策を明確にするため、平成9年に「文化のみち」という名前が付けられた。その後、文化のみち等を巡回する観光ルートに「メーグル」というバスも走り出した。

### 変遷を追って

変遷を追って現地を訪ねてみたい（図3）。地下鉄市役所駅の北改札口を通って2番出口を出る。幹線道路を東に進み、信号を越え、名古屋城の外堀を渡る。この付近に清水門があったが、明治末期に瀬戸電の工事で改修されている。次の道を右に曲がるとその先に赤レンガの建物が見えてくる。現在は市政資料館だが、旧控訴院、その後名

保存された旧控訴院（現市政資料館）。赤レンガが美しい

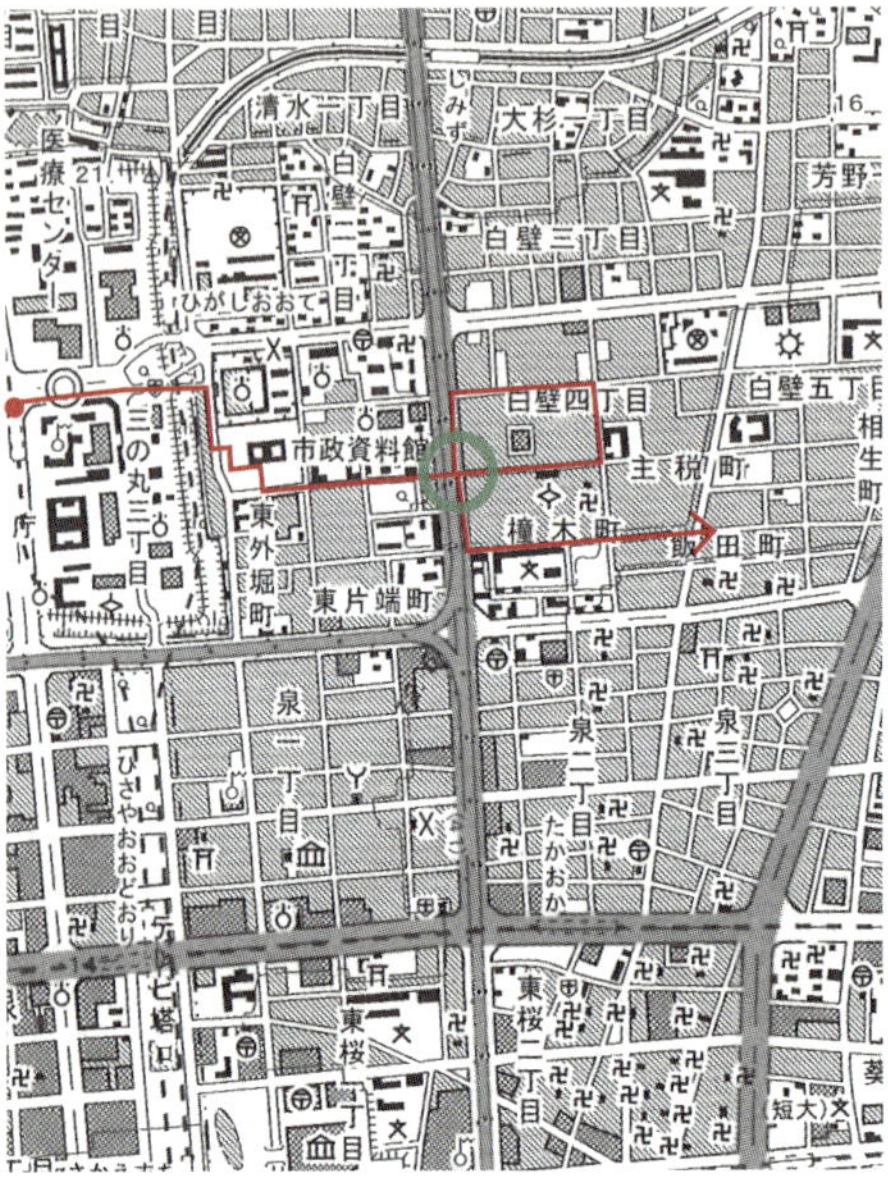

図3　現在図（◯は主税町交差点）

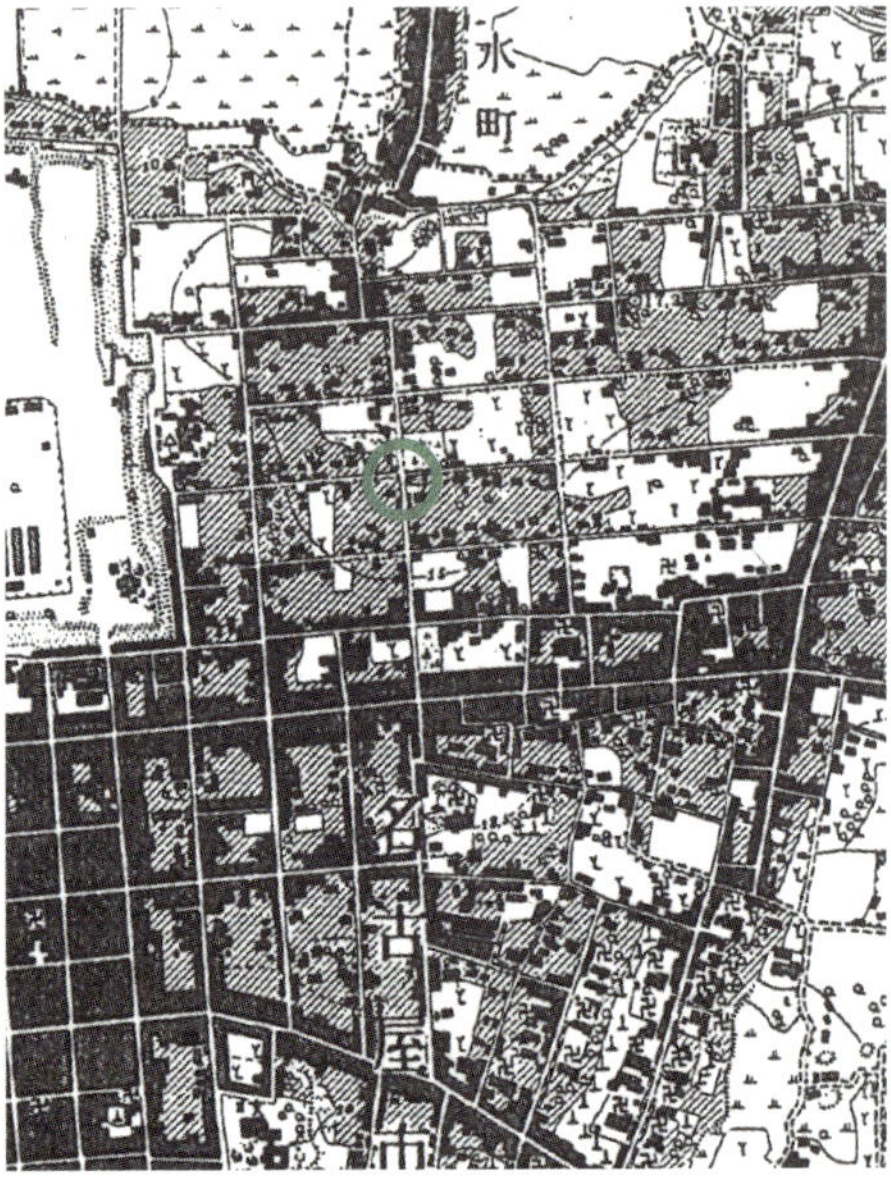
図2　明治図

古屋高等裁判所になった大正建築である。この建物も除却される計画だったが、保存運動の結果保存され、重要文化財に指定された。

資料館の中を横切って、正門を出る。この前の道が昔の主税町筋である。左に進むと右に公園がある。その奥辺りは、明治26年、森村組が進出した所である。大きな色絵付工場をつくり、この地域の陶磁器産業参入の魁になった。まっすぐ国道を渡って左に曲がる。1本目を右に曲がると白壁町筋の通りである。すぐ右側には岡谷邸を改修した「百花百草」がある。今は庭園と喫茶になっている。進むと左側にマンションに変わった「豊田利三郎邸」跡である。門と塀が保存された。右側には、目立たないが明治に建築された「桜井邸」が現役で残

静かな白壁町筋

保存された「豊田佐助邸」

る。少し進むと料亭の「か茂免」になる。ここは大正期に中井邸として建築され、宮様もお住まいだった。四つ角の向こうには、豊田喜一郎邸や料亭櫻明荘があったがなくなった。

　角を右に曲がると、次の通りが先ほど来た主税町筋である。右に曲がると右2軒目が「豊田佐助邸」である。平成6年、このお宅の除却申請が、この地区の保存政策へと発展した。白い洋館が目立つが、木造である。今は公開されている。

　その隣は、「春田鉄次郎邸」で、明治の建築家武田五一の設計である。所有者は他に移り、本宅をレストランにし、一部は公開している。その隣は、これも武田五一の設計の集合住宅だったが除却された。その後の結婚式場、そして料亭を通って国道を左に曲がる。角は、明治28年築と、名古屋で最も古い主税町教会である。中の司祭会館も旧いものという。

復元された福沢桃介と貞奴の「二葉館」

　次の角を曲がると橦木町筋である。左に数件の古い家が並んでいる。マンションの向こうは「江口邸」で、元三井銀行名古屋支店長の矢田績宅だった。もう一つマンションを越すと橦木館になる。陶磁器業で大を成した井元為三郎が大正末に建てた邸宅である。今は市の施設として「橦木館」と名づけて公開されている。斜め前は山吹谷公園で、江戸時代はお花見の場所だったともいう。

　そのまま進むと、オレンジ色の屋根の建物が見えてくる。移設された川上貞奴邸で、「二葉館」と名づけられている。元は500mほど北にあり、大正9年につくられた。その後改修されていたが、平成17年、ここに移転し、当初の姿に復元されたものである。川上貞奴と福沢桃介が住み、桃介はこの家をベースに木曽川の水力発電開発を進めたのである。二葉館の前にはメーグルの停留所がある。

## 近代建築の意味

　日本で「近代建築」という言葉は、現代風の建築の意味ではない。明治維新以降、我が国が洋風建築を取り入れる過程で生まれた、戦前の建築物を意味するのである。それは、日本の建築にとっては特別の時代だった。なぜなら洋風を受け入れる過程でさまざまな工夫がなされたからである。和洋折衷といっても、和館と洋館を並べたものもあれば、洋館の中に和室をつくったもの、細かな所で洋風を取り入れたものなど。そして洋風を意識しつつも、和風に徹したものもある。

　日本の近代は、いろんな面で重要な時代だった。しかし、その痕跡を残すものは多くは消えてしまっている。そんな時に、近代建築の姿が残る町並みを歩くことは楽しい。

# 15 覚王山

## ［誘致がつくった街］

### 日泰寺と東山公園

名古屋市街中心部の東に広がる丘陵地は、今日では覚王山とか東山と呼ばれる高級な住宅地になっている。しかし、この一帯は明治時代が終わる頃までは、高針街道に沿ったさびしい地域だった。

その丘陵地がにわかに注目を集めるようになったのは、周辺への二つの施設の立地である。ひとつは、明治37年の日暹《せん》寺（今日の日泰寺）の開創である。インドで釈迦の真骨が発見され、その日本で唯一の分骨の奉安場所が、当地に決まったからである。開創と同時に、全国から多くの信者が集まることになった。

いまひとつは、昭和の初め、その奥に、東山公園が開設されたことである。同時に区画整理で広小路通が延長され、路面電車も走り出した。周辺は一気に住宅地へと変化していったのである。ここでは、このように日泰寺と東山公園の立地で大きく変わった覚王山付近の変遷を追ってみたい。

### 城山・覚王山・東山

#### ●陶器と城山

覚王山・城山付近は、末（陶）盛という地名からもわかるように、古代は陶器の産地だった。始めは5世紀くらいとされ、外来人（唐人）によって須恵器等が焼かれていたと考えられている。しかし焼き物の生産には陶土とともに燃料の松が不可欠である。このため生産地は松材の供給地を求めて移動した。それは

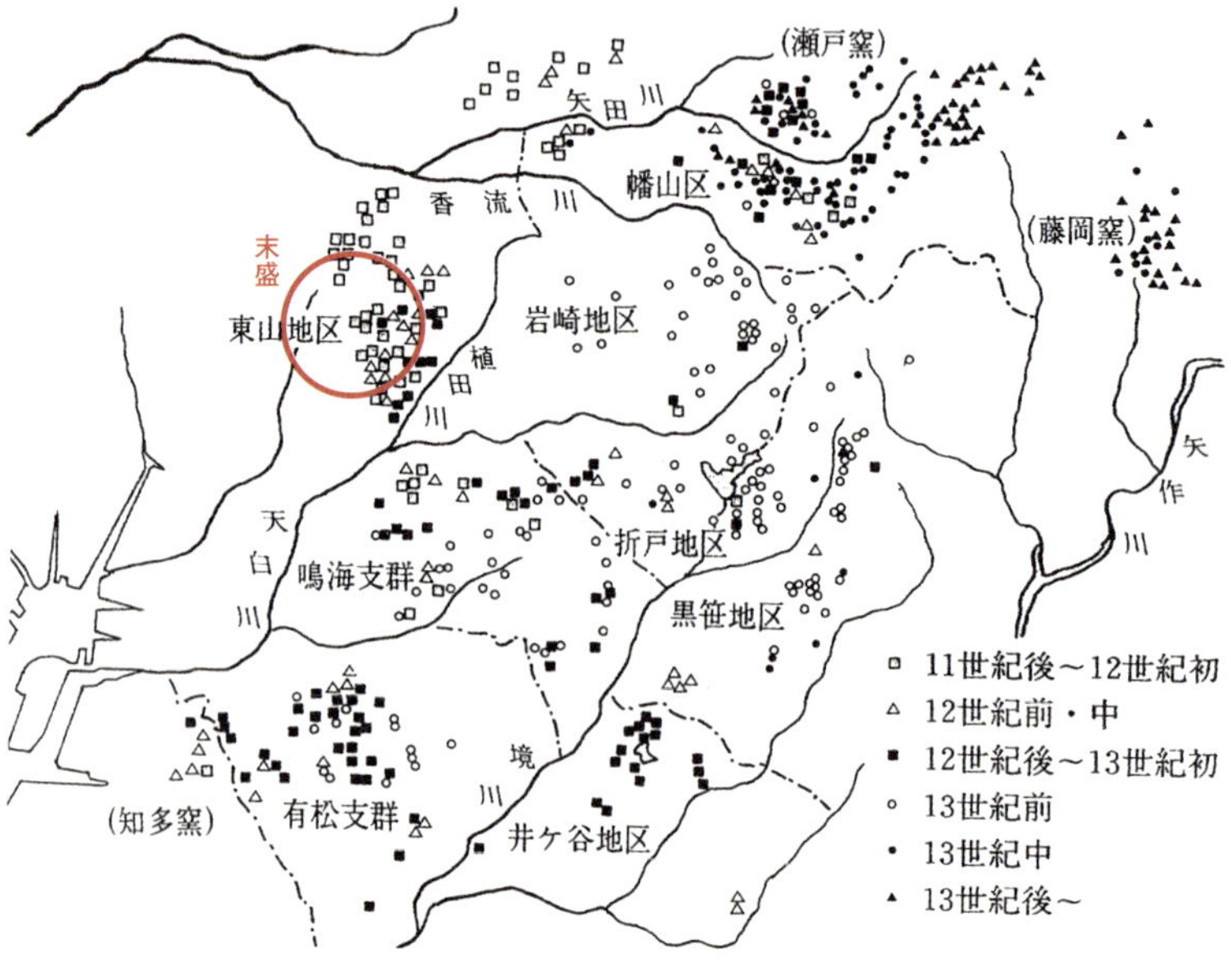


図1　古窯は末盛からスタートして東部へ移っていった（『常滑焼と中世社会』に加筆）

末盛から東に進み、中世には猿投山の南麓へ。さらに、北は瀬戸、南は常滑までも波及していったと考えられている（図1）。

中世の末、戦国時代になると、この付近は織田方と今川方の戦場に想定されたようで、天文4年（1535）には、織田信秀が末森城を築いて古渡から移っている。ところが信秀は早逝し、城主は信長の弟、信行が継いだ。そして兄弟争いの末、信長に殺されて廃城になった。一帯は高針街道が通る静かな地域に戻ったのである。

## 覚王殿の誘致

釈迦の真骨は、明治31年、インドのネパールとの国境近くで掘り出された。世界の学者を集めて検討の結果、釈迦の骨壺に間違いないとされ、仏教国シャム（タイ）に贈られた。そして同国から日本にも分骨されることになった。ところが、安置する覚王殿の建設地を廻り、全国から手が挙がった。最後は京都と名古屋の争いになったが、議論の結果、名古屋に決まったのである。場所は名古屋市街東部の田代村が選定され、10万坪近い土地が寄付された。近くを尾張四観音の巡礼道と、火葬場へのほうろく道が通るという仏縁も評価されたという。

寺は、釈迦が「覚王」であり、シャムは「暹《せん》羅」であることから、覚王山日暹寺とされた。明治37年のことである（昭和14年、タイへの国名変更で、日泰寺に）。そして都心部のいくつかの寺もそれを契機に覚王山付辺に移っている。日暹寺には全国から参拝者が訪れるようになり、44年には千種駅の東から近傍の月見坂まで、路面電車が敷設された。

大正になると、付近に大きな別荘が建設された。松坂屋の伊藤次郎左衛門祐民《すけたみ》の「揚《よう》輝荘《きそう》」である。丘陵の凹凸を活かした、1万坪という邸宅には、さまざまな建築が建てられ、多くの訪問客もあった。このように丘陵地は開発されていったが、それ以東は、まだ何もないところだった。

## 東山公園の誘致

名古屋市は、大正11年の大合併で、市域が4倍近くになり、一斉に区画整理が始まった。その中で、昭和4年、覚王山付近から東にかけて田代土地区画整理組合が設立された。

その頃、名古屋市は鶴舞公園にあった動物園が手狭になって用地を探していた。また7年には、東邦瓦斯が市に植物園の建設費を寄付した。その時、それらの用地を、同組合の隣接地に提供する人が現れたのである。組合も月見坂からそこまでの幹線道路用地を確保し、一気に動植物園の建設が進むことになった。10年、まず「東山公園」として開園した。そして12年には動物園・植物園がオープンし、公園前まで路面電車も走り出したのである。周辺は、一気に市街化が進むことになった。

覚王山一帯は、これらの二つの契機が活きて、新しい郊外型の住宅地として発展することになったのである。

## 変遷を追って

覚王山付近の変遷を追ってみたい（図3）。地下鉄の覚王山駅の西改札口を出てエレベーターで地上に出る。すぐの道が日泰寺への参道である。参道の両側には古くからの店も多い。途中で、1本左の道を覗いてみたい。すぐを細い道が通っているが、これが江戸時代からの旧道、尾張四観

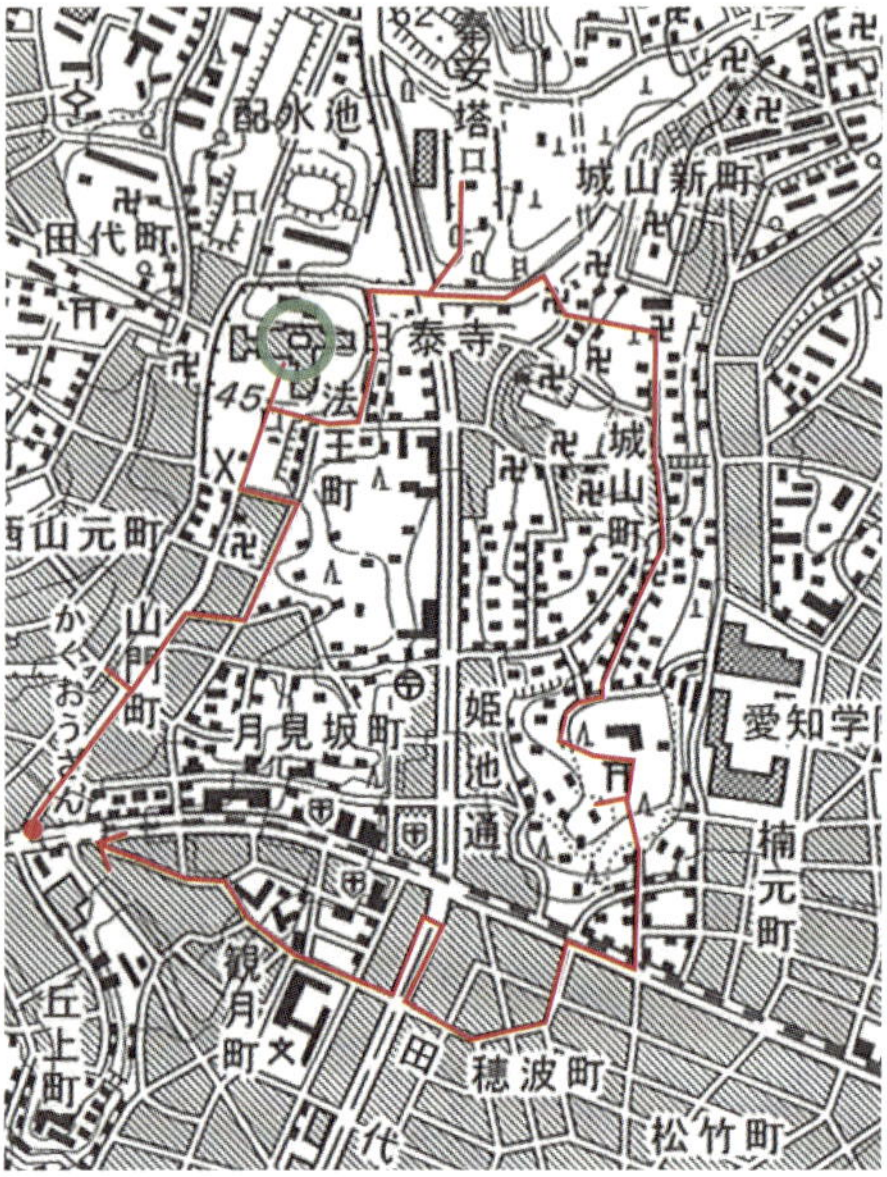


図３　現在図（◯は日泰寺本堂）

0　500m

図２　明治図（赤線は高針街道）

音巡礼道である。ここは南の笠寺観音から北の龍泉寺観音に向かう道である。

参道に戻り、正面に山門が見えてきた辺りで、今度は1本右の道に行くと、東側は伊藤祐民《すけたみ》のつくった別荘「揚輝《ようき》荘《そう》」がある。今は一部が市に寄付され、南園と北園に分けて公開されている。

左に参道に戻り、山門を入る。正面に本殿、右側には五重塔が建てられた。本殿の本尊は同時に贈られたシャムの国宝の仏像である。本殿に参った後、境内東の通路を出て、釈迦真骨の奉られた奉安殿に向かう。寺の東側の道を北に進み、広い道路に出たら右に、信号を東北に渡るとすぐ東に入口がある。参道を進み、階段を上ると奉安殿である。だが拝殿が邪魔して肝心の奉安塔はよく見えない。設計は、明治の代表的な建築家、伊藤忠太である。

日泰寺門前の参道

伊藤祐民がつくった「揚輝荘」

入口に戻り、信号を渡って南の道を東に行き、次の五百羅漢への道に入る。すぐ先で左に坂を上ると、台地上には、明治末に都心から移ってきたいくつかの寺がある。坂の上で右に曲がり、まっすぐ進む。細くなった台地上の道を行くと城山に出る。大きな連理木を見て、道なりに進むと昔の末森城本丸、今は城山八幡宮である。

　右に八幡宮の前を進むと、右に三の丸への尾根が延びており、昭和3年築の昭和塾堂（今は愛知学院大）が見える。左には末森城址の碑が建っている。急な階段を下りて橋を渡る。その下は城の堀が残っているのがわかる。さらに階段を下り、正面をまっすぐ進むと、高針街道を横断して幹線道路（東山通）に出る。

本堂からみた日泰寺

説明図にある真骨を収めた「奉安塔」（案内図より転写）

釈迦真骨の奉安殿。肝心の塔が見えない

　交差点を渡って右に。1本行って左に曲がる。この辺りに、田代区画整理でできた特徴のある街区が残っている。2本目で45度曲がり、また2本目で45度曲がる。そのその南に地域の中心が計画されるなど（現在は城山中学だが）、田代組合の区域は、区画整理の推進者だった石川栄耀の設計だという。

　幹線道路に突き当たるので、右の信号に迂回して、その先を西に進むと、道は上り坂になる。この坂が高針街道の月見坂である。江戸時代は風光明媚な所として知られたが、今はマンションの谷間になっている。上りきったところが東山通で覚王山駅はすぐそこである。

## 土地の価値

　昭和の初め、名古屋の区画整理の指導者、石川栄耀は、区画整理は「土地経営」であると主張した。このため、各組合は、土地の商品価値をいかに高めるかが勝負になった。田代区画整理組合は、東山公園を誘致することによって、路面電車も走り出した。土地も売れて、土地の価格を何倍にも大きくしたのである。

　名古屋市内の道路は、多くが区画整理で土地が確保されている。しかしそれ以外にも、拠点的な施設が誘致され、その土地も区画整理組合から寄付された。瑞穂区にある瑞穂運動場など、いくつもその例がある。

　石川栄耀が、付加価値を高めるため競争を促し、各組合が施設誘致を図ったことによって、土地所有者も、役所も、そして市民も、プラスになったのである。

# 16 八事［山林都市の構想］

図１『尾張名所図会』に描かれた「東山（八事）」。左上に海が見えている

## 山林地域の開発

今日の「八事」とされる辺りが歴史に登場するのはいつごろだろうか。江戸時代の初めに徳川家康が岡崎から名古屋への道（今の飯田街道）を開いた頃か。その後、街道沿いに興正寺が開かれ、「八事山」と命名されて、八事が定着した。

街道は信州方面にもつながり、貨物輸送の中馬の通る道にもなった。また江戸後期になると八事付近の丘陵は風光明媚と評判になり、その行楽は「八事の山行き」と呼ばれた。当時、名古屋の東山といえば、八事付近を指したのである。明治45年には大久手方面に尾張電気軌道が走り出し、都心ともつながった。しかしながら、その頃の八事はまだ行楽地に過ぎなかった。

その八事が、大正から昭和の初めに大きく変わることになった。耕地整理・区画整理である。そして八事付近の丘陵地は、名古屋でも最高級の住宅地帯へと変貌することになったのである。何もない山林地域が、どのように開発され、今日に至ったかをみてみたい。

## 目指すは京都・東山

### ●飯田街道

今の八事は、昔の八事村の北のはずれだった。元々は、八事交差点から東に坂を下った天白川の河岸に近い所、現在は元八事とされる辺りが八事の中心だった。そこには古代からの歴史があった。なかでも、中世には「八事迫《はざま》」という地名が天白川流域一帯を指しており、八事はその中心ではないかと考えられている。

　江戸時代になった慶長17年（1612）、名古屋城を築いた家康は、対豊臣戦に対する名古屋への補給路の建設を思い立った。自ら、岡崎から名古屋までのルートサーチをおこない、岡崎―平針―名古屋という東海道バイパスになる岡崎街道を開いた。このルートが、今日の八事、当時は八事村の北の山林地域を通過したのである。慶長20年（1615）には、大坂の陣に向けて徳川方の軍勢が通過した。

　その後、街道は平針から足助を経て信州に通じる物流の道になり、信州飯田街道と呼ばれるようになった。明治時代になると県道飯田街道とされ、今日では名古屋と松本を結ぶ国道（153号）になっている。

図2　明治図

0　500m

## 行楽地・八事

　江戸時代の末、八事は行楽地だった。『尾張名所図会』の中に「東山の春興」と題する図があり、八事は庶民の行楽地であったことがわかる（図1）。八事が注目されたのは、〝海〟が見えたことである。図でもはるか遠くに海が描かれ、伊勢湾が見えたことがわかる。

　明治になって、行楽地には多くの人が訪れた。明治45年、それまで飯田街道で馬車鉄道を運営していた会社が、八事から大久手を経由して千早までの軌道を敷設した。そして同社は、八事周辺に5万坪の大遊園地を開設し、集客を図ったのである。

　それを見て、大正から昭和の初めにかけて、天道山や船見山、天白渓など、八事の南から東にかけていくつもの遊園地が開設された。400mのトラックや、スケート場、大滑り台などの娯楽施設がつくられ、八事は花見だけでなく大きな行楽地になった。しかし、一方では、このような行楽地化が八事の山の緑を減少させ、荒廃させることにもなった。

## 山林都市構想

　大正となって、この荒廃を嘆いた人がいた。愛知郡長を務め、知事と意見が合わずに野に下った笹原辰太郎である。氏は名古屋も、いつかは「京都の東山」のような高級な宅地が必要になると考えていた。京都の南禅寺付近は、明治時代後半に工場用地になることを免れ、見事に高級別荘地に転換していたのである。

　その考えに同調したのが、八勝館の主、柴田次郎だった。彼は、県の都市計画委員会の

図３　東部開発のマスタープラン（「都市創作」第３巻10号、昭和２年10月）

黒谷了太郎が発表した「山林都市構想」に魅かれていた。この構想は、イギリスで具体化しつつあった「田園都市」に対し、その設計者レッチワースと意見交換して、日本は地価の安い山林に可能性があるとの主張であった。柴田は、県庁を訪ね黒谷と話して意気投合、ここに笹原、黒谷、柴田の三人が八事開発に向けて手を組んだのである。

三人はすぐさま区画整理の準備に入った。県も意気込んだが、区画整理が事務的に間に合わず、大正12年、八事耕地整理組合が誕生した。具体的な設計に当たっては公園技師の狩野力で、新しい山林地域の宅地設計の指針を示している。その中では、設計に当たっては、まず排水に注目すること、等高線を活かすこと等の基準を示し、道路はカーブさせるなど、それまでとは違う哲学で八事周辺のマス

図４　現在図（○は八事交差点）

0　500m

八事山興正寺の五重塔

タープランを描いたのである（図3）。

その後、昭和の初期にかけて、このプランの地域、南山（耕地）、八事（区画）、音聞山（区画）、上山（区画）と土地の整理組合が設立され、八事一帯は、山林都市を目指した開発がスタートしたのである。そして今日も残る高級住宅地ができていった。

## 変遷を追って

八事の変遷を追ってみたい（図4）。地下鉄の八事駅の1番出口を出て右に進む。この通りは国道（153号）、昔の飯田街道である。少し行くと右側に興正寺がある。正面に五重塔が見える。この寺は、昔は東西に分かれていた。まず江戸の初期に東に東山遍照院ができ、中期には西に西山普門院ができた。高野山系の寺で女人禁制だが、西山は許可されたため、「女人高野」とも呼ばれた。五重塔に向かう。

塔は重要文化財である。その奥の本堂に参った後、東の階段を上る。左に曲がり、灯籠に囲まれた道を行くと、女人を禁ずる碑がある。ここが西山と東山の境だった。その先に進むと広場の左に、二代藩主光友がつくった大日堂（総本堂）がある。ここからも海が見えたという。広場を通り越して、奥の院に向かう。奥の院が当初の本堂である。その正面の階段を下り、まっすぐ行くと、坂を下って東門を出る。すると先ほどの飯田街道である。

左に進み、地下鉄出口の向こうの斜めの道に入る。このルートに昔、電車が東の墓地まで通じていた。幹線道路を左に曲がり、坂を上る。次の信号を右に、そのまま行くと2本目から先が墓地である。

総本堂とされる大日堂。最も高台にある

飯田街道の旧道

尾根の道から谷の道を見下ろす

この辺り一帯に野球場で、甲子園の旧制中学野球の予選があったという

図5　八事交差点（◯）の南には野球場があるのがわかる（1/1万「東山」「名古屋東南部」昭和12年）

この墓地は大正4年、名古屋市の共同墓地として開設された。電車線は、この左の墓地入口まで敷かれていた。

右にゆるやかな坂を下る。国道を渡り、階段の道を上ると飯田街道の旧道である。左に進み、1本目を右に入る。この辺りは、道が地形に沿ってつくられており、この道は尾根上で、左右の道は谷間になっている。3本目を右に、谷間の旧道に下り、左に曲がる。広い道に出たら今度は右に坂を上る。道は八事交差点に向かうバス通りである。坂を上がって1本目を左に下りる。この一帯は、昔は広い野球場になっていた（図5）。

次の道を左に下り、次にある右斜めの道を上ると、右に高照寺がある。この辺り、南だれの斜面も行楽地だったのだろう。寺の正面の道を下ると谷の道に出る。この道は構想の目玉で、大きな循環ルートになっている。1周が3㎞ほどで、丘陵地を上ったり下ったりする。右にゆるやかにカーブする循環道路を上る。バス通りが峠で、その先は二つに分かれている。左が循環のルート。右は八勝館に沿って下っている。右を選んで下ると、スタートした飯田街道に出る。右に曲がると角に八勝館の門がポツンと残されている。すぐ先に地下鉄八事駅の出口がある。

## 宅地の区画

高級住宅地は、一般に、宅地の区画の大きさで決まる。家屋の他に空間ができ、そこが緑になるからである。高級住宅地で有名な芦屋の六麓荘は最低を400㎡としている。一方東京の田園調布は土地の分割が進み地位を下げているという。八事が目標とした南禅寺付近は何と千坪単位である。

八事は、戦後、土地の分割が進んだ。資産家の減少や資産税の強化、相続制度の変化という国民の平等化が進んだからだろうか。八事開発の目標は達成できなかったが、見方を変えれば街は現代的になったといえるのかもしれない。

マンションに囲まれて保存された八勝館の正門

Part2

# 地図を歩く

名古屋市内のかつての鉄道路線の面影をたどってみよう。移り変わる沿線の風景も見えてくる。

# 瀬戸線の移り変わり

伊東重光

## 頻繁に変わっている路線

名鉄瀬戸線は、明治38年に矢田～瀬戸で開通した瀬戸自動鉄道に始まる。瀬戸電気鉄道を経て、昭和14年に名鉄に合併されたが、今でも瀬戸電と呼ぶ人が多い（図1）。

図に示すように長い歴史の中で路線の位置は度々変わっている。土居下駅以西の廃止と栄町乗り入れがおこなわれ、矢田川以南で名古屋市内で変わっていないのは清水駅付近だけといってよいほどである（図2）。他にも大森付近や瀬

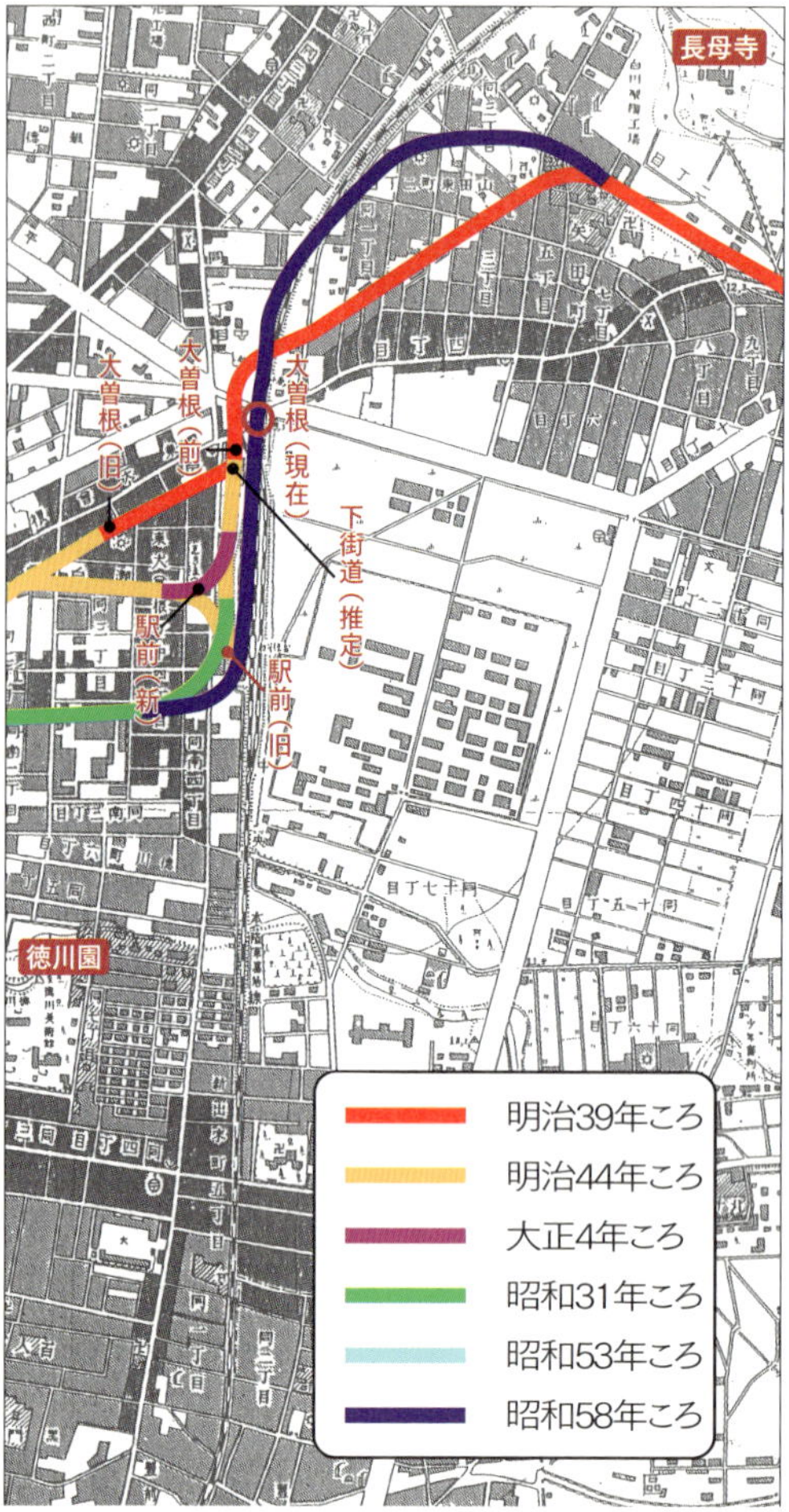

図1　名鉄瀬戸線（大曽根北方、昭和35年）

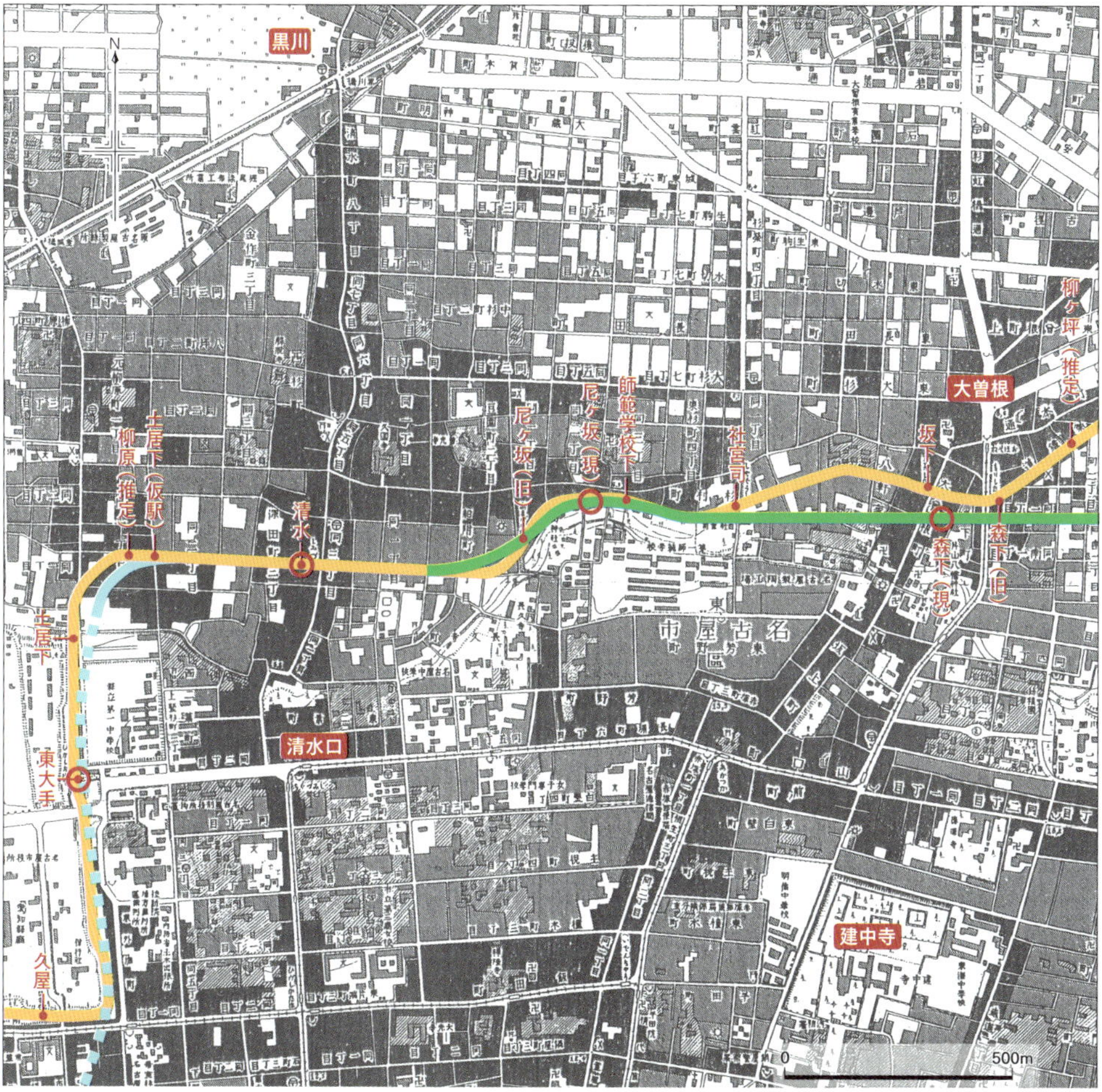


図２　瀬戸線の路線と駅の変遷（1/1 万「名古屋北部」昭和 14 年に加筆）
●は過去にあった駅
○は現在の駅

戸駅新築移設に伴う変更があり、立体化や車両などの近代化の努力もおこなわれている。

本稿では名古屋市内の旧路線の変遷をたどってみる。また、停留所などはすべて駅と記し、書類上は休止でも実態に応じて廃止と記載していることをお断りする。

## 廃止された旧路線

堀川駅の開業は明治44年とされるが、この時の終点は御園橋の東のため、水運との連絡に不便であった。当時、離宮（名古屋城）への行幸路整備で景雲橋を架け、坂の勾配を緩める大工事がおこなわれたが、川端までの延長は西区役所の敷地の関係で市が渋ったため遅れ、臨港線整備で貨物輸送も大曽根駅からの中央線利用が主となったようである。

本町通りは昭和3年の御大

礼に際し、御幸本町として拡張整備され、本町橋も拡張されたが、ガントレット（一部が重なる複線）が残された。護国神社駅があったともいわれるが、本町駅の通称であろう。橋の東にあった本町駅への通路は廃線になった今でも、それとわかる程度に残されており、駅跡の北側の軍用動物慰霊碑（岡崎石工芸術研究所製作）も現存している。ここから大津町駅までの線路沿いには娯楽園（小動物園や遊戯施設のある遊園地）があり、瀬戸電が花見などのイベントを開いていたが複線化に際して廃止されたようである。戦後、外堀通りの北側に並んでいた不法建築物は撤去され、外堀線の道路が拡幅されて名古屋高速がつくられたが、付近は姫ホタルの名所となっている。

大津町駅は当初、娯楽園用の駅であったが、三の丸に市役所や県庁が新築されることになり、大津橋が架けられて駅も正式に開業した。この当時会社は外堀に蓋をして本社と駅をつくろうとしたが、実現しなかった。当初、市役所まで延長された市電は戦時中に名古屋南部工業地帯への輸送力増強のため廃止されている。駅の西に外堀稲荷があり、芸者衆の信仰をあつめていたといわれるが、廃線後に喜多山駅に遷座され、現在は乗務区内に祀られている。

地下鉄名城線は大津橋の東で瀬戸線の下をくぐる工事がおこなわれた（図3）。

戦前、大津橋の東の久屋橋西側に久屋駅があった。ここにもガントレットがあったが、昭和10年に衝突事故が起き、会社が複線化を怠ったと非難されて複線化され、久屋駅は大津町駅に統合されている。この東にあったサンチャイン・カーブ（半径が3チェ

図3　地下鉄名城線工事中の瀬戸線大津町駅東（久屋大通北端）。左端奥に県庁西庁舎が見える（昭和40年4月）

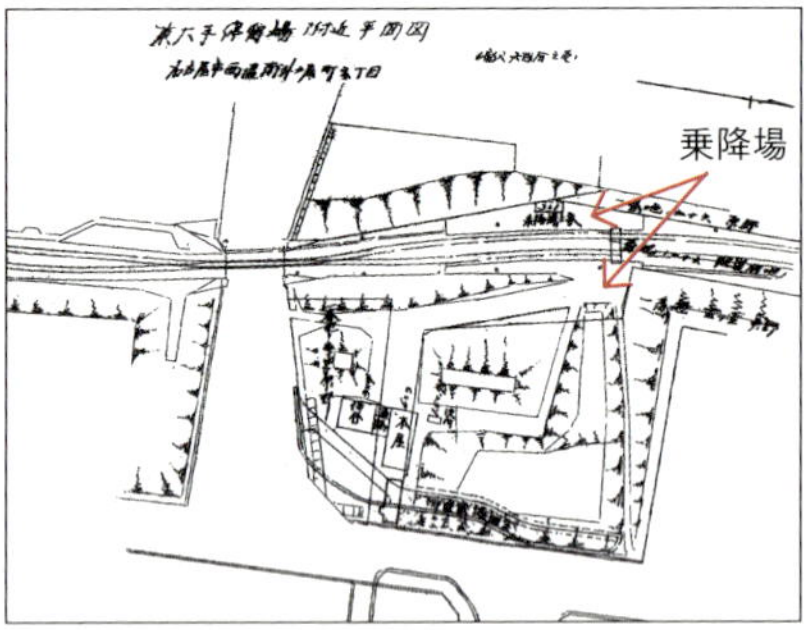


図4　ガントレットのあった時代の東大手駅（名鉄資料館蔵）

図5　土居下東方で工事中の栄町への新線工事。左が新線で、右が旧線と仮駅（昭和53年8月）

図6　工事中の新森下駅付近から旧森下駅（左遠方）方面。右手の建物は移転前の東海銀行（昭和30年12月）

イン・約60mの急カーブ）は瀬戸線の名所であった。

　戦前に三の丸東の清水橋の下に東大手駅があり、戦時中に廃止されたが、栄町からの新線ができた際に地下駅で復活している。ここにあったガントレットも久屋駅と前後して改修されている（図4）。

　明和高校西の枳穀坂《きこくざか》を北に降りたところに土居下駅があり、瀬戸線はここで外堀を出て柳原街道の踏切から急なカーブで東に向きを変えていた。戦前は、この付近から矢田駅までの区間は家屋が密集して道路も狭く曲がりくねっていたが、戦後の復興土地区画整理事業で町が大改造され、瀬戸線も直線化やカーブの改良がおこなわれた。その後、昭和58年頃までに高架化され、多くの駅が無人化された。昭和51年にここまでの区間は廃止されて栄町からの新線に切り替えられたが、工事完成まで土居下駅の東北に仮駅が設けられて連絡バスが運行されていた。この仮駅付近に大正初期まで柳原駅があったようである（図5）。

## めまぐるしく移動する駅

　昔から犬山方面に向かうには清水口西からジグザグに坂を降りる稲置街道が使われたため、この街道の西に清水駅が設けられた。現在の国道41号線となっている道路は昭和13年頃に駅付近（深田町）から黒川まで部分開通し、清水口から深田町までの完成後の昭和24年に市電が敷設された。瀬戸線と平面クロスしていたが、昭和46年廃止された。

　清水駅東方にある片山神社西北のSカーブの中央に尼ヶ《あまが》坂《さか》駅があったが、この付近は戦後に緩やかな曲線に改良され、駅も神社の北に移動したようである。

　片山神社東方の現市立工芸高校の地に戦前、第一師範学校（愛知教育大の前身）があり、西の坂を降りた付近に師範学校下駅があった。後に学校北東の社宮司《しゃぐうじ》付近に社宮司駅が設けられ、前者は大正中期、後者は戦時中に廃止されている。稲荷山駅があったといわれるが、稲荷山（昭和3年頃とりくずされた）は社宮司のすぐそばにあったことから、社宮司駅の通称と思われる。この付近から森下付近まで北に迂回していたが、現在は直線化され、廃線跡の一部を市バスが通っている。

　戦前に現森下駅の北西に坂下駅があり、付近を通っていた下街道のアクセス駅でもあったが、大正4年に大曽根（現西大曽根）まで市電が開通し、市電との交差点の東（現森下駅の東北）に森下駅が新設され、後に坂下駅は廃止されている。大正初期まで森下駅の東付近に柳《やな》ヶ坪《つぼ》駅があったようで、移設されて森下駅となったと思われる。なお、終戦直前に森下で市電から渡り線を作り、ボギー車四両で名古屋駅と上前津から瀬戸へ乗入れを予定したが、終戦で中止になっている。この森下駅は昭和32年に土居下付近から大曽根付近まで直線化された際に現在地に移動している（図6）。

## 大曽根駅の変遷

明治39年から終点であった大曽根駅と本社は、東大曽根商店街の中ほどの南にあり、商店街の東に下街道駅があった。まもなく土居下方面への路線延長に続いて新堀川方面への延長が計画され、中央線大曽根駅（現南口）付近まで延長して駅前駅がつくられた。ここで折り返して西に向かう路線が敷設され、一時期三角線となっていた。続いて大曽根駅が商店街の東に移動し、本社と車庫も付近に移設された。旧本社は変電所になった。間もなく旧本社付近の路線が廃止され、終端駅となっていた駅前駅は北西のカーブの中ほどに移設されたが、この駅前駅も戦前に廃止されている。

戦後、森下駅移設当時に路線は直線化されてさらに南に移動し、車庫も喜多山に移転し、中央線大曽根駅との貨物の連絡線も廃止された。この後、高架化（図7）と大曽根駅の総合駅化に伴って位置が若干移動している。

図7　桜丘中学の西北から撮影した森下駅東方の高架化工事。なお、森下以西の高架化は平成2年である（昭和58年8月）

瀬戸線は大曽根駅の北で中央線をくぐっていたが、電化に際して1mほど掘下げられており、大雨で浸水の常習地帯となっていた。この区間は昭和58年に高架化されて中央線の上を矢田川旧堤防まで大回りするようになった。

矢田駅は大正時代中期には、この地の古名にちなんで木賀崎駅といわれていた。矢田川橋は出水の際に橋脚が傾き、二度ほど改修されたため不ぞろいとなっている。矢田川を挟んで橋の北には大正中期から戦前まで守山口駅があった。その東に役場前駅があったといわれるが、大正初期からあった守山駅の通称と思われる。現在の守山自衛隊前駅は時代と共に駅名も衛門前、連隊前、二十軒屋、守山町、守山市、守山自衛隊前と頻回に変わっている。瓢箪山駅の東には戦前廃止された笠寺道駅の旧駅舎が残っていたが、最近取り壊された。小幡駅は、龍泉寺駅といわれた時代があるが、龍泉寺線計画との関係で小幡駅に変えられたようである。瀬戸街道との交差点北に小幡ヶ原駅があったが、戦前廃止されている。喜多山駅は当初は発電所（後に変電所）職員の通勤用に設置されたようである。

戦後、検車区が置かれたが、近年尾張旭に新設移転した。大森駅東の急カーブは昭和23年の脱線事故後、緩やかな曲線に改良され南側に移設されている。大森以東は紙数の関係で他の機会に譲るが、瀬戸線のネックであった瀬戸街道の平面交差は小幡から大森までの立体化工事が始まっており、数年後にはスピードアップも期待できそうである。

# 名古屋鉄道 路線付け替えの面影

服部重敬

## 二つの源流をもつ名鉄

名古屋を中心に路線を張り巡らす名古屋鉄道の歴史をたどると、路面電車から郊外鉄道に発展し、尾張北西部に路線を展開した名古屋鉄道（初代→名岐鉄道）と、郊外鉄道として知多や三河への路線を展開した愛知電気鉄道という二つの大きな源流がある。この2社が合併し、現在の名古屋鉄道の基盤が築かれたのは昭和10年で、さらに名鉄名古屋を経て豊橋から岐阜への路線がつながるのは、戦時下の昭和19年のことであった。

この二つの鉄道が建設した名古屋側ターミナル近くの路線は、その後の運行方法の変化などに対応できないことから、付け替えがおこなわれている。初代名古屋鉄道（開業時は名古屋電気鉄道）の押切町と枇杷島橋の間、愛知電気鉄道の神宮前と呼続、そして豊田本町の間である。それらをたどることにしよう。

## 初代名古屋鉄道の路線

まずは、後に西部線と呼ばれた旧名古屋鉄道の路線である。現在の名古屋鉄道のターミナルは、名鉄百貨店の地下にある名鉄名古屋駅（←新名古屋駅）であるが、この駅が開業したのは第二次大戦直前の昭和16年8月で、それまで尾張方面への路線の起点は西区の押切町にあった。さらに車両は名古屋市電に乗り入れて、柳橋にあったターミナルから発着していた。

初代名古屋鉄道は、大正10年に名古屋市内の路面電車を名古屋市に譲渡することで設立された。その前身である名古屋電気鉄道は明治31年に京都に続き日本で二番目の開業となる路面電車を開業している。名古屋電気鉄道の当初の計画として、江戸時代からの青果市場があった枇杷島への路線があり、明治34年に栄町線の柳橋から分かれて押切町に至る押切線、明治43年に押切町から庄内川堤防下までの枇杷島線が路面電車（ただし、枇杷島線は鉄道のような新設軌道）として開業した。

名古屋電気鉄道は、将来、路面電車の市への譲渡が不可避であることや、軽便鉄道法の施行によって鉄道の建設が容易になったことをうけ、尾張地方への郊外路線（郡部線と呼ばれた）建設を進めることとした。そして、大正元年8月に岩倉を経て犬山と一宮、大正3年1月に津島への路線を開業した。開業当初、郡部線の列車は押切町を起点としたが、大正2年11月には柳橋交差点西北角に柳橋駅を開設。車両が路面電車の路線に乗り入れ、都心に達することで利便性を高めた。柳橋へのルートは、当初は那古野から志摩町を経由していたが、道路幅員が狭く、大型のボギー車の運行に支障を生じることから、大正12年の明道町線の開業に伴い、明道町・菊井町経由に変更されている。

路面電車と郊外鉄道が一体となったこうした運行方法はインターアーバン（都市間電車）と呼ばれ、電気鉄道の黎明期である1900年代初期に、アメリカで大流行をしていた。資本力の小さな当時の電気鉄道会社にとって、既存の市街地中心部へ自前の線路敷を確保しての路線建設は容易ではなく、既存の路面電車路線に乗入れるか、道路上に軌道を敷設することでその目的を達した。わが国最初期の郊外電鉄として明治32年に開業した大師電気鉄道（後の京浜電気鉄道）や明治38年開業の阪神電気鉄道なども、市街地では道路上に軌道を敷設していた。名古屋電気鉄道が郊外鉄道への進出にあたり、インターアーバンの運行形態を取り入れたのは、こうした前例を参考にしたのだろう。

　名古屋電気鉄道がアメリカのインターアーバンを見習ったことは、当時の計画にも伺える。同社は収益拡大の手段として貨物輸送に期待をかけ、アメリカで盛んであった路面電車路線を使った貨物輸送を目論んでいた。そのため、郡部線開業時に電動貨車を35両も製造し、市内7カ所に貨物取扱所を設け、顧客の近くまで貨物を直接運ぶことを計画した。名古屋港を結ぶ下江川線（柳橋～船方）間を明治45

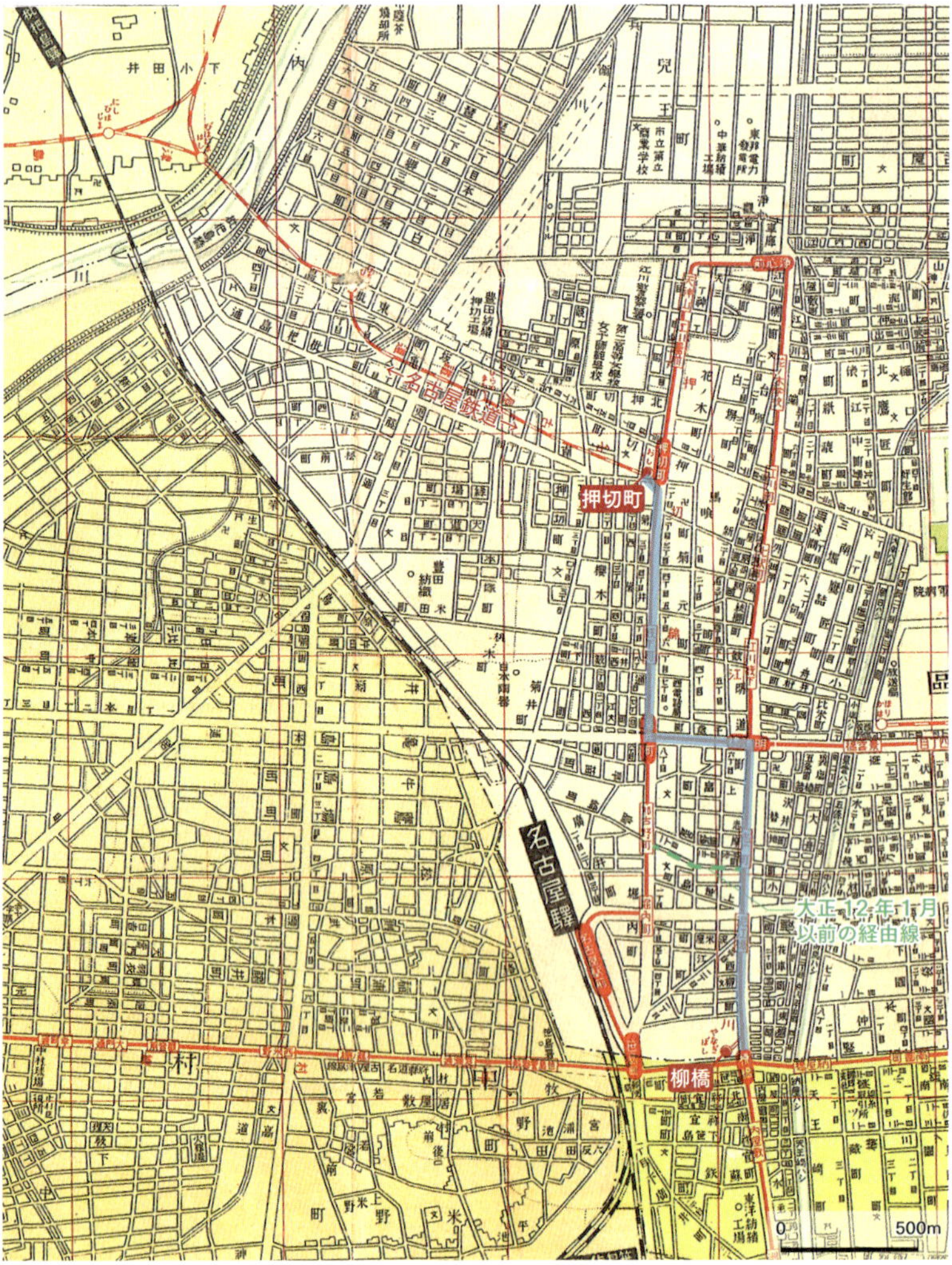

図1　「名古屋市街全図」昭和12年　■は乗り入れ区間

年に開業したのも、名古屋港から石炭などを、直接、郡部に運ぶことが目的のひとつであった。しかし、道路幅員の狭さなどを理由に貨車の乗り入れができないため、この構想は挫折し、押切町に貨物ホームを設けて貨物扱いをおこなうに留まった。

押切町駅は元西区役所・保健所（平成27年3月現在、区役所移転により建物解体待ち）あたりにあった。構内配線図を見ると、路面電車路線から鉄道線に切り替わるカーブ途上に短いホームがあり、また、分岐もカーブ上に設けられるなど、狭い敷地内に苦労して設備を設けた様子がうかがえる。この設備では、電車の高速化、大型化に対応できず、昭和10年に名古屋〜岐阜間の路線がつながり、高速電車の運行が始まると、設備の改良が急務となった。路線の変更により、この問題が解決したのが、昭和16年の新名古屋駅（現名鉄名古屋駅）の開業である。

押切町からの路線は、現在の国道22号の北側を走り、旧東枇杷島駅のあたりで北に向かい、美濃路と呼ばれた旧枇杷島街道と直角に近い角度で交差し、枇杷島小学校の西で庄内川の堤防に達して、現在の橋梁の西側で庄内川を渡っていた。当時の名残は、庄内川橋梁の南側にわずかに橋台の痕跡を残すのみであるが、航空写真で見ると枇杷島街道と交差するあたりでS字に曲がっていた線路跡に家が建てられていることが見取れる。郡部線の建設に伴い架橋された庄内川の橋梁は、新名古屋駅への線路切り替え後もそのまま使用されたが、限界が狭小で車両の大型化に支障となり、昭和33年に現在の橋梁に切り替えられている。

## 神宮前駅の変遷

いっぽう、後に東部線と呼ばれた愛知電気鉄道のターミナルは、熱田神宮東側の国鉄線の東側に設けられた神宮前であった。当初、愛知電鉄は地域の交通機関として常滑や有松への路線を開業したが、大正11年に東京〜大阪間の電気鉄道建設のため創立された東海道電気鉄道と合併することで、長距離高速電車を指向して路線延伸が進められた。路線は大正12年には岡崎、さらに昭和2年には豊橋（吉田）に達し、同年6月には神宮前〜吉田間を省線（国鉄）より40分以上も早い63分で結ぶ特急の運行を始めている。

しかし、神宮前〜鳴海間は単線のまま残り、堀田〜呼続間の路線は現在よりも北に位置し、井戸田駅東には急カーブがあるなど、速度向上の障害となっていた。この間の複線化と急カーブの解消を目指した改良工事は一部区間を除いて昭和5年に完成し、9月には吉田を57分で結ぶ超特急「あさひ」の運転が開始された。昭和3年には名古屋市電との連絡を目的に堀田駅が開設されている。

神宮前の駅は、常滑への開業時から東海道線と熱田運河を跨線橋で越え、東海道線の東側に設けられていた。これは、将来の名古屋都心部（東陽町）への延伸を見据えたものであった。昭和17年には戦時体制下の工員輸送や貨物の増加のため、西側の熱田運河埋立地にホームや貨車の操車場を新設して、通称西駅と呼ばれた。しかし、知多方面へは単線の跨線橋を経て名古屋本線に直通する運行が中心で、その後の列車増発により、単線でS字上の急カーブのある跨線橋やその南の国道1号との平面交差がネックとなった。

常滑線神宮前南側の改良は2度に分けておこなわれ、まず昭和30年に新堀川以北の線路を西に80m移設・高架化して国道1号の踏切を解消し、続いて昭和37年に東海道線を跨ぐ複線の跨線橋が完成した。


路線変更と貨物廃止に伴い、西駅は昭和40年にその役目を終えた。単線時代の跨線橋は、現在の跨線橋の壁面の一部に残るレンガ積みの橋台に名残を見ることができる。

その後、神宮前駅は、昭和54年駅舎改良と昭和59年のホームの行先別方向化により現在の姿となった。

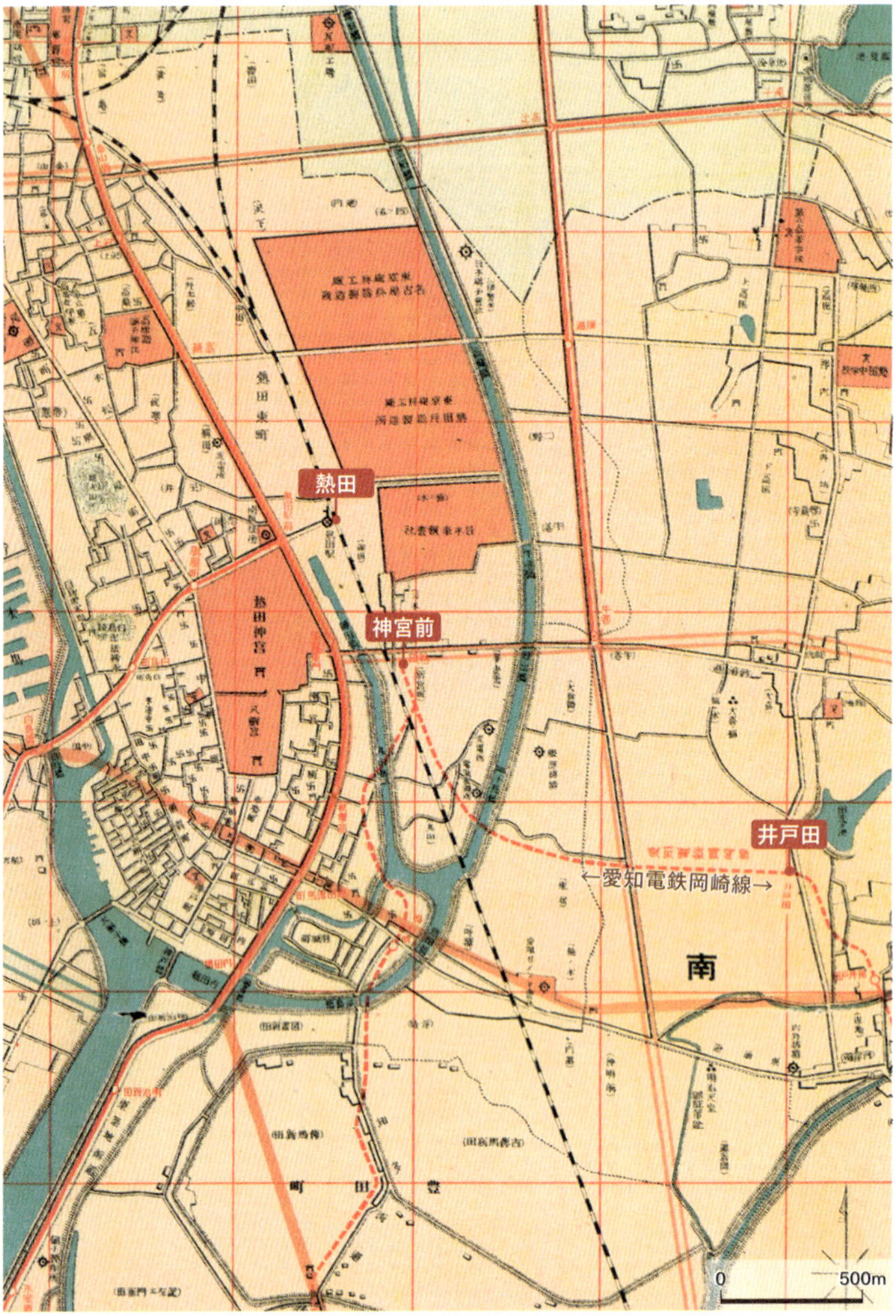

図2 「名古屋市街全図」大正13年

# 名古屋市電 下之一色線の歴史

服部重敬

## 日本初のワンマンカー

昭和49年に全線が廃止となった名古屋市電には、町中の道路上を走る路面電車とは大きくかけ離れた特異な路線があった。昭和44年2月に廃止となった下之一色線（尾頭橋～稲永町間11・3㎞の通称）である。

路面電車でありながら、ほとんどの区間が道路ではなく、鉄道のように専用の軌道を走り、主要道路と交差する踏切には警報器もあった。全線が単線で、電車は2つか3つの停留場ごとに設けられた待避設備のあるところで行き違いながら走っていた。沿線には田圃やため池が多く、その中をのんびり走る電車は、長閑なローカル線そのものであった。乗客も少なく、昭和29年には経費削減のため、わが国で初めて車掌を省略したワンマンカーとして運転がおこなわれたという歴史を持つ。地下鉄の開業に先立ち、地下鉄用の広軌の線路を敷いて、車両の試験がおこなわれたこともあった。

## 二つの会社が経営

下之一色線は、正式には尾頭橋～下之一色間が「下之一色線」、築地口～下之一色間が昭和46年に廃止となった築地口～稲永町を含めて「築地線」と名づけられており、大正時代に下之一色電車軌道と築地電気軌道という異なる二つの会社によって大正時代に開業した。それぞれの起点となる尾頭橋と築地口には、すでに名古屋電気鉄道の路面電車の路線が延びてきており、それに連絡して郊外に向けて軌道が敷設された。昭和12年に名古屋市に買収され、市電の一路線となった。

「一色電車」と呼ばれた下之一色電車軌道は、漁村である下之一色と市内を結ぶ目的で地元資本により建設された。大正2年に全線が開業し、下之一色に集まる魚介類を市内に売りに来る行商人に利用された。路線は、尾頭橋から長良本町までは佐屋（津島）街道上を走り、長良本町からは南西に向きを変え、田圃の中をまっすぐに下之一色に向かっていた。途中、名古屋四観音のひとつ、荒子観音のある荒子を経て、終点の下之一色は集落から庄内川を渡った対岸にあった。名古屋港の発展により昭和25年に国鉄の西臨港線（笹島～西名古屋港／現在のあおなみ線の前身）が開業すると、小本と荒子の間に平面交差が設けられた。

いっぽう、「築地電車」と呼ばれた築地電気軌道の路線は、名古屋港臨港地帯の開発や沿線の輸送を目的に、築地口～下之一色間が大正6年から大正15年にかけ開業した。最初に開業したのは稲永新田にあった稲永（後の稲永町）までで、その南には明治45年に熱田伝馬町から移転してきた稲永遊郭（昭和10年代には錦遊郭と呼ばれた）があった。同年には愛知県から、大須観音西にあった旭遊郭を4年後を目処に稲永新田に移転させるとの通達も出されたが、移転には多くの利権がからみ、大正2年には政財界をまきこんだ一大疑獄事件に発展して、大正12年に中村への移転で決着している。名古屋港は明治40年に開港しており、貨物の取り扱いは増加していたものの、沿線に工場などの立地はまだなかった。このため、築地電軌の設立にあたってはこうした利用者をあてにしていたのだろう。下之一色延長後は夏期に多加良浦に海水浴場を設けたり、庄内川の砂利の運搬をおこなって増収に努めたという。

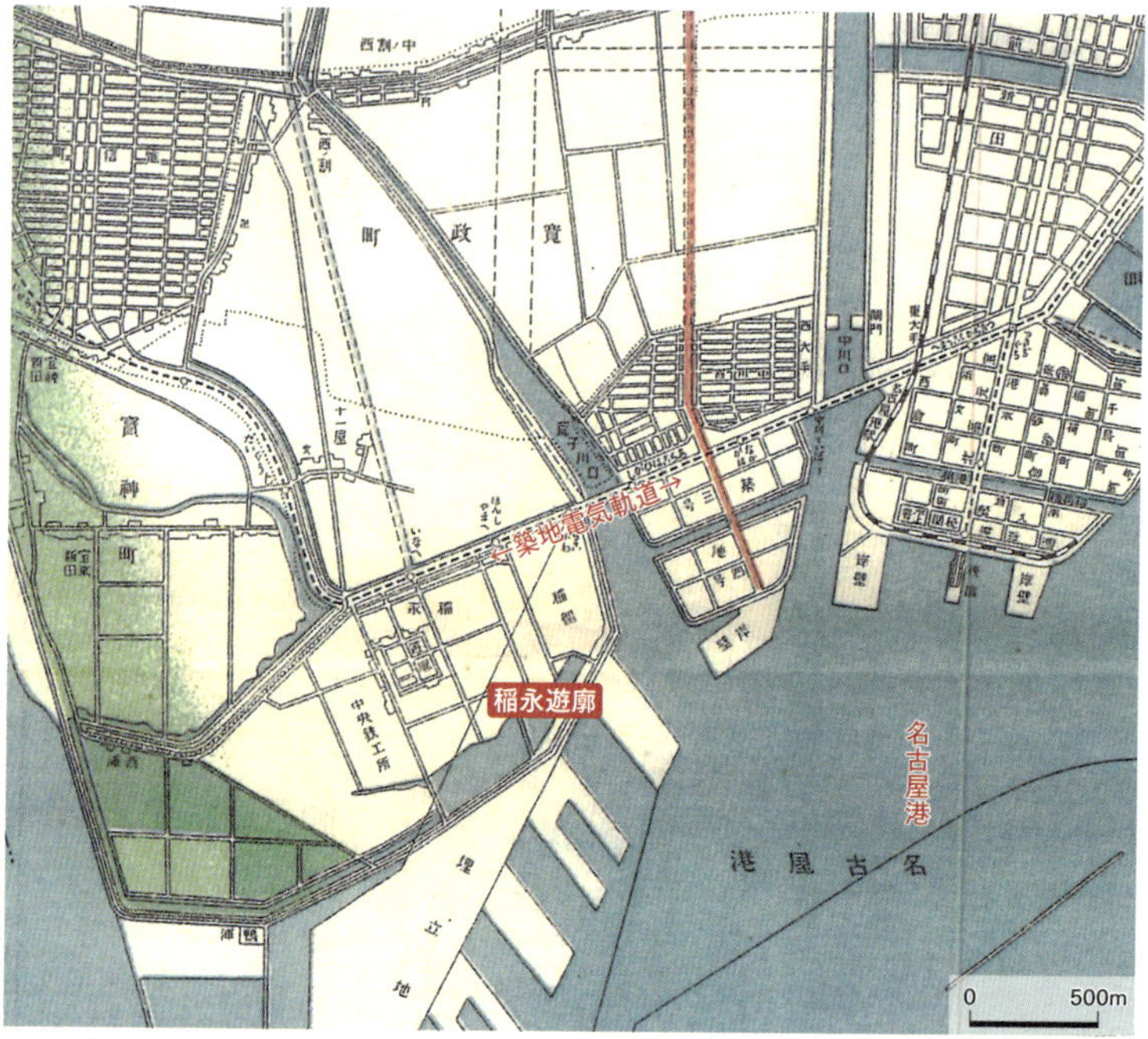

図１　「大名古屋市最新地図」昭和４年

## 臨海工業地帯と共に

築地電軌沿線が臨港地帯として発展するのは昭和になってからである。市営化後の昭和14年には一州町に東洋一と呼ばれた名港火力発電所がつくられ、そびえ立つ5本の煙突は、工業都市名古屋のシンボルとして存在感を示した。一州町の名は、発電所建設当時の東邦電力の社長で、電力の鬼と呼ばれた松永安左エ門の雅号から名づけられたものである。

旧築地電軌の沿線には、ため池が多く、まさに水郷の電車の雰囲気だった。昭和37年に国道1号のバイパスとして名四国道が建設されると、大宮司〜西ノ割間には市電唯一の跨道橋が設けられた。

下之一色線沿線は廃線後に区画整理や都市化が進み、現在では旧長良本町や荒子停留場付近などの一部の道路に、線路があった当時の面影を留めているだけである。

図２　のどかな田園地帯を走っていた下之一色線・明徳橋付近（名古屋レール・アーカイブス所蔵）

# 〈霊柩電車〉もあった八事電車

岡田ゆたか

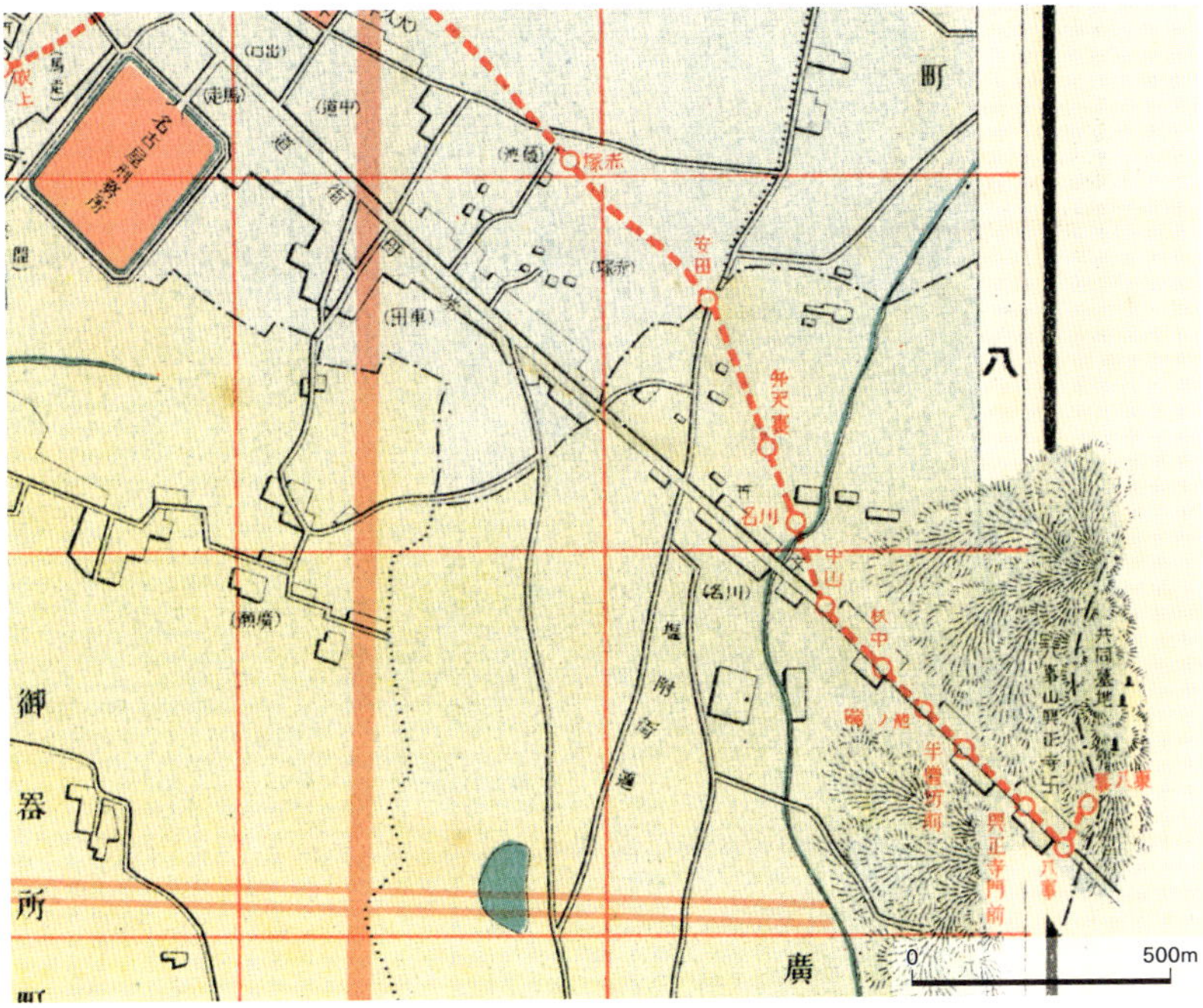


図１　「名古屋市街全図」（大正 13 年）

八事、杁中などがある昭和区内は、地下鉄鶴舞線が運行されており、とても利便がよい地域である。また、地下鉄桜通線の開通や、地下鉄名城線の延長により、昭和区内へのアクセス方法も多様になってきた。

そんな昭和区には、昭和46年に廃業されるまで、大久手―八事間に市電が運行されていた。通称・八事電車と呼ばれていた。

## 始まりは馬車鉄道

八事の鉄道は、明治41年愛知馬車鉄道株式会社が、馬車をつかった鉄道を運行させたことが始まりである。当初、旧飯田街道・中道（吹上付近）から八事・興正寺付近までレールを設置した。八事や、杁中付近の山の手は、昔は松林、茶畑などがあり、また、水田や、隼人池などの、ため池の多い地域であったため、のどかな雰囲気の中を走る風情あふれる鉄道であった。しかし、愛知馬車鉄道株式会社は、明治43年に社名を尾張

図２　愛知馬車鉄道八事終点（明治 43 年頃）

電気軌道株式会社に変更した。その後、明治45年まで馬車鉄道は運行されたが、電気鉄道へとバトンタッチすることになる。

## 八事電車と霊柩電車

明治45年、尾張電気軌道株式会社は、千早から八事（興正寺前）まで八事電車を開通させた。同年、興正寺前から天道まで路線を延長させた。さらに、尾張電気軌道株式会社は、大正4年、八事から東八事（八事霊園入口）まで路線を延長し「墓地線」を開通させた。

図３　大久手待合所付近の八事電車（時期不明、新三河鉄道株式会社冊子・名古屋市交通局所蔵）

図４　霊柩電車のイラスト（一柳装具總本店所蔵）

図1にある電停の名称で、昨今では聞きなれないものがある。たとえば電停「中山」は現在の山中交差点付近に存在したのだが、近隣地域に中山（現在の瑞穂区中山）があったため、山中に地名変更された。電停「池ノ端」は隼人池の横に存在したが、現在ではまったく使われていない地名である。墓地線「東八事」は名城大学薬学部のキャンパスの西側の道を北上した八事霊園入口に存在した。現在では生花店や石材店が並んでいる。

墓地線には、全国でも珍しい霊柩電車が存在した。霊柩電車はその名のとおり、棺を運ぶことを目的とした車両で、八事火葬場までの貸しきり運行であったようである。霊柩電車は、もともと通常に使用されていた9号車を改造した車両である。棺を載せやすくするために、観音開きの扉を設置し、参列者も乗車できる仕様になっていた。（扉の仕組には諸説あり）

昭和4年に尾張電気軌道は、新三河鉄道に売却された。墓地線については昭和10年頃まで運行されていたと推定される。

## 八事付近は行楽地であった

　昨今の八事は、学生街、霊園、火葬場といったイメージを抱く人は多いであろう。しかし、意外と知られていないのが、八事付近は行楽地であったということ。八事山興正寺、船見山、隼人池などが江戸時代より行楽地としての機能をもっていた。尾張電気軌道株式会社も八事電車の運行だけではなく、八事付近でレジャー事業をおこなっている。八事電車を開通させた明治45年、八事表山付近に八事遊園地を開発・開園させたのである。ボート池、動物園、大型すべり台、運動場などがあり、競馬等もおこなわれていた。また、現在の天白区の八事裏山（天白区大字八事付近）にも、天白渓遊園地と呼ばれた遊園地が昭和初期に存在した。こちらは、個人の運営といわれており、上池（現在は埋め立てられ名城大学グランドとなっている）と下池を利用してつくられていた。ボート遊びができ、滝（青山の滝）もあった。また、当時としては珍しい飛行艇が池に浮かんでいた。（詳しくは本書111ページ以下参照）八事電車は行楽地への市民の足でもあったのだ。

図5　八事電停付近（昭和30年代前半、名古屋市交通局所蔵）

図6　杁中交差点付近にあった杁中電停（大崎輝明氏撮影）

## 市営化、そして廃止へ

　昭和12年、八事電車は名古屋市電となった。そして、昭和46年4月1日、八事－安田車庫前間が廃止となり、さらに、昭和49年3月31日、安田車庫前―大久手間が廃止となった。明治45年の開通から数えると62年間、馬車鉄道の開通から数えると66年間の運行を終えた。

# 戦前昭和の名古屋

昭和15年の名古屋市中心部の地図。モダン名古屋の雰囲気のわかる写真や、戦時色が濃くなりつつある時代の雰囲気を伝える銀行関係のパンフレットを紹介する。

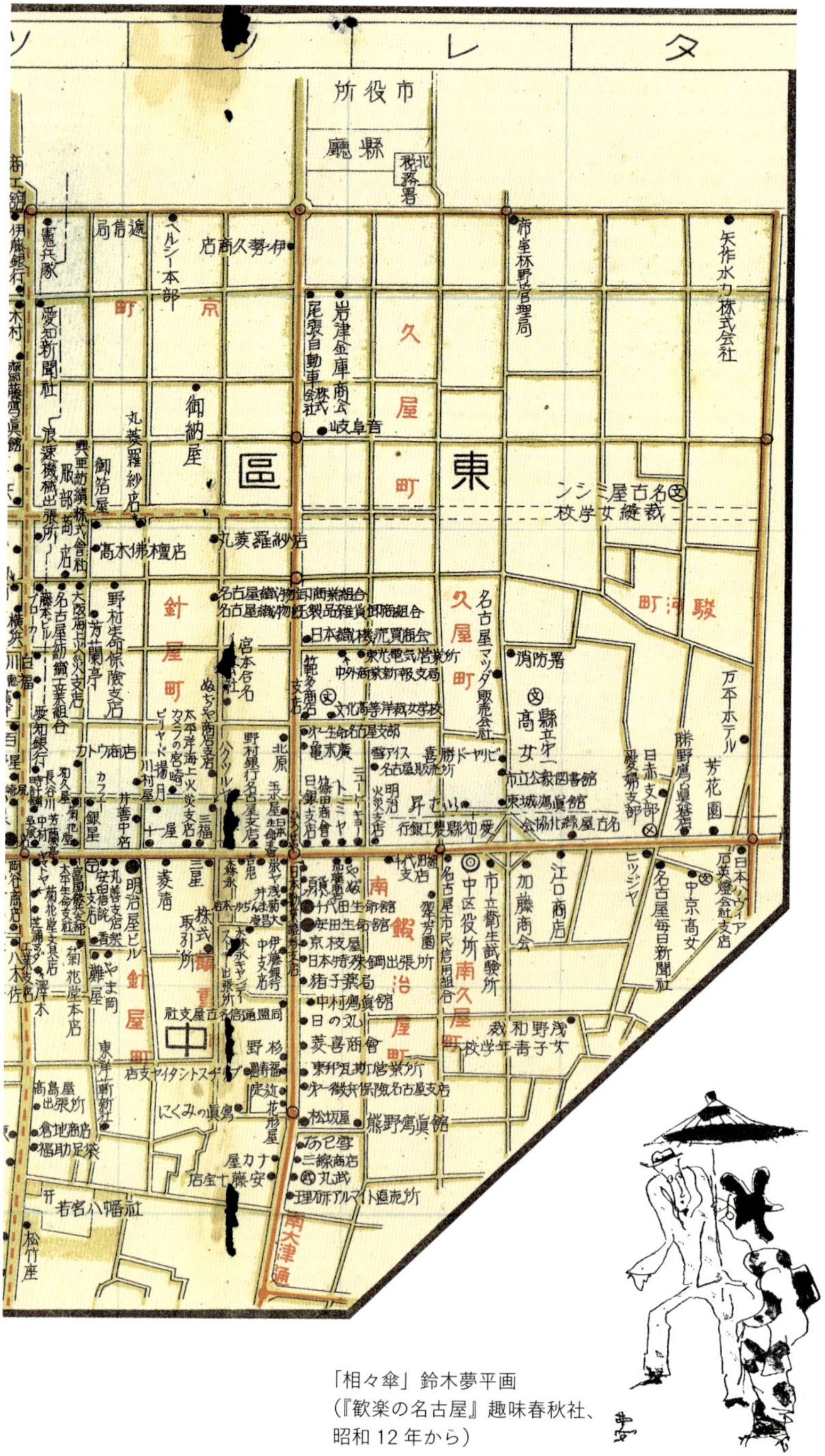


「相々傘」鈴木夢平画
(『歓楽の名古屋』趣味春秋社、昭和 12 年から)

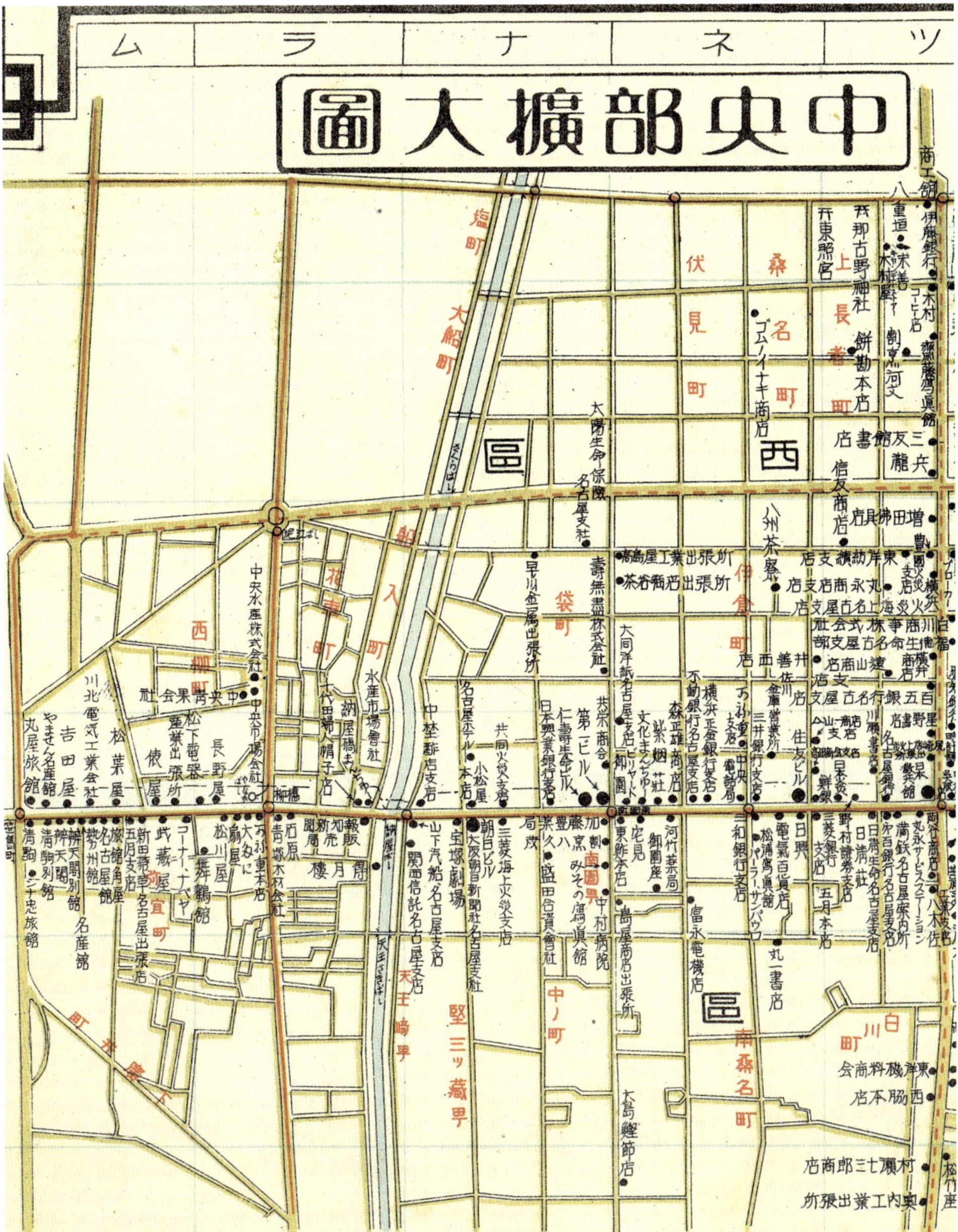


## 大名古屋市（昭和15年）中央部拡大図

## 『大名古屋便覧』江崎浮山編（昭和11年）から

### 盛り場あちらこちら

広小路は伸びる名古屋文化の豪華な飾窓であり同時にビジネス・センタアであつてこゝには常に都市の持つあらゆる新時代的尖鋭文化が交錯交響し車馬の往来又織るが如く交通地獄などといふ有難からざる形容詞さへ冠せられてゐる。しかし夜の広小路はむしろ毒々しいまでにネオンの粧ひを凝らし、こゝを中心として附近に派生する劇場、キネマ館、花街、カフエー等を伴奏として妖しくも魅力に富んだ絶好のプロムナードと化してしまふ。

大廈高楼夜空を衝いて立ち並び窓々からは拡声機が合唱して散歩者の耳を聾せんばかり、地には車道に無数のヘツドの光芒が走り歩道にはウルトラな服飾とハイヒイルが氾濫してさながらレヴユウの舞台を見るやうな華やかさ——この広小路の真ン中に明治初年まで気味の悪い刑場（現中央館付近）があつたとは凡そ誰が想像するだらう。現在発展の総ては広小路建設の恩人吉田禄在市長の功績に基づくものである。一時は銀行会社の進出で夜の賑はひを殺ぎはせぬかと怪ぶまれたが、最近の建物は多く一階を貸し商店にして盛り場としての広小路を傷つけぬやうに努め夏には広小路祭の催しがあつて広ブラ客を喜ばせてゐる。昨年から新らしく西は納屋橋畔から東は八百屋町角までの新柳町一帯に対し「広小路通り」といふ新町名が与へられそれ以東は従来通り栄町と呼ばれてゐるが。何と言つても夜の賑はひの中心は本町角から栄町交叉点までの間で十一屋、中村呉服店、栄屋、高麗屋、丸善等のデパート大商店が人気を吸引し、名物である夜店の種類もこの区域が一番多いやうだ。夜店の中でも食べ物店は夜明け近くまで店を張つて居り寿しの喜楽、相生、おでんの権兵衛などは何れも客筋よく味も仲々馬鹿にならない。栄町から郵便局付近までの南側には植木店ばかりが仲よくズラリと並んでゐる。終電車から午前三時頃までは所謂海なき港のゴンドラ（タクシイ）の職場で、こゝに集まつて来るタクシイの数は夥しい数に上る。

本町交差点から伏見方面を望む
（J. フロント リテイリング史料館提供）

# 名古屋中心部の風景

広小路通夜景（昭和 10 年ごろ、名古屋市鶴舞図書館所蔵）

7 階建ての十一屋全景（昭和 11 年、丸栄提供）

御幸本町通（『大名古屋』名古屋市役所、昭和 12 年）

納屋橋（『大名古屋』名古屋市役所、昭和 12 年）

## 『大名古屋便覧』江崎浮山編（昭和11年）から

### 「ネオン街と名物キシメン」から

**【喫茶店の部】**

昔の暗い喫茶店が時代的好尚に従つて明るい純喫茶へと鮮やかな転向を見せた。しかもこの勢ひは益々旺んで今や名古屋を挙げて純喫茶の時代を現出しやうとしてゐる。ワンカツプ、ワンカツフエは近代都会生活に関する限り最早やネセシテイの域まで入り込んで来てゐる。従つて、市内至るところあの町、この街、喫茶店なき風景はなく数へ立てたら夜空の星を勘定するにも増して困難な話だから、こゝには取りわけ感じのいゝ店をピツクアツプして紹介する。

**不二家**　広小路通り本町電停前で東京不二家の支店、コーヒー飲むなら不二家のコーヒーを……といふのは広ブラ党一般の常識になつてゐる程だ。広小路通り伏見町角に出来た支店も感じがいゝ。

**フヂアイス**　中区小林町赤門通りの角にあり小規模の喫茶店から大喫茶店時代に移らうとする時代の動きを如実に示した店で朝日新聞社の増築に際し同社内に支店を開いて好評を博してゐる。

**オリエンタルベーカリイ**　東区蒲焼町二丁目で落ちついてレコードを聴きながら啜る一杯の紅茶にも何となくこの店のムードがシツトリと溶け込んで来る。

**紀文堂**　栄町交叉点にある気の利いた店で地の利もよくいつも店は一杯だ。

**ツバサ**　中区矢場町四ノ切電車通り喫茶の他にランチや一品料理も出来る。

**ジヤポン**　広小路名古屋銀行前にあり、広小路のアラモードを代表する純喫茶店である。パイプ式のセツトも面白くサービスガールのエキゾテイツクな服装もダンゼン眼を惹く。レコードも外国物の素晴らしいのを沢山備へてゐる。

**シキシマ**　名古屋郵便局前、食堂の部でも紹介したがランチタイム以外には喫茶で賑つてゐる。それにケーキが呼物だ。

**森永キヤンデイ**　広小路栄町電停西にあり喫茶と食事でシイクボーイの間に人気がある。森永製菓の営業店だけにお土産のお菓子は飛ぶやうな売れ行きだ。

**明治キヤンデイ**　広小路通り鶴重町角にあり、階上階下共に純喫茶で香りの高いコーヒーと明治製菓自慢のケーキはよきコンビであるばかりでなくこゝのセツトが亦渋い好みを見せ、広小路人種の間にいつも話題の焦点となつてゐる。数多い広小路の喫茶店でもインテリ客を吸集する点ではこゝが第一であらう。

**サンパウロ**　中区広小路通り五丁目にありいつも超満員を続けてゐる。それもその筈、コーヒーもズンと上等、設備も満点。

**日本プレイガイド喫茶部**　南大津町（栄町交叉点南）に新らしく出来た豪華な喫茶店（アポロ）で喫茶ガールも可愛いゝのが揃つてゐる。

**丸善喫茶部**　広小路丸善店内でこゝは頗る高級である。

**スヾヤ**　本店は熱田だが支店が公園前と仲田電停にあり共に上味いコーヒーで評判をとつてゐる。コーヒー党の陣屋といふ感じだ。（……以下略）

「いよう、お揃いですね、名古屋へ来ている松竹楽劇部のスター連を広小路のある喫茶店でみつけてしまいました。『あ、てれくさ。うちえらいとこ見られたわ』『ここ、よう、わからはったな』『内緒やし』『名古屋のアイスクリーム、えろう塩からおまんな』と大坂娘はえらい元気です。(左から飛島明子、瀧澄子、衣笠桃代、若山千代さんです、広小路のある喫茶店にて)」(「名古屋新聞」昭和6年9月20日)

喫茶と食事　サンパウロ

シキシマパン

森永キャンデーストアー

明治製菓売店　喫茶

日本プレイガイド

カフヱーダリヤ

不二家洋菓子舗
広告

松坂屋地下２階食堂街（J. フロント リテイリング史料館提供）

松坂屋店内北西角から大津通を望む（昭和 11 年、J. フロント リテイリング史料館提供）

# モダン名古屋

万平ホテル（パンフレットから）

篠田商会

電気百貨店

中村呉服店

『生れ出る市役所』中野安治郎画
「時の流れの姿です。大津町線が栄町から北へ、碁盤目の当市街を切開いて、伸びて打付（ぶつ）かったのが、名古屋城の外堀だったのです。それから十年、天然記念物のこの一廓に一大変革が今行われています。三百年の土堤の老松が生々しく切株となって、初夏の陽にギラギラと照らされており、赤土が掘返され、無心に伸びたポプラのそよぎの向うに、この九月落成の名古屋新市庁舎が直線的の偉容をみせ、竣工へのハンマーの音を伝えています」（「名古屋毎日新聞」昭和８年６月１日）

第一徴兵保険株式会社　パンフ（時期不明）

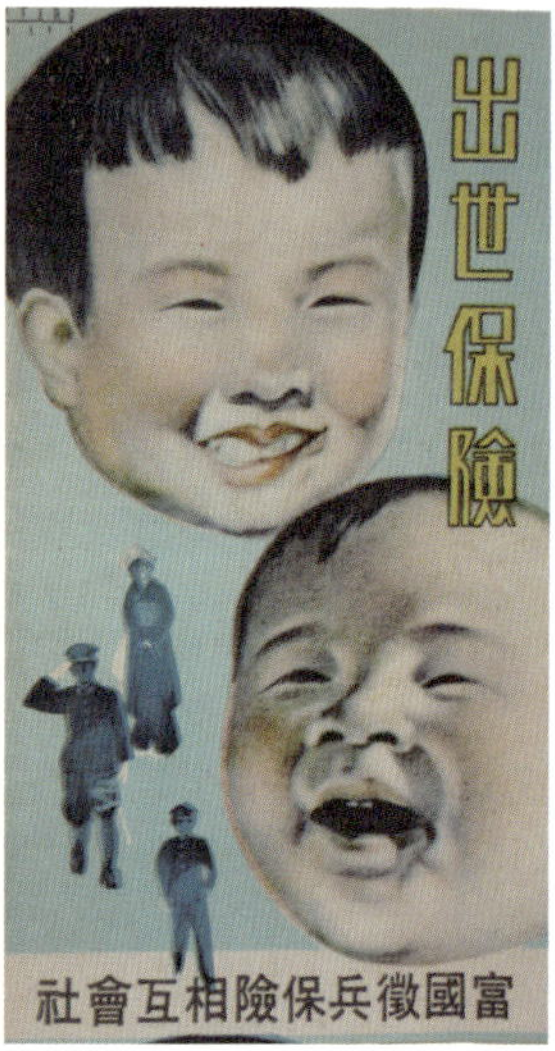


富国徴兵保険相互会社　パンフ（時期不明）

安田信託名古屋支店　はがき（昭和 17 年）

貯蓄報国印

金城の朝陽（「名古屋毎日新聞」昭和 13 年 1 月 1 日）付録

# 戦時色を表すはがき・パンフレット類

名古屋市電回数券各種　（昭和 10 年代中頃）

名古屋宝塚劇場週報（昭和 18 年）

千歳劇場チラシ（戦前）

中京劇場チラシ（戦前）

＊本コーナーの資料提供・構成について、歴史資料館「遊歓荘」近藤泰泉氏のご協力をいただきました。

# 消えた建物・場所

時代の波にのまれ、きれいさっぱり忘れ去られてしまったかに見える建造物も、地図はしっかり覚えている。

## かつて名古屋港にあった水族館

加納 誠

名古屋教育水族館は、実業家山田才吉が明治43年資本金8万円を出して名古屋港東の五号地（図1）、につくった水族館で（図3）、開設は同年4月11日。敷地の総坪数は9015坪である。洋風3階建（建物の一部は横浜教育水族館から移築）本館をはじめ、パノラマ式水槽をもつ八角形の龍宮館、はく製の鳥獣魚介を陳列した参考館、西側には竜宮門がつくられた。

展示物は魚類（鯉・金魚・カニ等）、鳥類（キジ・インコ等）、その他（サル・ワニ・水

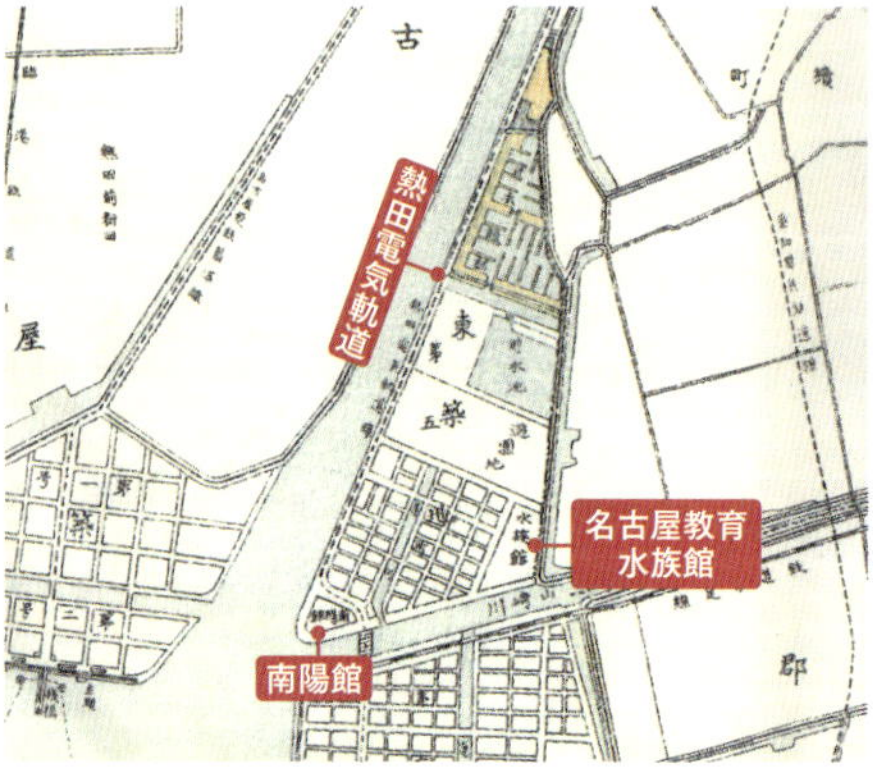

図1　名古屋港新市街計画図（大正期、名古屋港管理組合所蔵）

図2　現在（1/2.5万「名古屋南部」平成24年）

図3　名古屋教育水族館本館正面（絵はがき）

牛・アザラシ・アシカ・オットセイ等)、その他などその他アルコール漬の標本や海産物など約270種類、1200点が飼育展示されていた。

開園当時熱田電気軌道(のち市電)はできておらず、名古屋巡航機船合資会社の巡航船で精進川記念橋より水族館に行くしか手段がなかった(精進川〔現在の新堀川〕記念橋からの観光船による往復込で大人20銭、子供15銭)。

明治43年7月15日に熱田電気軌道ができ、熱田より電車で水族館(遊園地)まで開通、のちに南陽館まで電車を延長している(入場料は大人10銭、子供5銭)。

名古屋教育水族館は開館当初、年間45万人の入場者があった。大正元年9月22日の台風によって被害を受けるが、11月には再開。明治43年に全国水産養殖品評会、大正4年第4回水産博覧会を開催している。

大正9年7月に南陽館敷地内(現在の東築地小学校)に、水族館の建物(建築面積651㎡)、飼育魚介類約1300点を移した(入場料は大人10銭、子供5銭)。

昭和になると名古屋港周辺の海水の汚れも目立ち、海岸が汚染され始め、昭和10年10月10日に水族館は閉館した。飼育されていた魚介類の一部は、翌年の昭和11年知多半島で開館した新舞子水族館(東京帝国大学農学部附属水産実験所)に移譲された。跡地は戦前は三菱などの寮として利用、戦後は東築地小学校の敷地となる。

図4　上空500米ヨリ見タル南陽館全景(現在の東築地小学校の場所)

図5　名古屋教育水族館全景(絵はがき)
正面の洋風八角形の建物が龍宮館で、パノラマ式に魚群が回遊する様子を観察することができた。

# 名古屋にあったドイツ兵俘虜収容所

校條善夫

## 東別院から新出来町へ

### 大正3年の第一次世界大戦

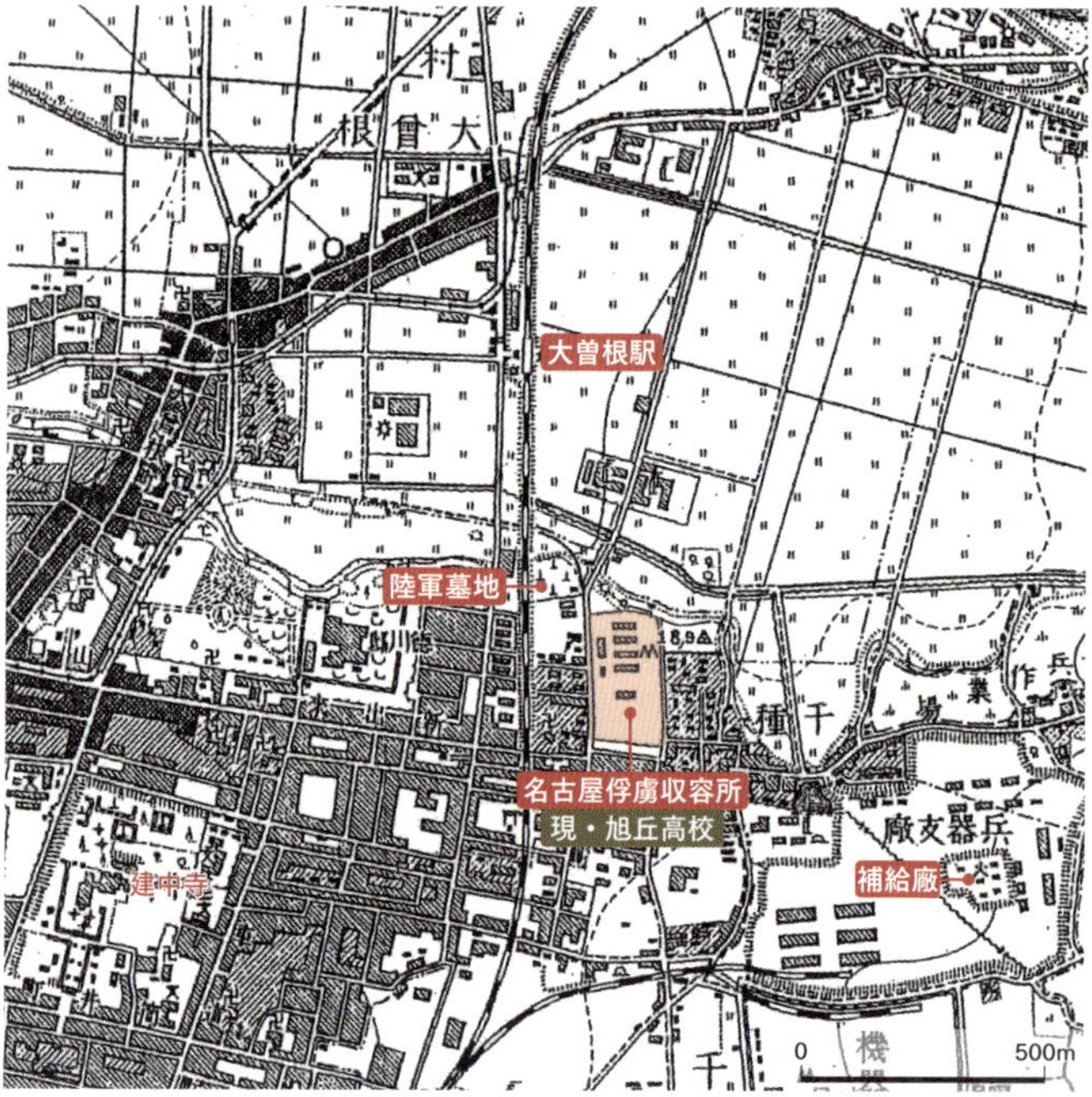

図1　1/2.5万「名古屋北部」（大正9年）

当時、日本は連合軍側について参戦し中国の青島《チントウ》を租借地としていたドイツ軍に勝利した。日本へ来たドイツ兵俘虜は全部で約5000名だった。名古屋市東区新出来町にある愛知県旭丘高校の敷地に約500名を収容するドイツ兵俘虜収容所があった。収容所の正式名称は「名古屋俘虜収容所」である。

大正3年11月名古屋にきたドイツ兵俘虜は当初中区の東別院に収容されたが、翌年本格的な俘虜収容所が今の旭丘高校の敷地に建設され移転した。ここは以前の陸軍用地約3・8ヘクタール（1万1500坪）と広大で自然豊かな場所だった。俘虜は兵舎風の収容棟四棟に入り、別の一棟に収容所長室、事務室、医務室などの管理運営部門と俘虜将校収容室があった。

俘虜は広い所内の散歩、読書、工作や絵画の他、学習会などをしていた。音楽、演劇活動も人気があった。また空地を利用した花壇や野菜つくり、鶏や蜂などを飼っていた。敷地内には機械体操場やテニス・コート、サッカー場などがありスポーツも盛んだった。「ラウベ」（Laube）と呼ばれる東屋をつくって、ここで自由な余暇時間を過ごしていた。所内には酒保（軍隊の喫茶・軽食店）もあった。特技をもつ技能者は、会社や工場で特技を発揮できた。就労事例ではドイツパンの製造、染色技術の指導、金鍍金の製作などがあげられる。就労した俘虜には日当が支給された。郵便貯金をする俘虜もいた。近郊の観光地への旅行も楽しみだった。

## 人道主義的な対応

俘虜は人道的に取扱われた。日本は列強の国々に信頼される国になることが課題であった。俘虜取扱を決めた国際条約の忠実な履行はその一つだった。また国内は大正デモクラシーの最中だった。軍人には品位と節操があった。大正8年12月に俘虜が帰国する際、名古屋俘虜収容所長の中嶋銑之助陸軍大佐は「昨日の敵は今日の友」だと、抑留中の苦労を労い帰国後の健闘を期待する挨拶をおくった。ドイツからは名古屋市民の温かい人道主義的待遇に対する感謝の印として市長宛にプロシャ赤十字勲章と感謝状が贈られた。

## 閉鎖後解体される

収容所は大正9年4月に正式に閉鎖され建物は解体された。ここは愛知一中（旭丘高校の前身）が名古屋城の東から移転してくる昭和13年までの間、一時陸軍病院の分院があったり、県の自動車練習場に使っていた時もあった。収容所閉鎖後解体された収容棟の一つは、岐阜県中津川市の坂本地区にあった陸軍第三師団の練兵場に移された。また、俘虜が建てた「ラウベ」（東屋）の一つは当時の松坂屋の伊藤社長が購入し自分の別荘地である覚王山の揚輝荘に移したが、今は存在しない。ここが愛知一中の移転先の候補になった時、「捕虜の跡地」に難色を示す者がいたが、名古屋の一番東の土地で朝日（「旭」）が最初に輝き昇る縁起のよい場所だということで納得したという噂話も残っている。現在の旭丘高校北門近くに「ここに以前名古屋俘虜収容所があり、俘虜は人道主義的取扱をうけていた」という趣旨が書かれた記念の石碑が立っている。平和公園には名古屋抑留中に病気で死亡した12名の俘虜の墓標がある。

図２　俘虜が描いた収容所の風景（名古屋市市政資料館所蔵）

図３　手前の建物が管理運営の本部機能の部屋と俘虜将校の居住部屋があった建物。向こう４棟が俘虜の下士卒が居住していた収容棟（名古屋市市政資料館所蔵）

図４　今の旭丘高校の北門近くにある「日独友好の碑」

# 小幡ヶ原の変遷

伊東重光

小幡《おばた》は名古屋市守山区にあり、ここの小幡ヶ原（小幡が原）は戦前派の高齢者には軍事教練などのほろ苦い思い出のある地であるが、昭和38年に名古屋合併後の急速な都市化で「原」のイメージはなくなり、小幡ヶ原を知らない人が多くなった。名古屋合併当時でも瀬戸電気鉄道（通称瀬戸電・名鉄瀬戸線の前身）開通の明治末以後に人家が若干増えた程度で、陸軍の演習場が設置された明治初期とほとんど変化がなかったが、現在は小幡ヶ原の東を東名阪自動車道が通り、ビルが増えて景観は一変している。ここでは昭和8年陸地測量部発行の2万5千分の1地形図を中心に小幡ヶ原付近の変遷をたどることにする（図1）。

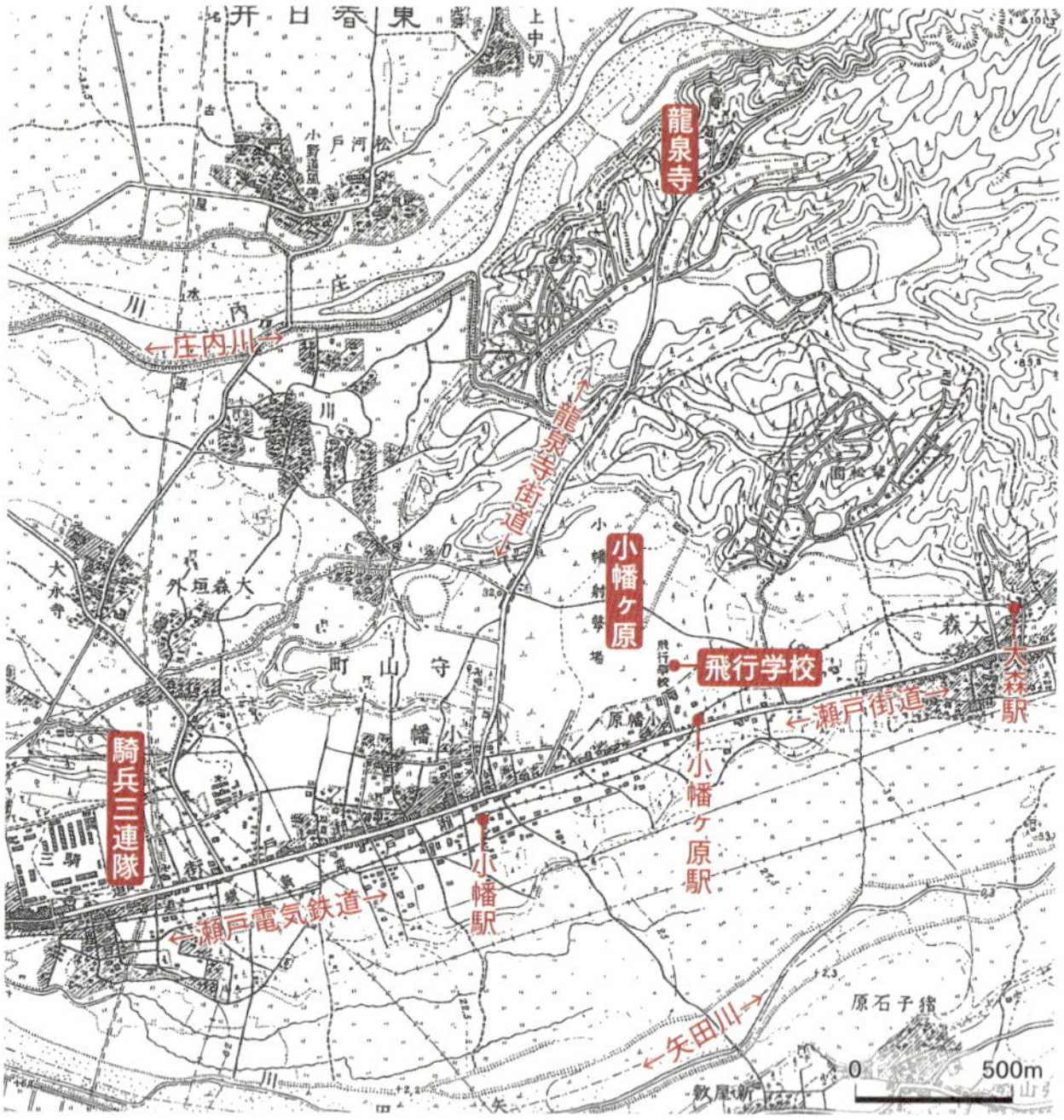


図1　昭和初期の小幡ヶ原付近（1/2.5万「名古屋北部」昭和8年）

## 陸軍演習場の設置

小幡ヶ原は小幡駅の東北にあり、瀬戸街道と龍泉寺街道にはさまれた松林で囲まれた三角形の区域で、北と東には緩やかな丘陵がある（図2）。この付近の道路は昭和2年の陸軍大演習に際して改修され、小幡駅も60mほど東の現在地に移動しているが、これ以前は街道沿いに藁葺きの民家が点在し、周辺に桑や茶畑が広がっていたと伝えられている。陸軍演習場は、後に東北の八竜方面に拡張された。瀬戸街道から東北に演習場に向かう道は砲兵道と呼ばれ、明治時代には大砲発射もおこなわれたらしい。大正時代には演習場東部の長塚古墳に塹壕が掘られ、城山とも呼ばれ、攻防訓練などに使われていた。演習場の西部にあった小幡ヶ原射撃場は在郷軍人や学生の軍事教練にも用いられた。長塚古墳の南を東西に通る道は小牧道で、小牧長久手の戦いの舞台となった白山林の西を経て長久手方面を結んでいた。

図2　大正時代（大正12年ころか）の小幡ヶ原。下方の左右に走る道が瀬戸街道で小幡ヶ原の中央にななめに延びる道が砲兵道。左下の小幡駅の北から上に延びる道が竜泉寺街道、中程の左が長慶寺である。演習場の左部分に射撃演習場、右上が長塚古墳で、古墳やその下方に塹壕が写っている（道木正信氏所蔵）。

小幡駅から2㎞ほど北方に龍泉寺がある。小牧長久手の戦いで焼かれた後に再建された寺が明治39年全焼した際に本堂跡から慶長小判が発見された話は有名である。尾張四観音の一つとして信仰を集め、昭和初期には瀬戸電が節分などで終夜運転し、参詣客の下駄の音が夜通し響いたと伝えられている。この頃、龍泉寺鉄道が計画されているが幻に終わった。

## 名古屋飛行学校の開校

大正14年に演習場の東南に日本一といわれた名古屋飛行学校がつくられ、軍から演習場の一部を借用して離着陸に使っていた。昭和の初めには「新愛知」新聞が、少し遅れて「名古屋新聞」（共に「中日新聞」の前身）が航空部をつくり、管理・運用を学校に依託しており、最盛期には5棟の格納庫があって、20機近い飛行機が飛び回っていた（図3・4）。

当初は女性の訓練生もいたが、次第に軍国色が強くなり、米子などに本格的な乗員訓練所がつくられて昭和14年に廃校となった。施設、機材は日本学生飛行連盟（後に大日本飛行協会）の名古屋訓練所に移され、大学・専門学校生の志願者から選抜した訓練生に軍の飛行学校教官が土日と春、夏の休みを利用して操縦訓練をおこなっていた（図5）。後に訓練場は本地ヶ原（尾張旭市）に移動したが、初期の訓練生は特攻隊で散華した人も多い。

　昭和15年に飛行学校の西に名古屋航空機械学校が設立された。戦後は農工学校となって小幡中学に編入されて廃校になった。建物は小幡東中学が使用した後、守山女子商業を経て菊華高校になったが、改築されて当時の痕跡はない。

　小幡ヶ原では、食糧不足対策で昭和20年3月からは開拓部隊が開墾を始めており、戦後は引き揚げ軍人や軍需工場閉鎖による失業者により開拓がすすめられたが、伊勢湾台風以後は急速に農業が衰退して宅地化した。現在は小幡東中学など、いくつかの学校や区役所がつくられ、小幡駅が改築され、バスターミナルもつくられて守山区の中心となっている。

　小幡ヶ原の北部一帯は小幡緑地として整備され、谷間に点在する池は野鳥の楽園となっていて市民に親しまれている。昔は龍泉寺から東北の吉根《きっこ》へ向かう道は七曲りといわれる難所であったが、改修されて交通量も増え、遠くの山々を背景に王子製紙の工場を眼下に望む名古屋一の景観が拡がっている。

図３　大正 15 年ころと思われる初期の名古屋飛行学校。左から二人目が主任教官の柴田熊雄氏。当時は女性の訓練生も多かった（柴田博氏所蔵）

図４　昭和５年ころと思われる小幡ヶ原上空から見た名古屋飛行学校。遠方が大森で中央右手の煙突は瀬戸電の喜多山変電所である（柴田博氏所蔵）

図５　昭和 17 年ころの日本学生飛行連盟名古屋訓練所当時の小幡ヶ原。背景の建物は名古屋航空機械学校（現菊華高校の地）（大日本飛行協会 OB 会編「本地ヶ原」平成８年度版所載）

# 水上飛行艇もあった八事の天白渓

福井 章

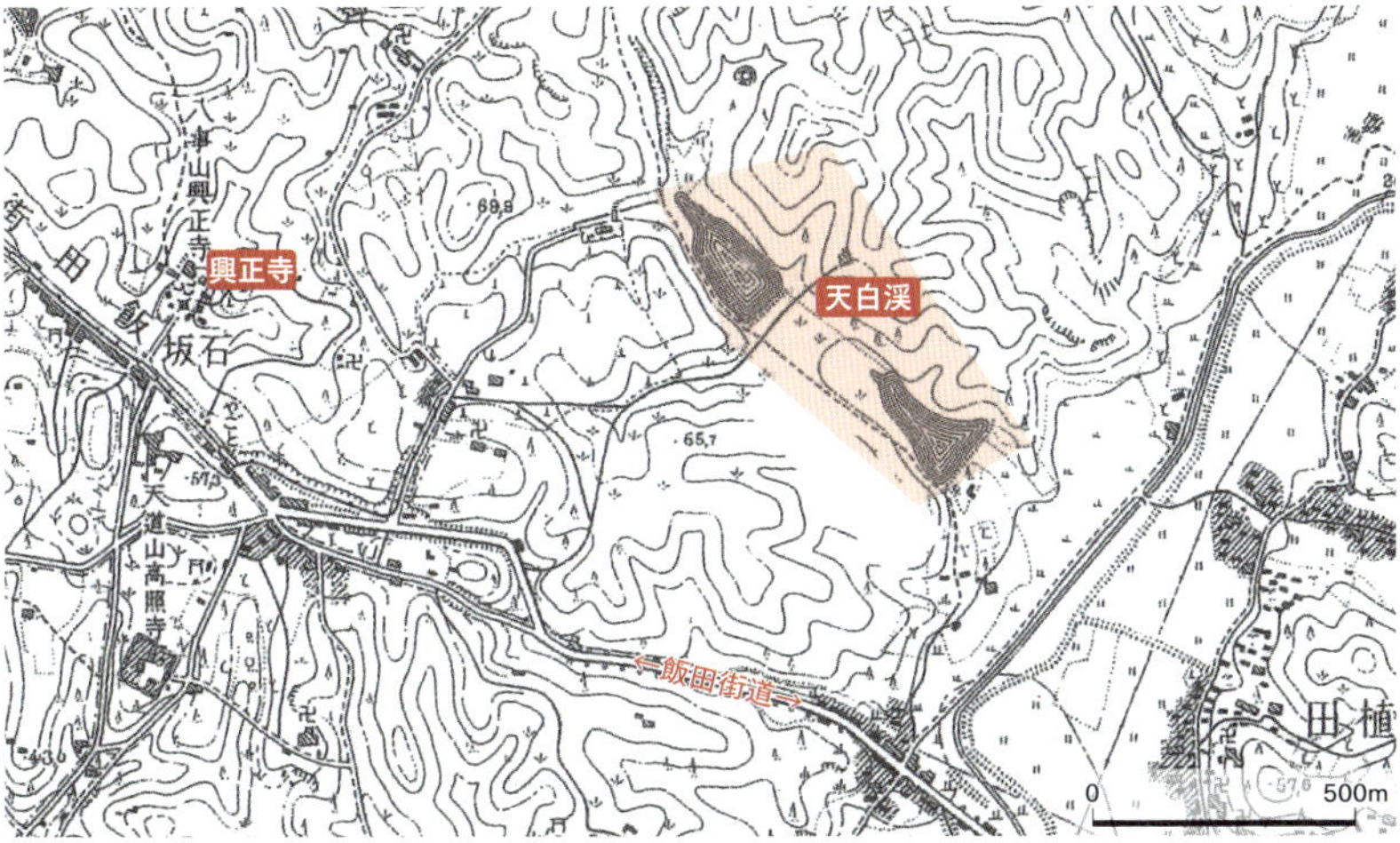


図1　1/2.5 万「名古屋南部」昭和 4 年

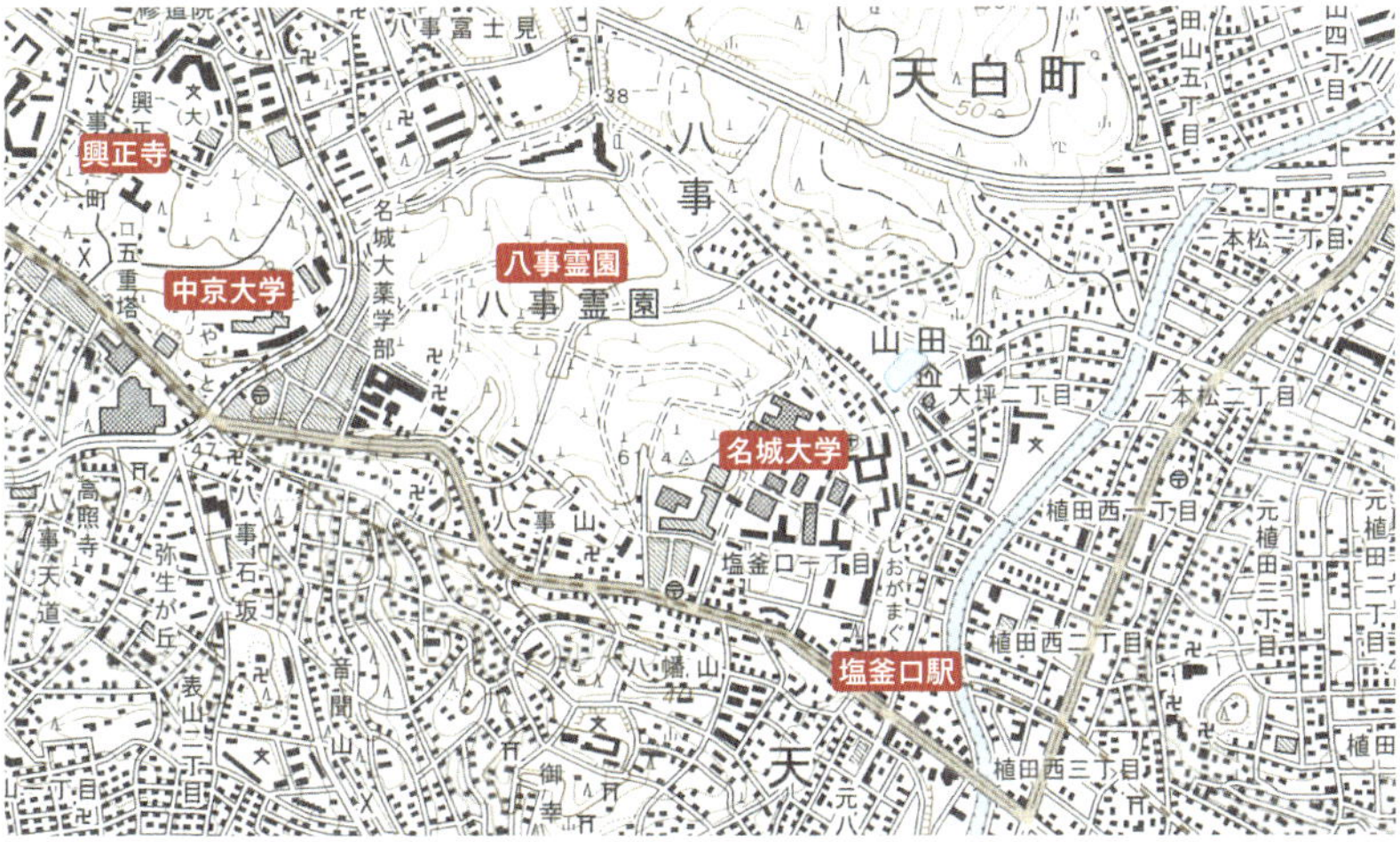


図2　1/2.5 万「名古屋南部」平成 24 年

## かつての八事は一大行楽地

八事霊園と名城大学の北側の住宅地に、昭和の初期に水上飛行艇が浮かぶ池があり、多くの人々が水上遊覧を楽しんでいた。そればかりか池の上流には、十数メートルもある滝をはじめ、いくつかの瀑布が流れ落ちていた。

3月から4月にかけてはコバノミツバツツジが周辺の山を紅紫色に染め上げ、花が散り始めるころには、桜が新緑の木々に彩りを添えた。このツツジはいまでも、住宅地の庭でたまに見かけることがある。

明治から昭和のはじめにかけて、八事一帯は名古屋の人々を魅了する一大行楽地であったことを知る人は、いまではほとんどいない。

## 江戸時代は徳川家の御狩場

名古屋の人にとっての行楽地が、短い期間とはいえ八事に二箇所あった。一つは八事遊園地である。平成2年まで「八事遊園地」という名のバス停があった。八事交差点から高照寺のある南へ約500mほど下った場所で、現在は「表山1丁目」となっている。

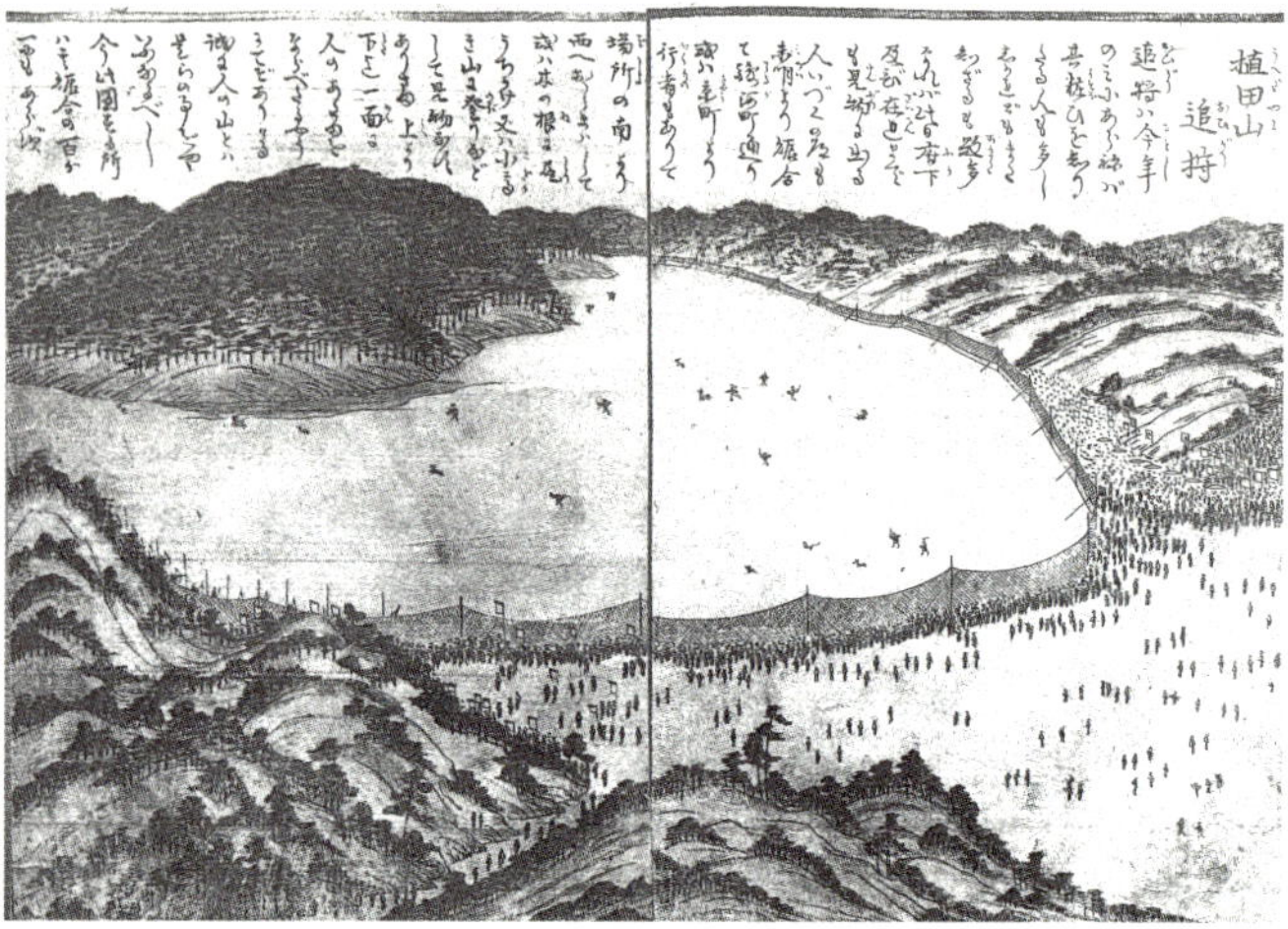

図3　植田山追狩（『名陽見聞図会』〔服部良男編〕から）

八事遊園地は大正元年、尾張電気軌道が現在の八事表山一帯を開発して建設した。

八事周辺は江戸時代から文人墨客をはじめ、庶民にも行楽地として親しまれていた。『尾張名所図会』にも八事興正寺や東山春の春興などが描かれている。

そしてもう一つが八事裏山と呼ばれている天白渓だ。名古屋大学や東山公園となっている一帯は、江戸時代には植田山御林《ぎょりん》と呼ばれ、尾張徳川家の御狩場の一つであった。御林は一定の税を納めれば柴刈りなどの使用が許された定納山とは異なり、厳しく管理され無断で立入れば厳罰に処せられた。

植田山御林は鹿狩りの他、松茸狩りもおこなわれていた。鹿狩りは軍事訓練的意味を持っているが、時には一般庶民に見学させ、大変な人気を呼んだと『名陽見聞図会』に詳しく記されている。

## 理想郷のような街づくりへ

不入林となっていたため江戸時代にはまったく開発されることのなかった植田山だが、大正時代になると約10万坪（33万㎡）が個人所有地となり、昭和3年に別荘地として開発分譲が始まった。別荘地として開発するため、この地にあった上池、下池の二つの大きなため池を活かし、周辺の自然を巧みに採り入れて天白渓と名づけられた。そこには理想郷のような街づくり構想があったのかもしれない。

天白渓の入口には竜宮門が設置された。この門は昭和3年9月から11月まで名古屋の鶴舞公園で開催された御大典奉祝名古屋博覧会会場を飾った巨大な正門の左右をカットして移設したものだ。まさに

図4　御大典奉祝名古屋博覧会絵はがき（昭和３年、名古屋市鶴舞中央図書館所蔵）

図５　天白渓下池（昭和 30 年）

図６　八事裏山（昭和 30 年）

理想郷への入口であった。上池には本物の水上飛行艇が浮かび、遊覧船として使われた。下池には40〜50隻のボートもあった。このボートは昭和30年ころまであった。

上池と下池の間には子どもたちに人気の小動物園もあった。池の畔には洒落たカフェ、食堂、山の中腹には高級料亭白水園、地元の人から太子堂と呼ばれていた寺、さらに山の斜面を利用した百メートルもの巨大スベリ台、麓にはカフェコーナーも備えた人気の大衆料亭雲龍閣などもあった。

天白渓へは八事電車の終点八事から、５銭の運賃で乗れる銀バスが行楽客を運んだ。こうして、天白渓は名古屋に住む多くの人々の心をつかんだ。

## 災害と戦争と…

ところが昭和7年7月に名古屋市を中心とした地域が集中豪雨に見舞われ、天白渓も上池と下池を繋ぐ堤防が決壊し、食堂、カフェ、小動物園などが流出するなど甚大な被害を被った。

さらに日本経済は不況へと進み、軍国主義への道を歩みはじめていた。このような時世で天白渓の再建はおろか、別荘地としての開発もままならなくなった。

戦争が終わり、天白渓にも少しずつ人が移り住むようになり始めた。名城大学、八事病院が建ち、昭和53年には地下鉄鶴舞線の開通により塩釜口駅がつくられた。二つあった池のうち、かつて水上飛行艇がうかんでいた上池は埋立てられて名城大学のグラウンドとなり、残る池も、小さくなった。上流にあった滝もすでに姿を消していた。かつて、多くの人々を魅了した天白渓の面影を残すものはすでにない。

それでも天白渓には他の街とは違い、山の自然と人家が見事なまでに共存する、不思議な魅力だけは残されている。

# 道徳にあった人工の山

加納 誠

道徳はかつて「あゆち潟」という海から鷲尾善吉が文政4年（1821）につくった干拓地で、道徳前新田と言っていた。のち尾張徳川家（御小納戸）の所領になった。大正15年名古屋桟橋倉庫（下出民義が社長、福沢桃介・山田才吉等が取締役）が尾張徳川家より買い受け、区画整理して分譲した。広大な土地（約90万㎡）の分譲が開始され、当時としては珍しい「住宅ローン」も組まれた。道徳はさまざまな文化・娯楽施設を誘致し建設し、名古屋でも有数な繁華街になった。

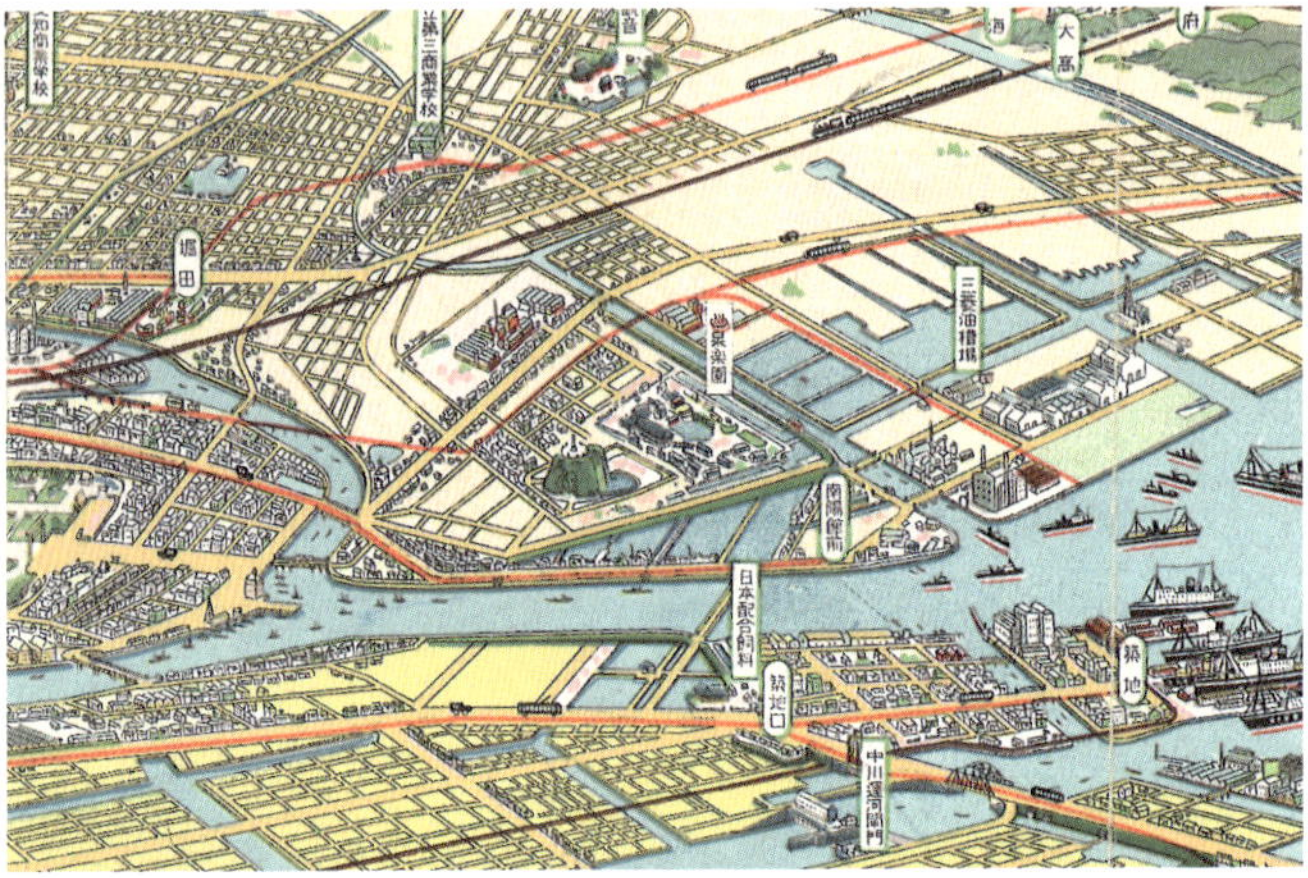


図1　吉田初三郎「観光の名古屋市とその附近」（昭和8年）から。図の中心附近に観音山と観音公園が見える

図2　道徳観音滝（昭和7年）

道徳観音山（図1）は、楊柳《ようりゅう》組合が高さ108尺（高さ約33m）の銀の大観音像、山頂に行く坂には33観音、2階はダンスホールをつくる計画であった。実際には資金が集まらず、観音像はコンクリートでつくりメタリコン塗装、ダンスホールは中止となるが、山の中にスケート場、山のふもとにプールと公園をつくった。

昭和2年11月24日に道徳観音山の地鎮祭がおこなわれた。昭和5年ごろに道徳観音山、昭和6年ごろにプールとスケート場が完成した（図2）。観音山（土は長浦の土）は安井鍬次郎氏、観音像は後藤鍬五郎氏、メタリコン塗装は石原常忠氏が担当した。

道徳観音山高さは約18m、山頂の道徳観音像（楊柳観音像）は高さ約5m（台座約2m）、滝の高さは約10mであった。

昭和11年5月18日清水寺大僧正の大西良慶師を招き、道徳観音像の開眼式がおこなわれた。開眼式では300余名の稚児行列・花火・餅投げなどあり、終日にぎわった。

頂上からは伊勢湾や日本アルプスが一望でき、聚楽園の大仏も見ることができた。春には多くの学校が遠足に来てにぎわい、スケート場には多くの若者が集まった。

戦争では観音山のまわりだけ爆弾が落なく、また伊勢湾台風では多くの人が山に登って助かるなど、観音様のご利益といわれ信仰されていた。

観音町の地名は昭和10年に、観音山の山頂に祀られた道徳観音に由来する。

観音公園は名古屋桟橋倉庫が名古屋市に寄付して、昭和18年に開園した

昭和35年に伊勢湾慰霊碑「我等と共に」が建てられ、昭和59年まで供養がおこなわれた（図3）。図4は平成27年現在の観音公園である。

昭和39年、名古屋桟橋倉庫の解散による整地作業のため、観音山と頂上の観音像は壊された（図5）。道徳観音山のふもとにあった観音像（図3の「我等と共に」の後の像）は、現在は道徳観音として東昌寺に祀られている。（図6）。

図3（上） 昭和35年の観音山と観音公園（風岡幹愛氏所蔵）と、図4（下） 現在の観音公園。左下の慰霊碑は同じ位置である

図5 壊される観音山（山根功氏所蔵）

図6 道徳観音（東昌寺内）

# 名古屋の近代化を支えた白鳥貯木場

安井勝彦

## 木材産業の要として

名古屋は日本でも有数の木材集散地である。名古屋城の築城が引き金となり、木曽・飛騨の豊富な森林資源を背景に、その後400年近く続いた木材産業発展に寄与した。

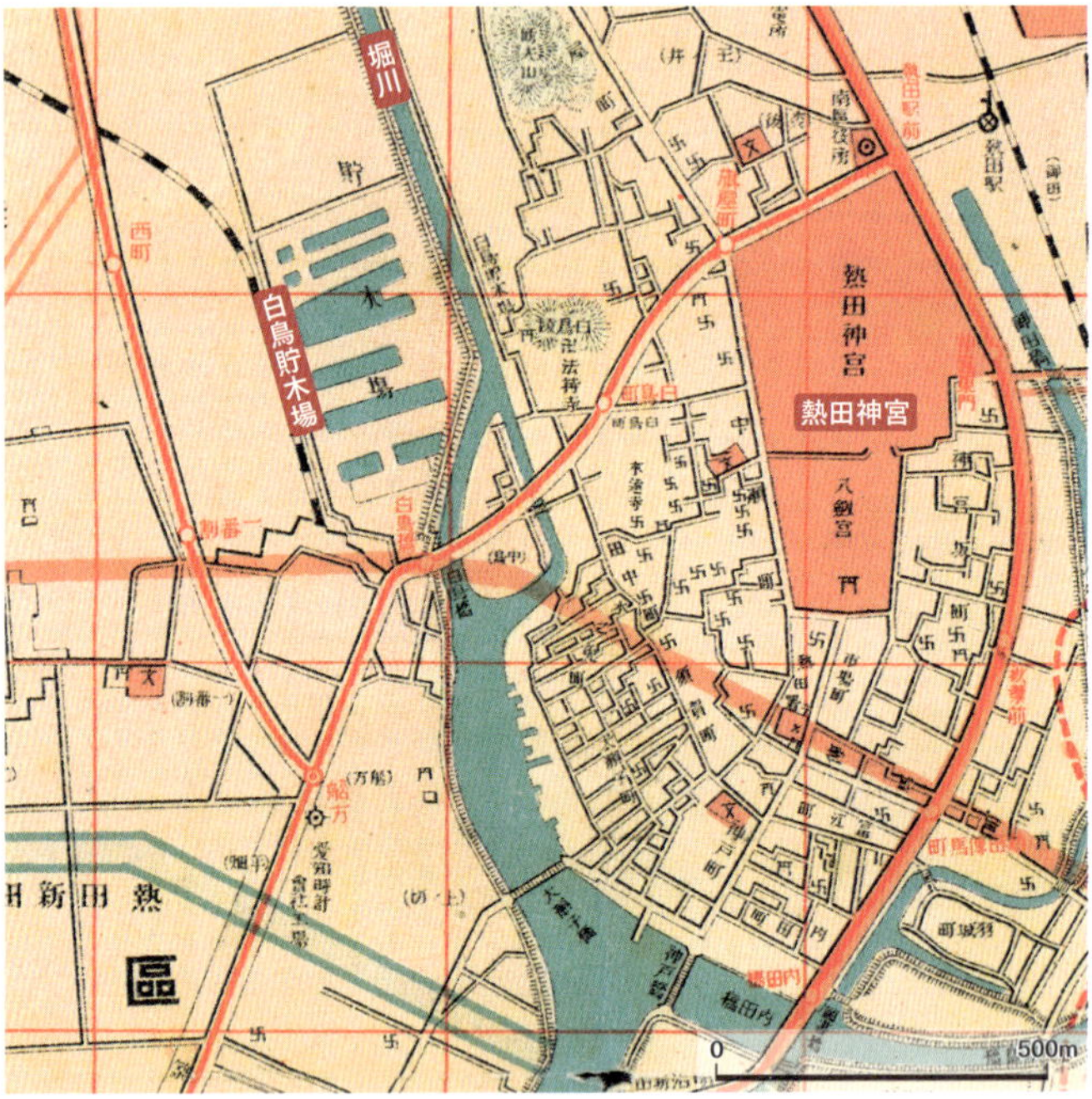


図1　1/1.5万「名古屋市街全図」大正13年

徳川家康は江戸幕府成立後7年目の1610年正月に現在地に築城を開始。1612年の暮れに大小天守閣がほぼ完成。1614年11月の将軍秀忠の検分で終わるが、本丸天守に要した木材総数は3万7974本と記録されている。『近世林業史の研究（所三男）』によれば、大天守の用材量は、仕口分と継手の用材石数を除いて、8239石余（約2290㎥）。付属建造物を含め総構の築造に要した木材は、原木で20万石（約5万5600㎥）に及ぶという。

大量の築城資材を搬入する中心ルートが堀川であり、その後の名古屋の発展にも大きく貢献している。ただし、筏流送は鉄道の発達とダムの建設で、木曽川は大正12年、飛騨川も昭和8年に廃止された。

現在、白鳥公園の南東に残る「太夫掘」は福島正則の官名を冠した呼称であり、当時の材木置場と御船蔵が白鳥貯木場の始まりである。平成元年の「世界デザイン博覧会」では、昭和27年から7月の海の記念日に名古屋港で毎年開催される『筏師一本乗り』が、白鳥会場の「太夫堀」でも披露された。水面上での妙技に市民から大喝さいを受けている。

## 受け継がれた製材技術

名古屋の市制施工は明治22年だが、その年に王子製紙が化学パルプ生産を始め、翌年には富士製紙が続いた。こうして文明開化の波は急速に広がり、鉄道枕木・電柱・紙パルプは、木材活用の新しい分野として開けていった。製材工業は同年に機械鋸を導入、翌年には合板工業の祖・浅野吉次郎が竪鋸を発明した。しかし当時はまだ500人以上の木挽き職人による人力が頼りだった。

図2　明治時代の白鳥貯木場

　大正中期から丸鋸・竪鋸・帯鋸の順で延び、動力も多様になったが、産業の発達など社会経済の変化も激しかった。これまでの木曽・飛騨の生産地に加え、和歌山・三重・静岡・東北・北海道などからの移入材も増えた。インド方面への好調な茶箱の輸出などで明治32年頃から急増する。

　製材工業の発達要因には、木曽・飛騨・和歌山など、近くに有数の生産地があったこと、浅野木工所に代表される技術革新と伝統的な木取技術の継承とすぐれた製材技術の育成・勤勉な労務があったことによる。

　浅野吉次郎が伏見万次郎の助力で、わが国初のロータリーレース（丸剝機）の開発に成功したのは明治40年11月のことであり、少年時代から発明の素質があり多くの木工機械を考案した。苦心のすえ在来の大カンナをローラーに仕掛けて丸剝機を完成。単板生産に成功し、その後の名古屋の合板工業発展の基礎を築いた。

## 高度経済成長と共に

　明治40年11月に名古屋港が開港。樺太材・北海道材の移入材の増加、大正6年米材、大正10年ソ連材、大正13年の南洋材と輸入材も増加を続けたため、貯木施設の不足解消が急務となっていた。

　第2次大戦中は船舶不足で移入輸入材も大幅な減少となった。戦後も復興・住宅資材の輸入は外貨不足から規制されたが、名古屋港では民間貿易の再開後、昭和25年南洋材、昭和26年米材、昭和32年ソ連材、昭和33年ニュージーランド材と輸入が始まった。

　昭和29年9月、洞爺丸台風の風倒木の移入材など満庫状態だったところに昭和34年9月の伊勢湾台風が来襲。100万石（27万8000㎥）もの流木被害となった。

　昭和30年代後半には名古屋港の輸出品目に合板が加わる。高度経済成長期の昭和48年には新設住宅着工数は全国で190万5000戸（木造58・8、非木造41・2%）となり、名古屋港の外材丸太輸入量も333万8000㎥のピークを迎えた。

　木材専用港として昭和43年12月、西部臨海工業地帯に西部木材港が開港したが、この頃から原産国が丸太での輸出は規制が始まり、コンテナーを利用しての製品輸出が多くなった。平成26年度の木材港の丸太輸入量は6万5300㎥（米材6・27万・南洋材2600）であった（インボイス）。

# 発掘調査からみた明治以降の名古屋城三の丸

佐藤公保

## 「ゴミ穴」は証言する

　本町筋の名古屋城の外堀際の石垣、江戸時代、ここには名古屋城域に入る正門、本町御門があった。登城を急ぐ家臣たちでごった返したであろうこの地は現在、都市高速のたもと、夏には外堀や御土居に生える木々の木洩れ日が溢れ、道を急ぐ近隣の会社員にとって信号待ちの際、刹那のオアシスになっている。その本町橋の北袂の石垣際に石碑があることをご存じであろうか。それには馬、犬、鳩のレリーフがみられる。これは軍用に使われた動物たちの慰霊碑なのである。彼らの健気な目は御土居を越え城内、三の丸の官庁街に向かっている。

　目線の先にはかつて彼らが日々を過ごした第三師団歩兵第六聯隊の宿営地が所在した。名古屋城は明治維新を迎えると、尾張藩から明治政府へ引き渡され、重臣が居住した三の丸の地区は明治5年、陸軍の管轄下に入り翌年には名古屋鎮台、のちの第三師団が置かれた。こうした明治維新による変化は発掘調査によっても知ることができる。

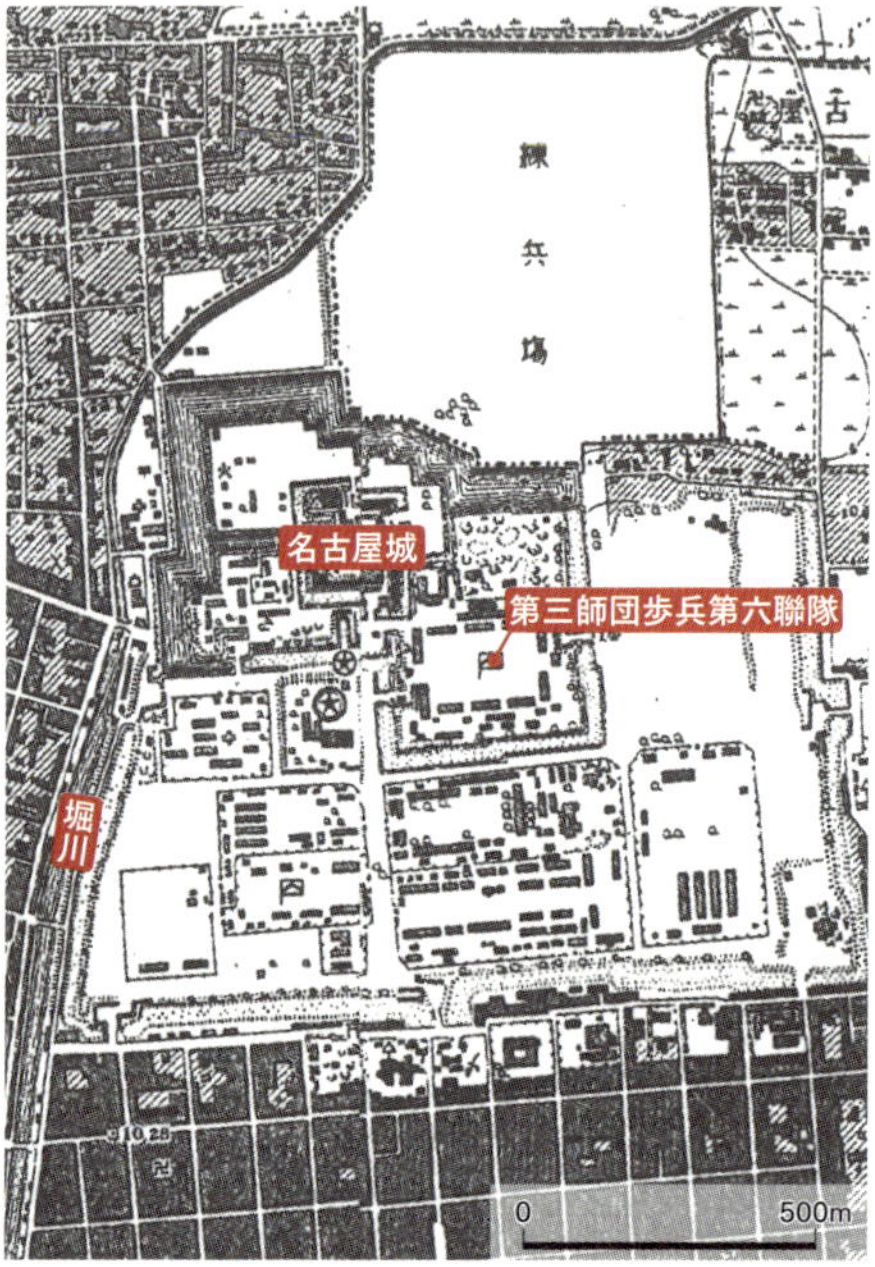

図1　1/2 万「名古屋東部」「名古屋西部」明治 24 年

　それはゴミ穴からである。通常、名古屋城三の丸遺跡内でみつかる江戸時代のゴミ穴は大きさが1~2mほどで、屋敷の裏手にあり上級家臣たちの日常のゴミを処理するものであった。木片、骨などの有機物は腐食してしまっているため出土するものは陶磁器類がほとんどである。稀に食事ゴミが残っている場合があり、赤ん坊の頭大のアワビや大人の拳以上の大きさのサザエの殻などがみられ、上級家臣のグルメのほどを知ることができる。

　こうしたゴミ穴とはまったく異なる一群が今まで発掘調査をおこなってきた三の丸の各地点で確認されている。それは3mを越える大きなもので、既存した建物の施設の跡、地下室などに廃棄する例もある。出土するものは幕末以降の陶磁器の他、日常のゴミとは言い難い瓦が多量にみられる。中には土とか石とかがほとんどみられなく、瓦のみが目一杯詰まっている例もある。これは状況から、建物を取り壊した際に生じた廃棄物を捨てるために掘られたものであり、合わせて出土する陶磁器の年代が幕末以降のものであることを考えると、陸軍進駐に伴い武家屋敷の破却した際のゴミ穴である。瓦が目に付くのは、柱などの木材類や土台の石などの使えるものについては徹底的にリユーズされ、壊れた瓦のみが廃棄された結果であると思われる。

図2　名古屋城三の丸遺跡出土の戦争関連遺構から出土した遺物（愛知県埋蔵文化財調査センター保管）

## 市内各地に眠る戦争ゴミ

第六聯隊の様子も発掘調査から垣間見ることができる。それは防空壕の跡から出土した遺物からである。陸軍の施設があった三の丸地区には戦中、いたるところに防空壕が設置された。その防空壕は大きく2つのタイプに分かれ、敵機来襲に備えた一時的な避難壕と、多くの人を退避させるためや何らかの設備を移設した地下壕である。前者は「コ」の字の深い溝の本体の両側垂直方向に方向が違えた出入口が付く。天井は残っていなく、地山を掘り抜いたものか、板のようなものを敷いて天井としたかは不明である。後者は大きな方形の穴の片側の壁に出入口が付く。出入口は地山を削り出し階段状にする例もみられる。天井構造に関しては前者と同様不明である。こうした防空壕は終戦とともにゴミ穴として利用され、中からは陸軍の所有を示す緑色の星がプリントされた碗、個人名を記した湯呑、インク瓶の他、鉄兜、歯ブラシ、蹄鉄などもみられ、男子用小便器の一部までがみつかった例も報告されている。実をいうとこうした「戦争ゴミ」は名古屋市内各地の遺跡で確認されている。例えば名古屋市南区の見晴台遺跡では高射砲陣地の跡の他、撃墜したB29の部品がみつかっている。一方、市街の遺跡でも空襲で焼失した廃材を処理したゴミ穴から多量の焼け土と共に、陶磁器類、ガラス瓶、眼鏡レンズなどが溶けて変形したものの出土例が報告されている。

戦後70年、戦争の状況を知る方々が年々、少なくなるなか、こうした名古屋が空襲をうけ被災したこと、正に「戦場」であったことを示す証が今でも我々の足元に眠っている。考古学だからこそ、こうした知りうる戦争の証、それらを正確に記録し残し伝え続けていくことは我々、考古学に関わるものの使命であると考える。

なお文頭で触れた慰霊碑辺りは、特別史跡名古屋城の指定域内であると共に、ヒメボタルがみられる場所でもある。初夏の宵闇に目いっぱい光って短く生きているこの小さな生き物の生活域を侵さないよう、慰霊碑については歩道からそっと遠望することに留めるようにお願いしたい。

# なごや妖怪タウン

伊藤喜雄

人の心に潜む闇（病《やみ》）や、エゴ、欲、あるいは自然に対する崇敬の念が、妖怪・物の怪・亡霊を生み出した。

江戸時代の妖怪話は、為政者の機密保持や運命共同体社会での共通の倫理観育成のためもあっただろう。信仰、価値観、人々の共有場所、危険場所などへの人の出入りや行動の抑制を図る目的で妖怪話を利用した。法や規則で縛るより効果的だったのである。

数多くの幽霊・妖怪話の中から二三の話を紹介しよう。

## 七曲りと武平町筋の物の怪と不思議　中区新栄町

**＊七曲り**　那古野台の東の縁にあたる将監《しょうげん》屋敷（地名・岡田将監屋敷跡）の南に幾度も屈曲した道がある。「七曲り」と呼ばれていた。ここでは物の怪が出たり、不思議なことが起きた。名古屋では珍しく幾種類もの妖怪が現れた場所で、「きしめん」発祥地の一つといわれている（『袂草』）。

七曲りの両脇は武家屋敷の藪垣や高塀が連なり、昼でも暗かった。夜はなお往来がなく、古より、妖怪、物の怪が出るとのことで「化物屋敷、変化屋敷」と呼ばれる屋敷があった。人は居着かず、多くの武士はあれこれと言い訳をして住むのを断わった。「物の怪など恐れぬ」という武芸自慢の武士もいたが、「大入道」「山伏」「一つ眼小僧」「御歯黒の歯を見せニコニコと笑う女の大首」「悪戯をする冷たい手」などが現れ、家族たちが妖怪たちに悩まされた。結局、住むことができず、長く明き屋敷になった。

車道に住む原田某は、七曲りの屋敷は御城に近く、出仕に便利と屋敷替えを願い、妾（元下女）も「変化など恐れぬ」と言うので、下女の「よし」と一緒に化物屋敷に移った。屋敷は荒れ放題で、梟、狐の棲みかとなっていたが、なんとか住めるようにした。二三日は何事もなく過ぎた。だが四五日後、原田が泊番で留守の時、台所から10歳くらいの一つ眼小僧が現れ、背後からよしに抱きついた。よしは一つ目小僧の両腕を掴んで組み合い、原田の妾を呼んだ。妾は脇差しを引っ提げ駆けつけた。暗闇で組み合うよしに、「上がよしか、下がよしか」と声を掛けると「下がよし也、我と共に付け」と答え、二人は協力して一つ眼小僧を追い払った。

妾の手には鼠色の毛が一房残されていたので「さては狐狸猫の類であったか」とのことになり、女どもの勇気に恐れをなしたのか、いつしか怪奇もなくなった。原田は二人の肝の据わった態度に感服し、妾を内室に、よしを養女とした（『尾張霊異記』）。

**＊栄公園**　七曲り北の将監屋敷は平針街道の駿河口のみに通じ、七曲り南には封彊（土居）が築かれた。万治3年（1660）の大火の後に土居が除かれ、南北は行き抜けになった。七曲りの東北崖下にある栄公園（東区東桜1）には土手がつくられ、当時の雰囲気を偲ばせる。

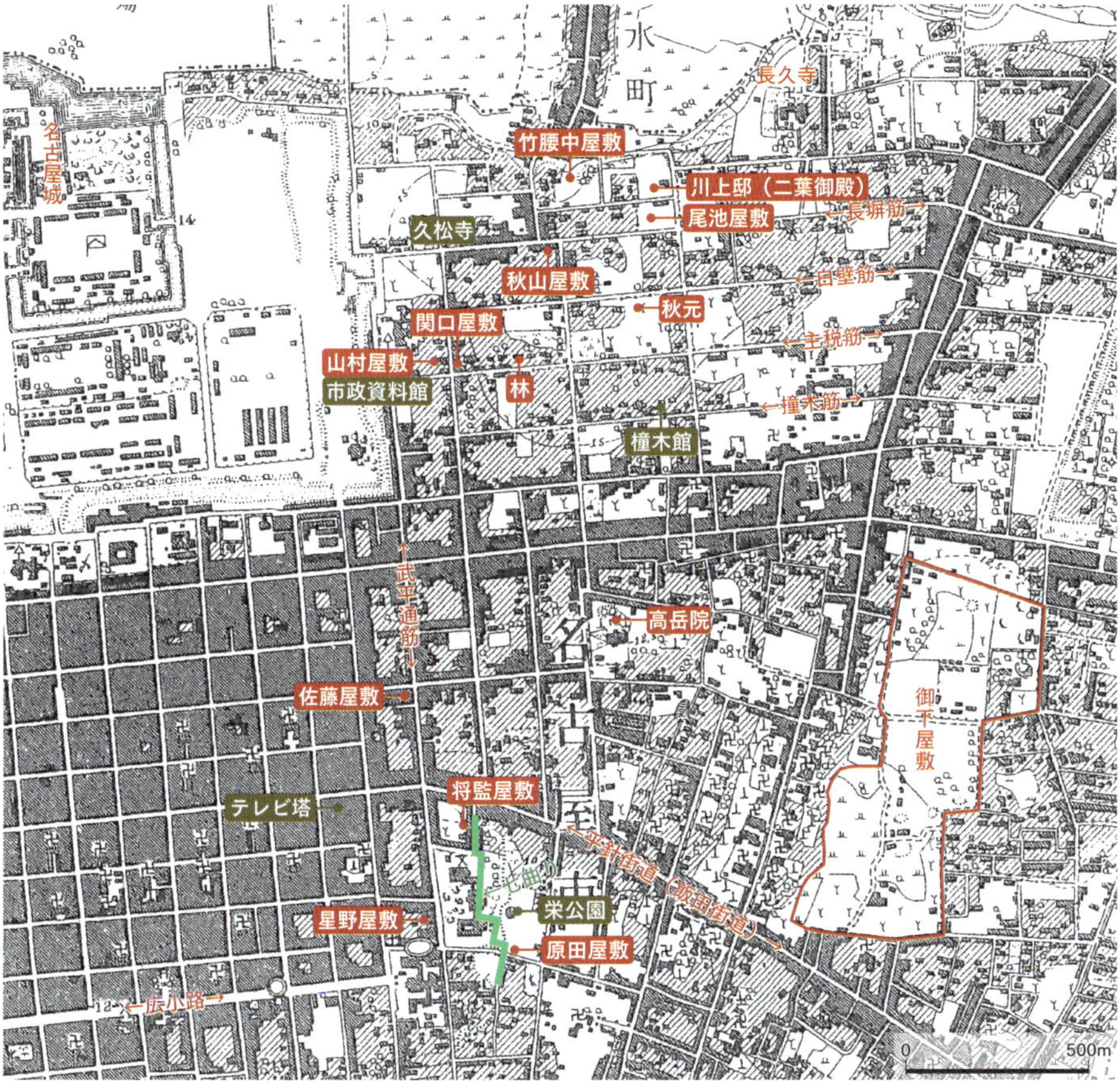


図1　1/2.5 万「名古屋」明治 24 年

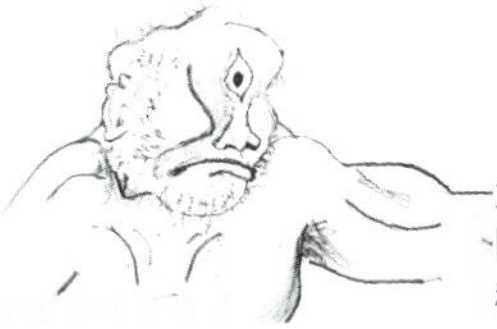

大入道
『西州会談全集・
稲生物語』から

図3　栄公園から愛知芸術文化センター方面を見る。写真中央に土手がつくられている

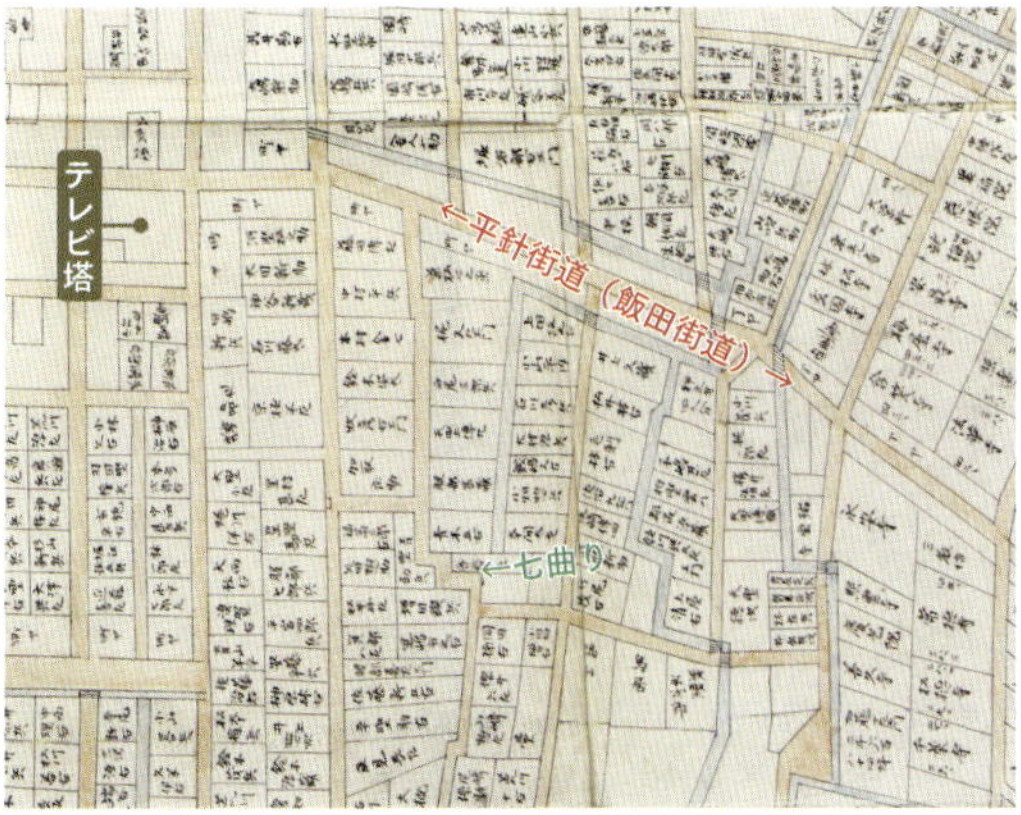


図2　名古屋城下図（名古屋市鶴舞図書館所蔵）
図の真ん中あたりの屈折した道が七曲り。明治期にはなくなっているが、図1に緑色で示した

## 妖怪封じの星野勘左衛門の弓術

東区久屋町

**＊妖怪封じ**　七曲り西の武平町筋に住んだ星野勘左衛門茂則は、二代尾張光友に弓役で仕えた。「剣の連也（柳生巌包）、弓の勘左」と並び称され、京の三十三間堂の射通矢で天下一となった。弓術は神業といわれ、芸術にまで高めた。その弓には霊力があり（蟇目《ひきめ》の法）、武士や町人も物の怪、妖怪封じに勘左衛門の弓を頼んだ。下等妖怪の「どくろ」には蟇目の法は必要なしと、使っていた箸を渡して、これで追い払えと言ったほどの妖怪封じだった。大盗賊の日本左衛門も勘左衛門に射竦《いすく》められた時が生涯で一番恐ろしかったとの逸話を残す（『天保會記鈔本一』）。

**＊武平町筋の龍石**　星野勘左衛門屋敷南隣の小川丈左衛門屋敷の庭にある小石は古よりの名石と伝える。ある屋敷にもらわれたところ、毎夜鳴動し凶事があり、主人は恐れて小川屋敷に戻した。この石に雨乞いをすれば洪水が起きるので奇という。美濃高須にも同様な石があり、石の下より清水が湧き出し田畑を潤していた。この石が邪魔になり、割って取り除いたところ、清水は涸れて不作となったという。大津丁下の近松孫兵衛が高須松平家（四谷家・尾張家の分家）の御用人になった時に語った。このような石を「龍石」という（『尾張霊異記』）。

## 久松寺（鶏薬師・化物薬師・さらやしき・蔭涼寺）

東区白壁1

　長塀筋と善光寺筋の西南角は甲斐武田氏の臣秋山伯耆守信友の一族を称する「秋山虎之丞（伊右衛門）」屋敷で、子の治右衛門は、承応2年（1653）乱心自殺。三代秋山藤蔵は家宝の皿を割った下女に腹を立て斬り殺して井戸に投げ捨てた。延宝5年（1677）藤蔵は病死、子がなく秋山家は断絶した。これは下女の怨念が秋山家に祟ったといわれ、秋山屋敷跡の井戸からは下女の亡霊が出ると噂され、住む人もいなくなった（『尾張霊異記・士林泝洄』）。

　元禄2年（1689）廃寺だった久松寺を再興して秋山屋敷跡に移し、御下屋敷の観音、薬師如来、地蔵尊を拝領して古井戸の上に堂を建て、薬師如来を安置して、屋根の棟瓦に鶏の像を載せ下女の亡霊を封じ込め、「鶏薬師《とりやくし》」と呼ばれた。鶏像については、鶏鳴は闇の帳を開き、百鬼を追い払い魔物を封じるとの故事による。別称を「化粧屋敷、皿やしき」という（『金鱗九十九之塵』）。

　朝日文左衛門の『鸚鵡籠中記』に、元禄15年（1702）10月13日、明屋敷になった秋山屋敷の畑は作物をとるのに良く、「妖物屋敷」と呼んだと記す。更に、引っ越した秋山の母と娘の餓えと寒さの困窮生活の様子やその後のことも記載している。

## 仇討幽霊

東区白壁3

　久松寺の北側、長塀筋の尾張徳川家の付家老竹越山城守家中屋敷の尾池藤吾家に秘蔵される美濃の刀工「兼元（関の孫六）」の銘がある刀は幽霊からもらったと伝えた。尾池の先祖がある深夜、出来町あたりの屋敷の門前で刀を差した女に「この屋敷の主には恨みがあるのだが、屋敷門の梁に神護の御札が張り付けてあり入ることができない、御札を剥がしてくれ」と頼まれ、尾池が札を剥がすと女は屋敷に入り、ほどなく生首を引っ下げて出て来て、「貴方のお陰で仇討ちができました」と、礼に刀を渡して、いずこかへ消えた（『金鱗九十九之塵』）。

## 関口屋敷（化物屋敷） 東区白壁1

主税筋と竪杉之町筋の東北角に関口某（関口長右衛門？）の屋敷があった。関口の母は強欲第一で金貸しをし、取り立ては厳しく「関口ばばあ」と呼ばれていた。ある時、関口家に奉公している下女に暇を出すに及び、下女の荷も置いていけと押さえ離さなかった。下女が詫びても聞かず、下女は思い余って井戸に身を投げた。下女の祟りか、関口家はその後に断絶した。屋敷には尾張家の医師が住み、その後は町屋、再度武家屋敷、そして明屋敷になると井戸に身を投げた下女の怨念が今も残り、住人に災いをもたらすと噂された。武家屋敷としてはよいところだが、住む人もいなくなり、茨が道を塞ぎ、門塀に葛蔦が絡み、松、柏が茂り、梟が鳴き山野の如くで、人々は「化物屋敷」と呼ぶが、後に武家屋敷に戻った（『金鱗九十九之塵・金城温古録』）。この一区画の秋山屋敷跡は表鬼門、関口屋敷跡は裏鬼門になる。

## 四谷怪談と番町皿屋敷

秋山屋敷、関口屋敷の話は、『四谷怪談・番町皿屋敷』の、皿を数える菊の幽霊、江戸四谷左門町の田宮又左衛門の娘「いわ」に「伊右衛門」を婿に媒酌した「秋山長右衛門」など、内容や主人公を合わせたような話で「秋山伊右衛門・関口長右衛門・四谷松平岩之丞」（義行）」と、こじつけかもしれないが、類似があり、名古屋が基ではと思わせる。彦根の長久寺にも皿屋敷の話が伝わり、秋山屋敷の東北にも長久寺がある。

## 白壁筋・主税筋の山伏の怪

関口屋敷の東五軒目の林家では、大小の山伏八十六人以上が庭を通り、同時刻に白壁筋の秋元氏は、山伏が来ると刀を抜いて騒ぎ、押し込められた。林家では何事もなかったようだが、秋元氏は乱心したようだ。人は乱心前に火を見るといい、武平町筋の佐藤氏は早朝火を見たが、戸締まりをして寝て起きると、隣家の主人が乱心したと騒いでいた。「是皆心魔気魔空魔」の類なりと（『尾張霊異記』）。

## 山村家の稲荷神 東区白壁1

関口屋敷の西側（現・名古屋市市政資料館）は木曽代官（尾張家重臣）で、木曽福島関の関守（旗本）を務める山村甚兵衛家代々の上屋敷で、屋敷内には山村家の護神である稲荷神を祀っていた。ある時、玄関の式台に狐が来て夜な夜な鳴くので、人は何事かと不思議に思っていたところ、元文2年（1737）七代尾張藩主宗春の寵臣星野織部昔則《もとのり》が山村屋敷を望み、明け渡して屋敷替えとなった。織部は、星野勘左衛門の一族で、宗春に取り立てられ、十人扶持から五千石にまで出世した。しかし稲荷神は遷座を拒み、山村家を慕う稲荷神は星野織部家にさまざまな凶異を及ぼし、同4年、宗春が更迭されると、織部も失脚し、屋敷は山村家に返された。これは稲荷神が山村家を護り、山村家が戻ることを願ったからと言われた（『金鱗九十九之塵』）。

# 幻の運河網計画

伊藤正博

名古屋は船が入れる川がないという大きな弱点を抱えた町である。鉄道や自動車が普及するまで大量輸送ができるのは船だけであった。このため、名古屋開府に合わせて堀川が開削された。

明治になり産業都市へ変わるなか、原料や製品を円滑に安く輸送できるよう明治10年に黒川の開削、明治43年に新堀川を開削して、舟運路を充実させている。

## 運河網でさらに発展を

産業都市になった名古屋の市街地は郊外へと拡大していった。しかし、名古屋の南は港の後背地という臨海工場地帯にうってつけの場所だが、船が入れる川がなく田園地帯のままであった。このため長谷川太兵衛など名古屋の実業家たちが明治29年に中川運河の開削を計画し、その後も民間による開削計画が何回かたてられた。愛知県も名古屋港から北へ延びて城北の金城村で堀川に接続する大中川運河計画をたてたが実現に至らなかった。

大正9年に都市計画法が施行されると、名古屋も都市改造を検討し始めた。その翌年、名古屋市は千種町など周辺16町村を合併し、庄内川から東が市域となった。この新市域も含めた街づくりが検討され、大正13年6月、道路網と共に総延長18kmに及ぶ運河の建設をおこなう都市計画が内閣の認可を得た。

名古屋港から放射状に幹線となる運河を配置する計画である。荒子川・中川・山崎川・大江川を改修し、既存の堀川とその支流新堀川を加えて五大運河とする。そしてこれら幹線運河の間を支線で結び運河の網をつくる計画である。

最初に建設が始まったのは中川運河である。港から内陸深くまで入り込み、上流端で新たにつくられる笹島貨物駅により鉄道輸送と連絡し、松重閘門で堀川へもつながるので事業効果が大きいからだ。

総延長は8・2kmで、幅は最大が91m、最小でも36mあり非常に広い。海に面する中川口と堀川につながる松重に閘門を設けて締め切り、水深は平均2・9mで潮の干満にかかわらず船が通航できる構造だ。架けられる橋には照明灯などを付けて夜間の航行も可能にする。また、掘削土を利用して両岸に物揚場・倉庫敷地・道路・建築敷地を造成して、地域の開発も一体としておこなう事業である。

大正15年10月1日、2000人を超える来賓が参列して盛大に起工式がおこなわれた。昭和5年10月10日に本線と北支線が完成し、昭和7年に全線が開通している。

その後、港北運河など支線の開削が始まり着々と整備が進められた。昭和12年には港北運河を中心に広大な会場で汎太平洋平和博覧会が開催されハレの舞台ともなっている。だが、日中戦争から太平洋戦争へと戦時色が強まるにつれ事業は停滞しついに中止されてしまった。

焼け野原になった名古屋が

復興するには輸送路の確保が必要なので、昭和22年に中川運河の本格的な復旧が始まった。その後大江川運河は計画から除外されたが、昭和29年には荒子川運河の事業実施が決まり、翌年から掘削が始まった。

この頃になると、堀川・中川運河を行き来する艀は膨大な数になり、中川口閘門を入るのに10時間以上待たされるほどの渋滞である。艀で生活する人も多く、中川口南の船溜には艀がたくさん係留され水面町という町内会もつくられているほどであった。

中川口閘門の渋滞を解消するため昭和38年に第二閘門が完成した。

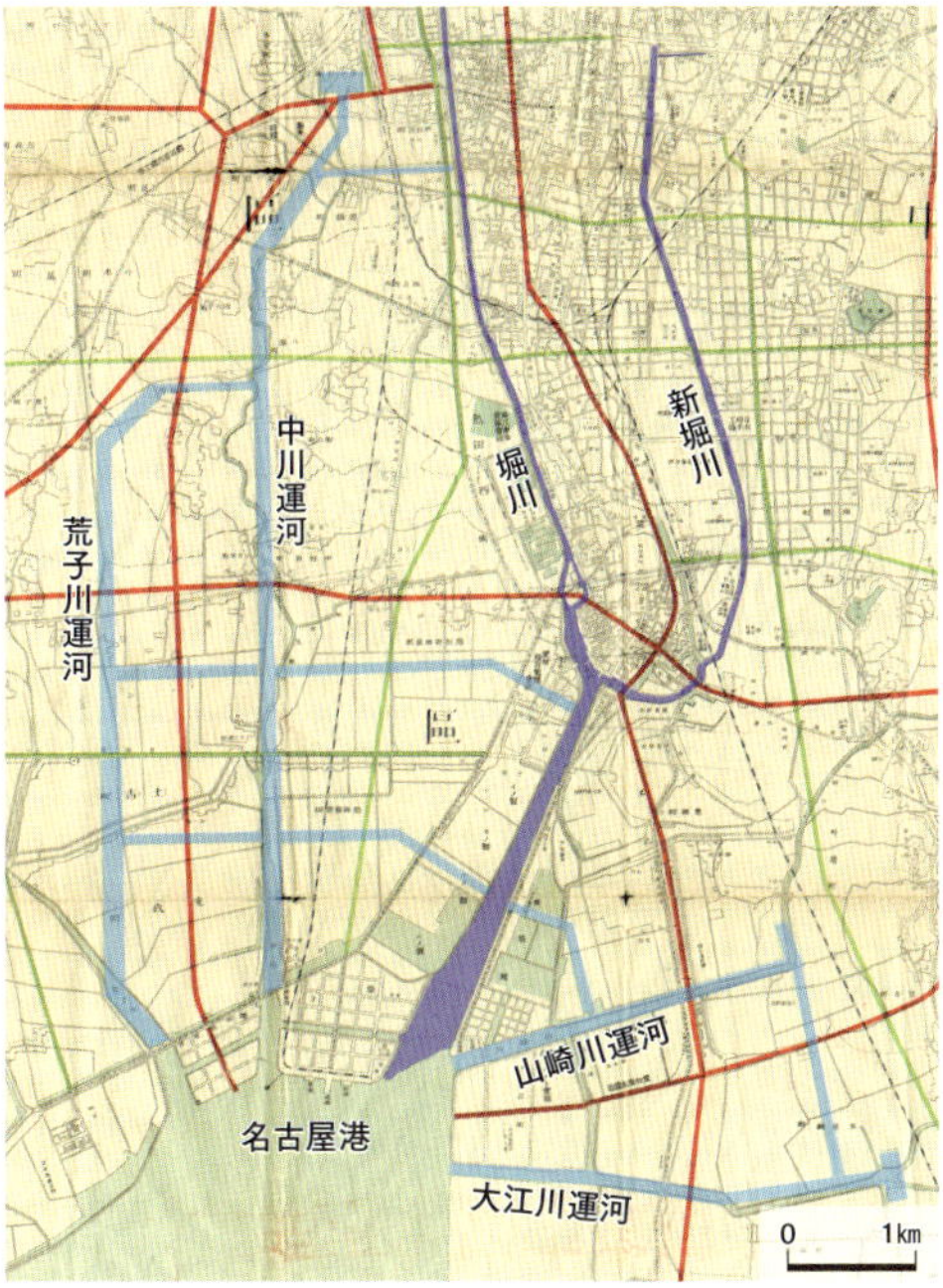

図１　「大名古屋市全図」（大正 13 年）

## 運河網計画の廃止

この頃、時代が大きく変わっていった。トラックが急速に増加し昭和40年には名神高速道路が全通した。トラックによりドアツウドアでの輸送が短時間でできるようになり、艀輸送はまたたく間に減っていった。昭和51年に松重閘門の使用を廃止、荒子川・山崎川の運河計画も廃止された。

すでに開削されていた支線は、昭和54年の港北・南郊運河の埋立を皮切りに緑地へと姿を変えていった。名古屋の南部に運河網をつくるという壮大な計画は、時代の波の中に消えていったのである。

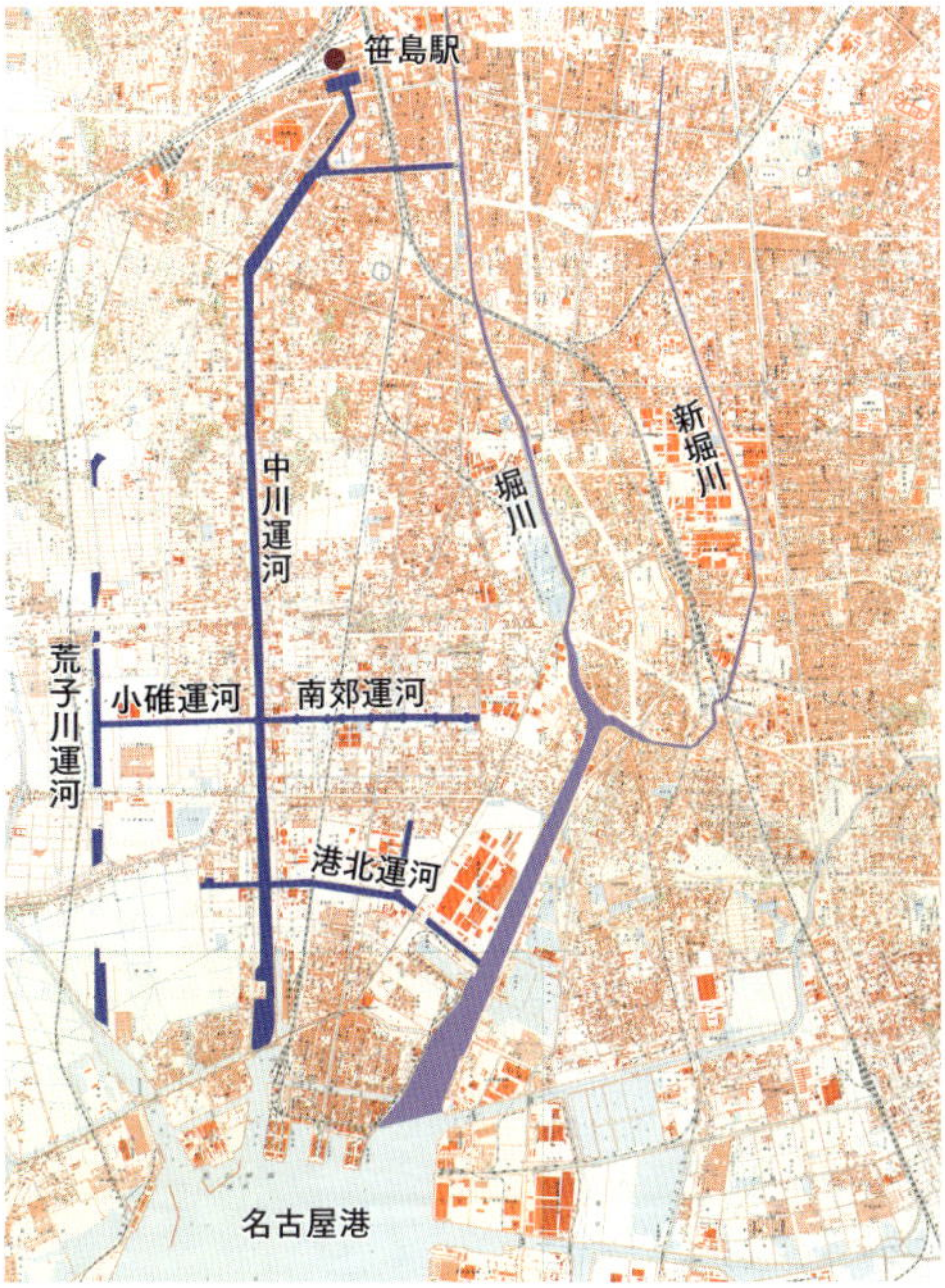

図２　1/1 地形図（昭和 31 年）

ほかの地域と比べて変化に乏しいと思われがちな名古屋の地形だが、自然の力や人の営みの中で、実に多様な表情を見せてきた。その一端を取り出してみよう。

# 矢田川の川並みの変遷をたどる

神野卓三

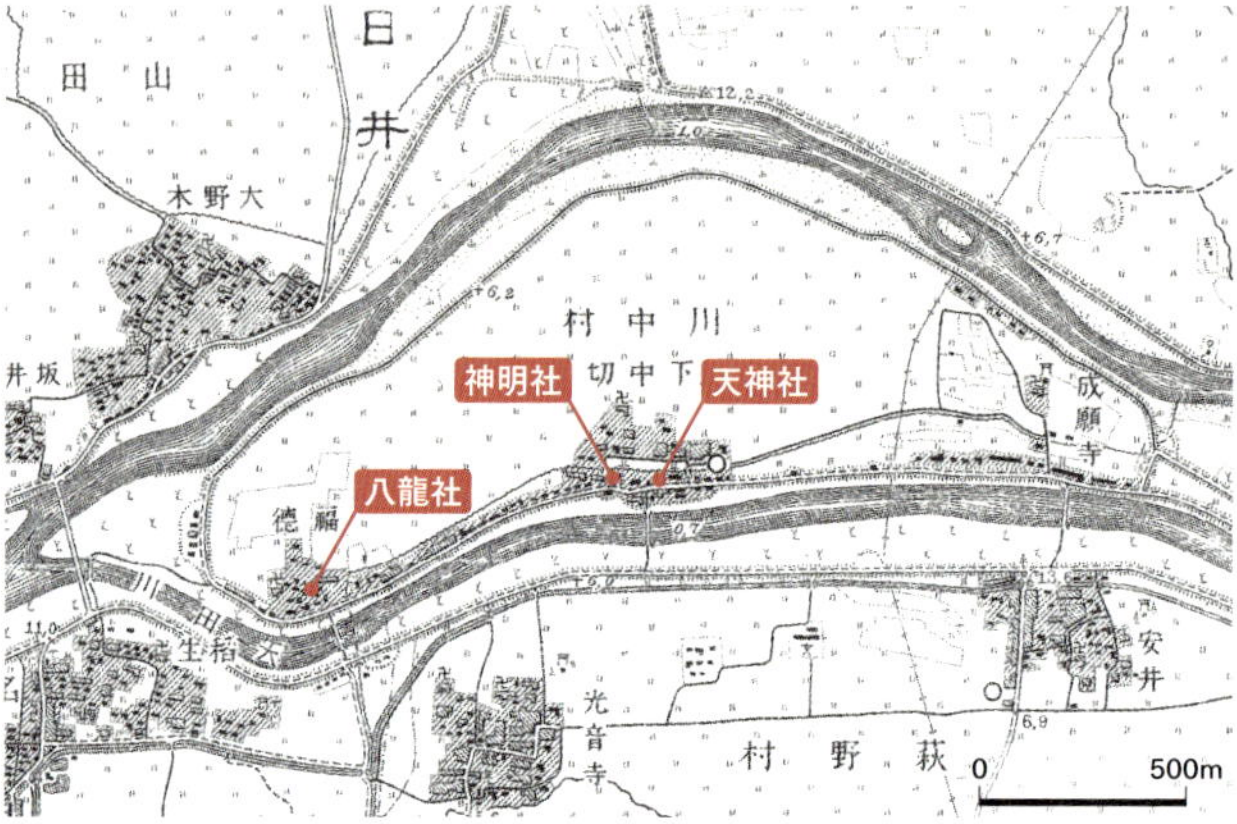

図１　1/2.5 万「名古屋北部」大正９年

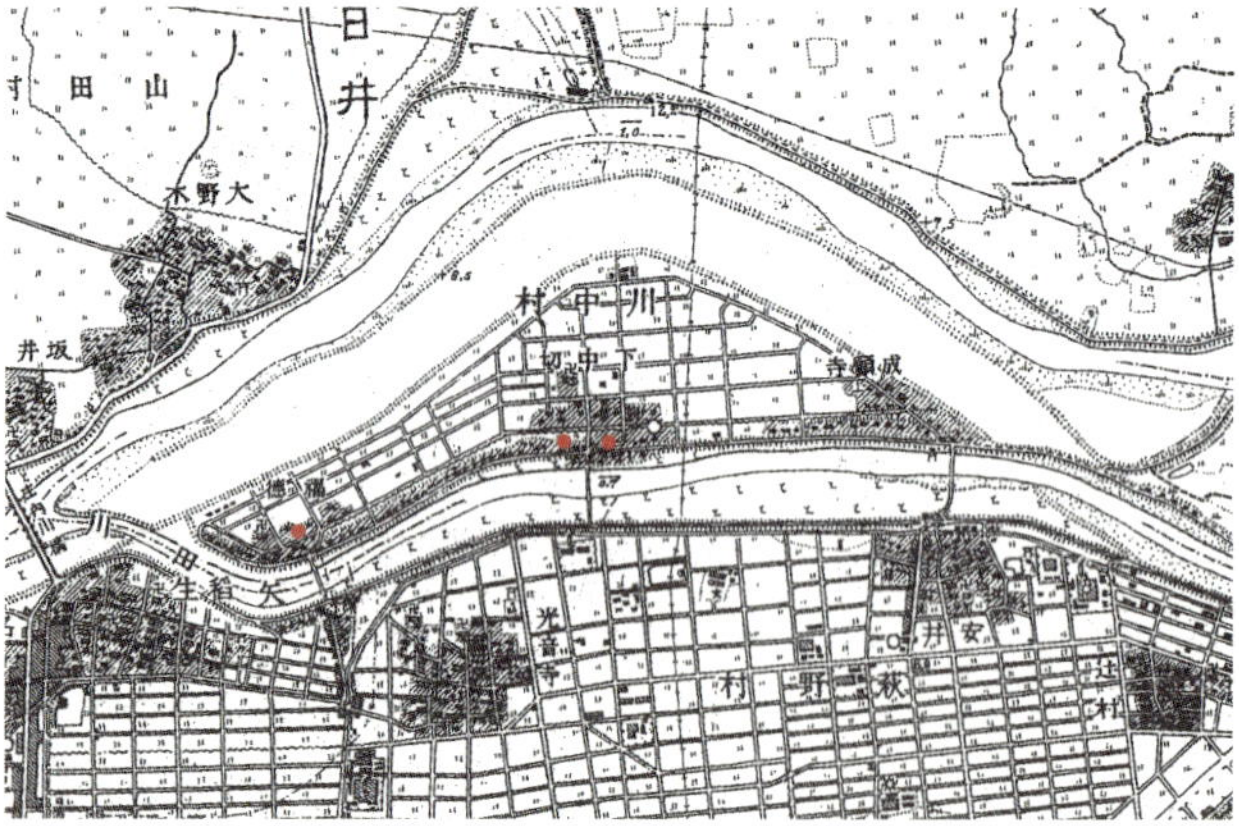
図２　1/2.5 万「名古屋北部」昭和７年

川並みは、自然に変わっていく場合と、治水そのほかの理由で人工的に変えてしまう場合がある。名古屋市北部を流れる矢田川には、その両方の場合が観察できるポイントがある。

まずは人工的に川を移動させた個所を紹介しよう。現在の住所で言えば、名古屋市北区成願寺町、中切町、福徳町にまたがる地域になる。移動工事当時は川中村と呼ばれていた。西春日井郡川中村は明治22年から昭和12年の間だけ存在した、ごく小さな村である。

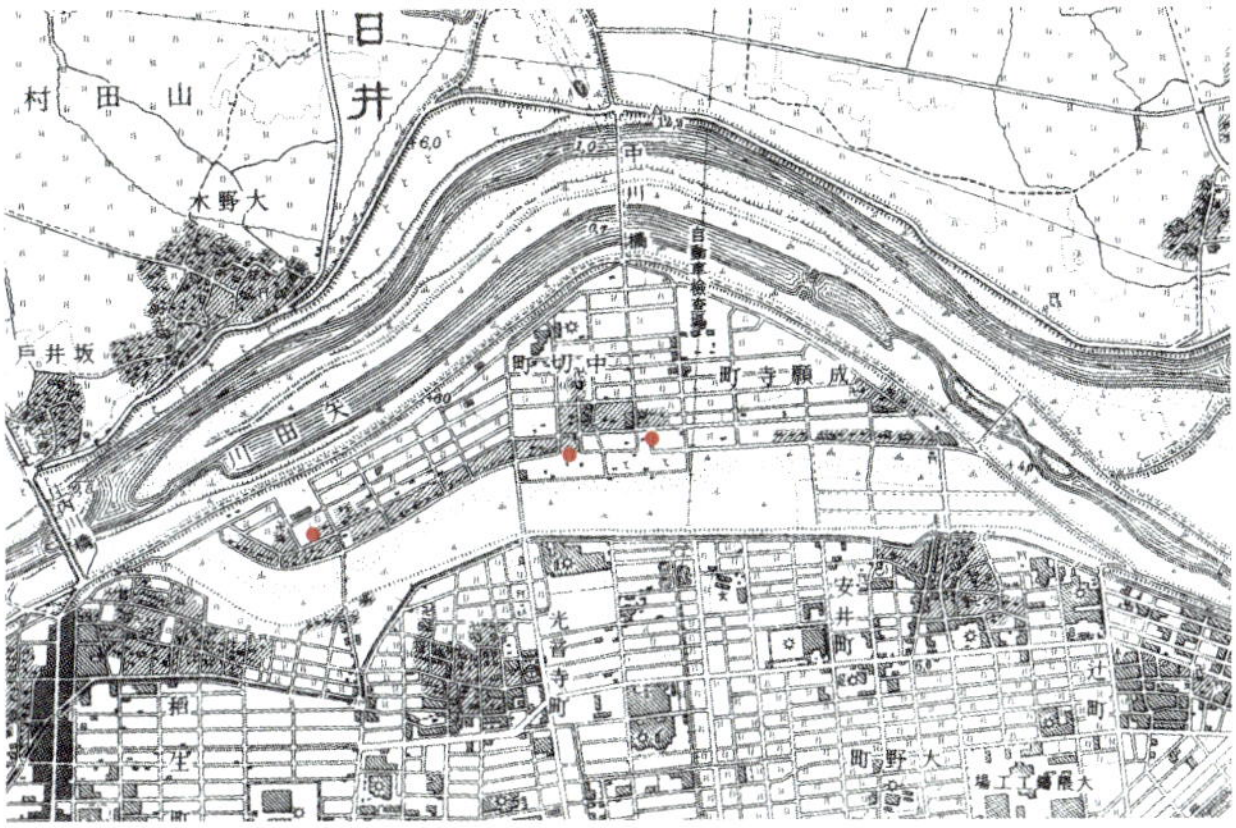
図3　1/2.5 万「名古屋北部」昭和 13 年

図4　1/2.5 万「名古屋北部」平成 20 年

## 輪中状態だった村

当地の地形（図1）は矢田川、庄内川にはさまれた輪中状態になっていた。江戸時代以降、庄内川流域で大規模の洪水が多発したのは18世紀後半である。なかでも宝暦7年（1757）、明和2年（1765）、安永8年（1779）の洪水の被害は甚大であった。明治になっても洪水は止むことなく、明治元年、明治17年、明治29年、明治37年、明治39年と続いた。

## 改修事業が始まる

昭和3年の愛知県の新規事業予算の項には「矢田川は河床田面を抜くこと十数尺出水はなはだ急なるがゆえに、本川の破堤により氾濫すべき区域は実に名古屋市の東北部三〇〇〇余町歩の広範にわたっており改修の必要は焦眉の急でありますから、昭和四年度より昭和七年度に至る四カ年の継続事業とし河中障害土砂を除去し河川を整理し、あわせて堤防の増築をなし、叙上の被害を防止する」とある。

昭和恐慌の失業救済事業として、工事は「昭和五年十一月七日に始まり昭和七年十一月三十日に完了（総工費百二十六万円）した」という。矢田川と庄内川の合流部は以前の位置とし、成願寺町の東端から旧矢田川堤防に右側のカーブをつけ、庄内川に添わせるという大工事であった。その結果、旧矢田川は川中村の南側から北側に移動した（図2、3）。

## 旧矢田川の痕跡

川の移動の全容は、現在のふれあい橋、新川中橋、庄内橋の三橋で順番に観察するとよい。ふれあい（車進入不可）では、両川が近づいてくる状態、新川中橋では、並走している状態、そして庄内川橋では、川が合流するのがよくわかるだろう（図4）。

移動前の旧矢田川の川筋は、現在の庄内用水（三階橋ポンプ所に始まり、辻町、安井町、川中町、光音寺町、桝形町まで）のすぐ北側を流れていた。市バス停留所安井町東、安井町西、川中、福徳町、愛工前、稲生町の通りが旧矢田川左岸堤防にあたる。用水から北側を見ると、見上げる高さである。つまり、矢田川の跡地（左岸堤防）が台地の状態になっているのである。知らなければここに川が流れていたとは思いつかないだろう。この台地は西向きに（下流）に向かって低くなっている。一方、旧矢田川の右岸堤防跡は、なだらかに北に向かって傾斜している。堤防の跡として、メルクマークとなるものが、中切町の天神社、神明社、福徳町の八龍社である。小山のように盛り上がった丘に祀られている。これらが旧矢田川右岸堤防上に存在していたのである。

移動前に川中村を通る三郷悪水（用水）も、旧矢田川に沿って流れていた。現在は通称〝せせらぎ〟水路となり、所々に道路に沿って歩道の堀に水が流れているのが見られる（中切4丁目信号の東西路など）。これに沿って歩くと神社が南側に見える。その高さとから換算すると、矢田川が天井川であったことが想像できるだろう。矢田川の堤防を庄内川に添わせることにより、ほぼ半分くらいの堤防土が不要になったと思われる。その土を旧矢田川の埋め立てに使われたこともこのあたりが台地になった理由だろう。

ついでながら、その後の川中村は、昭和8年4月1日萩野村と合併、さらに昭和12年3月1日、名古屋市に合併された（現在は北区に所属しているが、当時は西区である）。

矢田川河床跡最大の土地利用は臨時名古屋第二陸軍病院の建設（現在の川中町、安井町二丁目の大部分）で、昭和10年に工事開始、昭和13年開院、収容人数1600ほど、昭和20年5月14日の空襲で焼失した、跡地はのどかな住宅街になり変わっている。

## 自然の力で変わった例も

最後に、自然の力によって河の流れが変わった例を簡単に。上述した位置から上流に約4㎞行くと（ただし堤防上は徒歩で移動しないこと）、東区矢田町に長母寺があり、矢田川左岸堤防に寄り添っていることがわかる。明和4年（1767）の大洪水以前、矢田川は守山台地の先端に位置した長母寺の南側を流れていたが、洪水によって長母寺と宝勝寺の間を川の水が突破し、長母寺の北側に流路を変えてしまった。自然の力により川並みが変わった例だが、すでに約250年前の出来事であり、いま矢田川をはさんで両寺を見ても、当時の川の変化には思い及ばないかもしれない。時の流れとともに、川並の変化は都市の中に埋もれていってしまうのである。

## 川中村の競馬場

　かつて川中村には競馬場があった。当時の「新愛知」の記事をもとに振り返ってみたい。

　昭和2年12月28日に設置許可（川中村字福徳）され、計画では面積7万3000坪、昭和3年1月17日地鎮祭、同年4月14日竣工し、東洋一の競馬場をめざした。

　スタンドは7000人収容、フランス式コース1哩（マイル）、競馬トラック1万8000坪は地主寄付をされた、競馬場設計図の合計面積は12万4800坪に増えていた（下図）。

　4月23日より3日間、第1回春期名古屋競馬大会が開催された。毎年春秋開催され、1日10回～12回のレースがおこなわれた。

　ところが、洪水のない村にしたいという願いが、矢田川改修、失業対策事業として実行されることになった。昭和5年9月13日、競馬場廃止がきまり、稲永に移転が決まった。

　わずか6回の開催で競馬場は堤防地に変わってしまったということになる（図2、4）。経過は謎として置き、堤防と水田に囲まれた馬場で走った馬の姿が思い浮ぶ。

　輪中状態の競馬場への車馬通行道路は、浄心停留所より北進するもの、大曾根停留所より三階橋を渡り西行方法があったが、浄心より乗合自動車の便があり、現在の地図上でも前者が約2km短い。

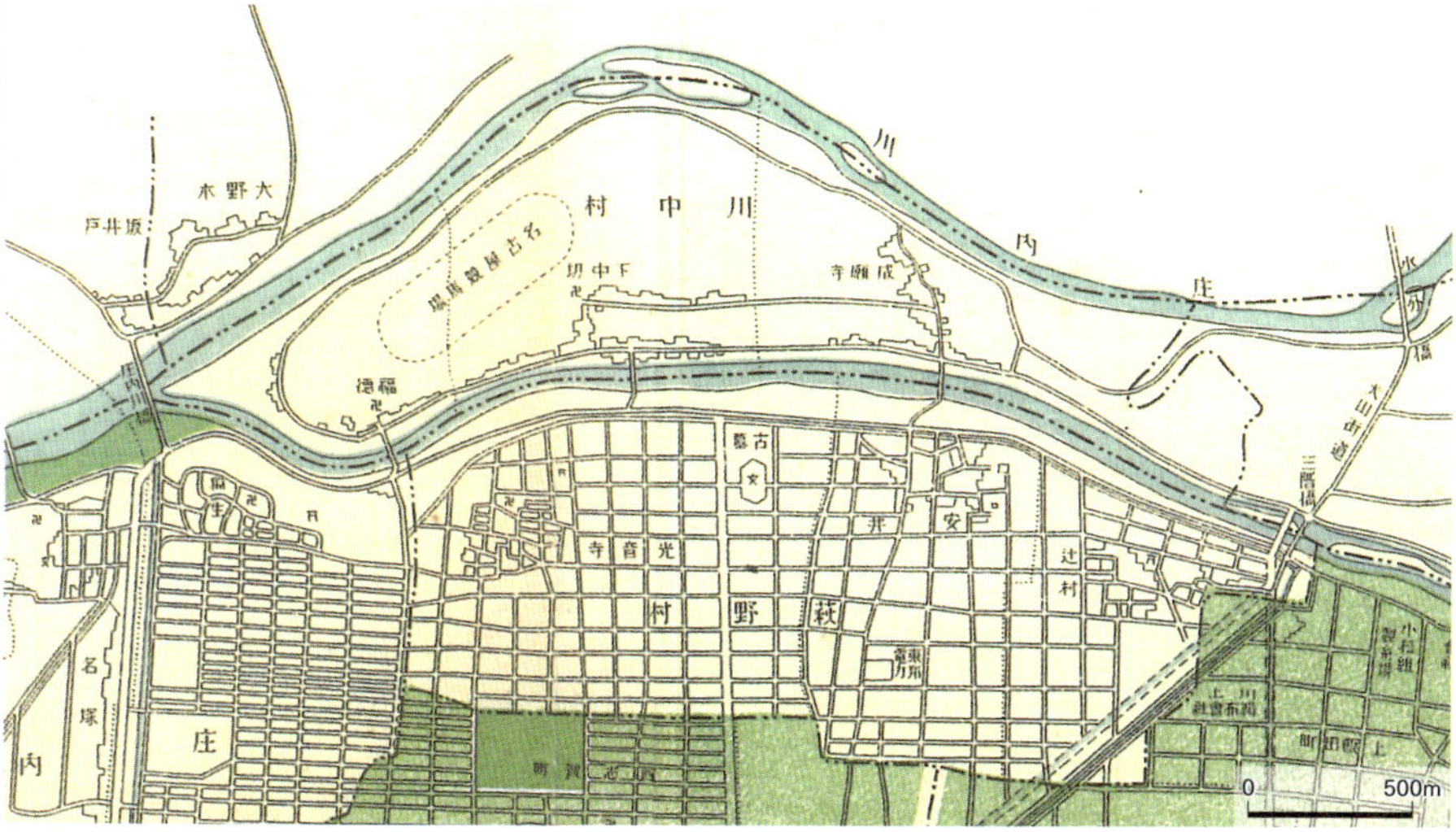


「大名古屋市最新地図」昭和4年
川中村の中に点線で囲まれた名古屋競馬場が記載されているのがわかる

# 天白川の変遷から読む洪水の記憶

纐纈 茂

## 大雨で暴れ川に豹変

名古屋市の東部を流れる天白川は、日進市を水源として、瑞穂・天白、南・緑区界を流れて名古屋港へと注ぐ。この全長23kmほどの都市河川周辺には住宅地が広がっており、公園や堤防上に遊歩道が整備されていることから、名古屋市東南部住民の憩いの場として親しまれている。

ところがこの天白川、周辺の低地と比べて河床が高い天井川となっており、大雨が降ると普段の穏やかな姿が豹変する。これまでに数え切れないほどの堤防決壊を繰り返してきた。暴れ川として恐れられてきた天白川、平成12年9月11日の東海豪雨では、堤防の決壊こそは免れたが、天白区の野並付近に大きな浸水被害を引き起こしたことは記憶に新しい。

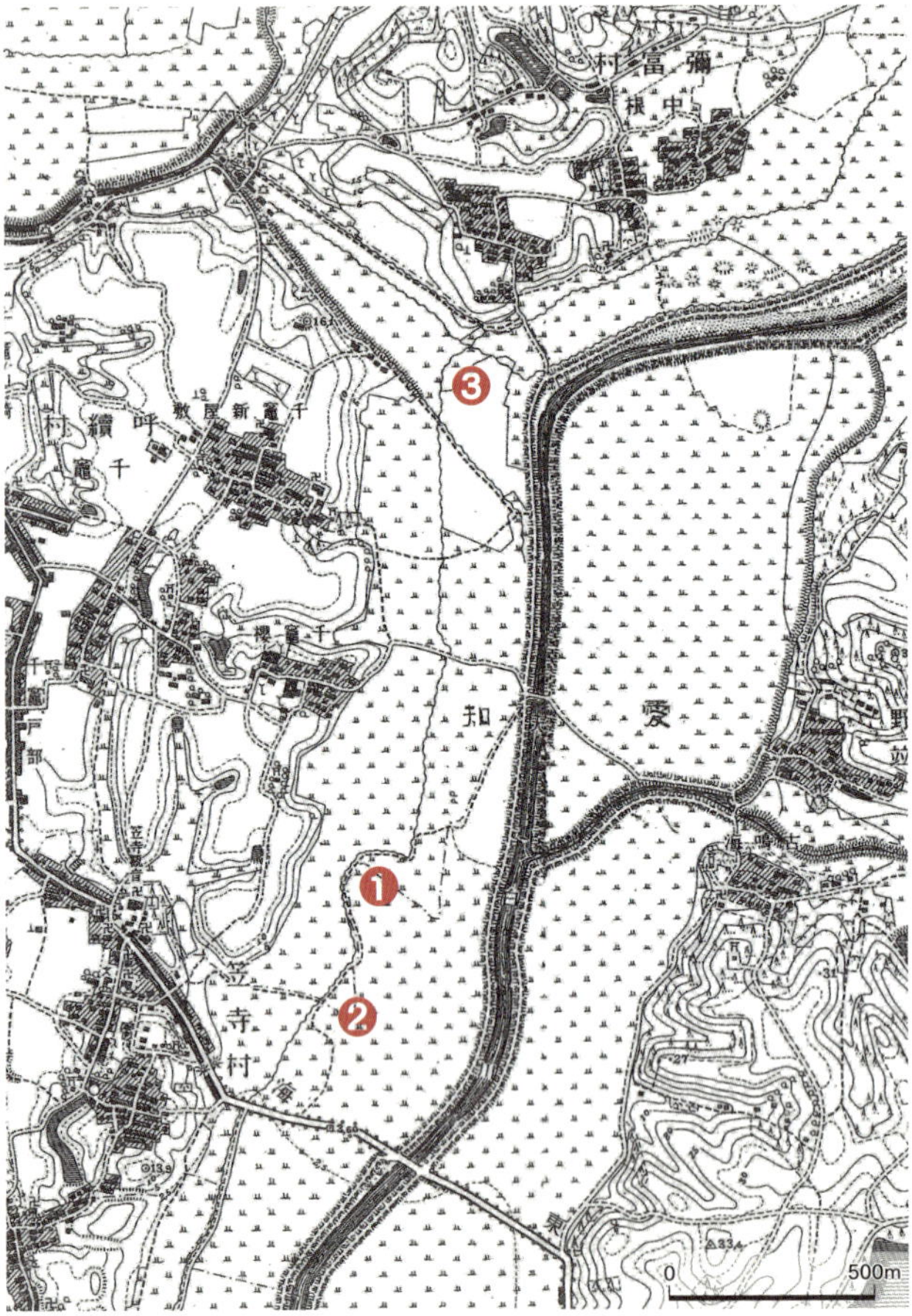


図1　1/2万「熱田」明治24年

## 地図から読む川とその周辺

天白川の氾濫は今に始まったことではなく、過去の人々がこの天白川と向き合ってきた痕跡が地図からも読み取れる。天白川治水のための築堤は、織田信長の時代にまで遡るといわれているが、洪水の度に流路が変わっていた天白川も堤を築くことにより河川の位置が固定化された。その結果、河川周辺の低地部では水田の面積が広がったと考えられる。明治時代の地図では天白川の両岸に接して、堤防のすぐ脇まで水田が広がっていたことがわかる（図1）。天白川の築堤により生み出された水田だが、一方で天白川と堤防で隔てられたことにより、天白川から水を引くことが困難となった。そのため田を営むための用水を、天白区の下八事の下池を水源とした中井川（中川・中江川）に求めることとなる。18世紀半ばまでは南区砂口町付近で天白川と合流していた中井川であるが、天白川本体の堤防内に砂がたまり川底が上がったため排水が困難となり、西側に流路を新しく設けて大江方面に排水するに至った。❶の部分で大きく曲がった中井川は❷付近を経て天白川に注いでいたと考えられる。この不思議な屈曲だが、近世の村絵図にも記されている（図3）。おそらくかつて天白川が流れていた場所（旧流路）の痕跡だろう。とくに天白川対岸の

図2　名古屋市撮影の空中写真（昭和30年撮影）

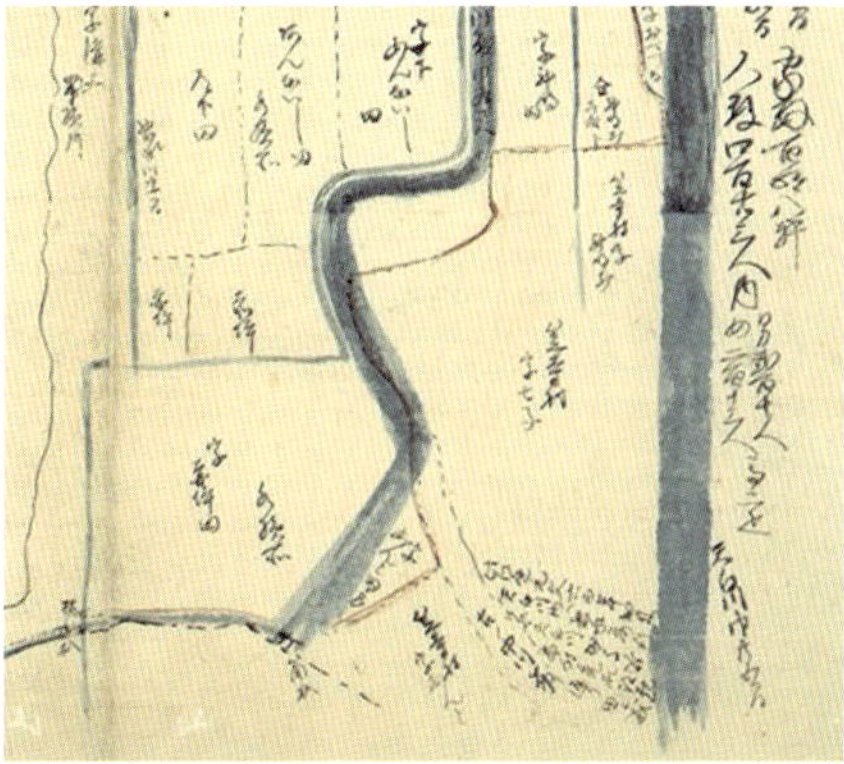

図3　現在の赤坪町付近の近世村絵図（愛知郡村邑全図 桜村、愛知県図書館所蔵）

藤川の合流点に向かい合っていることから、天白川本流の流れが洪水時に藤川の流れに押し出されて、西側に広がる水田などを削り取っていったものと考えられる。沖積低地で水田を営むためには、少しの高低差でも大きな影響を受けることとなるため、用水としての中井川も天白川に削られていない高い部分に添って曲がっていたのだろう。戦後の航空写真をみると（図2）、中井川を挟んで東側の水田は鱗状に曲がった区画が組み合わさっており、洪水が繰り返されその度に田を作り直した様子がうかがえる。一方で西側の区画は規格的な格子状の区画が読み取れる。この区画は一辺が107m～113m程度あり、古代の条里水田の姿が残されたものかもしれない。

このように氾濫を繰り返した天白川を根本的に改修する工事が江戸時代の中頃に尾張藩によりおこなわれている。享保13年（1728）、現在の天白川平子橋付近から、山崎川の新瑞橋付近へと瀬替え（流路変更）がおこなわれたのだ。この部分は現在でも道路とその区画にはっきり残されている❸。南区平子1・2丁目や大堀町がこの部分にあたるが、新瑞橋付近が狭く、平子橋付近が広がっていることから、もともとは山崎川が天白川へと越流していた際の痕跡だろう。尾張藩はこの谷状の地形を利用して逆方向に水を流そうと計画し、瀬替え工事自体は成功したようだが、すぐに流路に砂がたまり、逆に洪水が頻発するようになってしまった。山崎川の流域にあたる井戸田村等でも大きな被害があり、結局寛保元年（1741）には再び天白川本来の流れに戻された。この14年間に17回もの氾濫があったと記録されている。

図4　天白川から山崎川の水都合流地点を望む。平子橋付近から・合流点は高圧線送電塔の左手

図5　中井用水緑道緑道（南区明円町付近）中井用水は1980年代から順次暗渠化がすすめられ現在は緑道として整備されている

## 共有しておきたい洪水の痕跡

天白川両岸の水田も昭和30年代以降急速に住宅地化が進んだ。条里水田の区画を一部に取り込みながらも、天白川の氾濫の爪痕を残していた水田は、新たにきれいな区画が引き直された。ただし高低差を完全になくすことはできないため、現在でも旧流路に当たる部分は大雨の際に浸水しやすい。これからの災害に備えるためにも、今では見えづらくなってしまった洪水の記録・痕跡の情報を共有していくことが大切だろう。

# 紫川をめぐる三万年の旅路
## ——街に埋もれた清流を歩く

木村有作

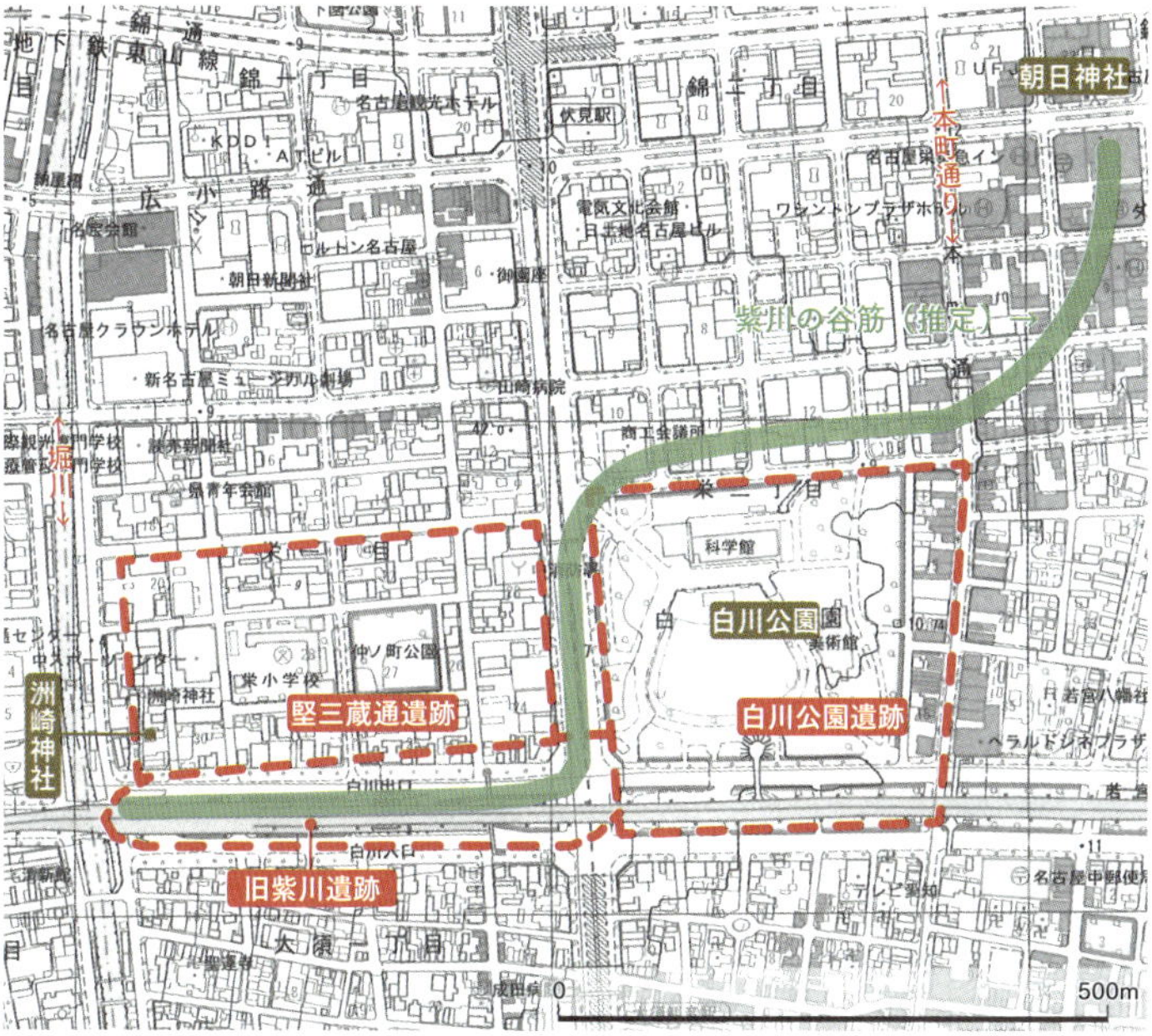

図１「紫川」地図（1/1 万「栄」平成 16 年修正）

紫川をたどる小さな旅は、ビルに囲まれた小さな森から始まる。名古屋は栄のど真ん中といえる朝日神社（朝日神明社とも）の社叢。神社の社務所に伺ったところ、朝日神社は「清須越」の際に名古屋城下に移された数少ない神社のひとつだそうだ。立派な本殿の左側に小さな社が並んでおり、向かって右側が「子守神社」と呼ばれている。この社は北東方の本重町に祀られていたという。実は、こもりは「みこもり」という言葉が縮まったものであり、さらに「みくまり（水分）」という意味を持っていたと思われる。なんだか言葉遊びのようだが、ここで大胆に想像してみると、水分《みくまり》の神様とは、湧水や川の源流などを守る神であり、ここでは紫川の源流の守り神であったのではないか、かつてあった水辺への思いがにわかに湧き上がってくる。

### 高低差に川筋を読む

朝日神社から南西にかけて、広小路の道路の高さに比べると、わずかに道路が下がっていくように感じられる。その高低差が目に見えてわかるようになるのが、本町通（南北）と三蔵通（東西）が交差するあたり。本町通はここから南へゆるやかに下がっていき、白川通（東西）へ向かってまた上がっていくのが観察できる。流れる向きを西に転じた紫川を渡っており、城下町だったころには石橋がかかっていたことが、当時の図会などが教えてくれる。江戸時代の城下町では、本町通のこの界隈を「大久保見町」と呼んでいた。本町通沿いの家並みがここだけ窪んだように

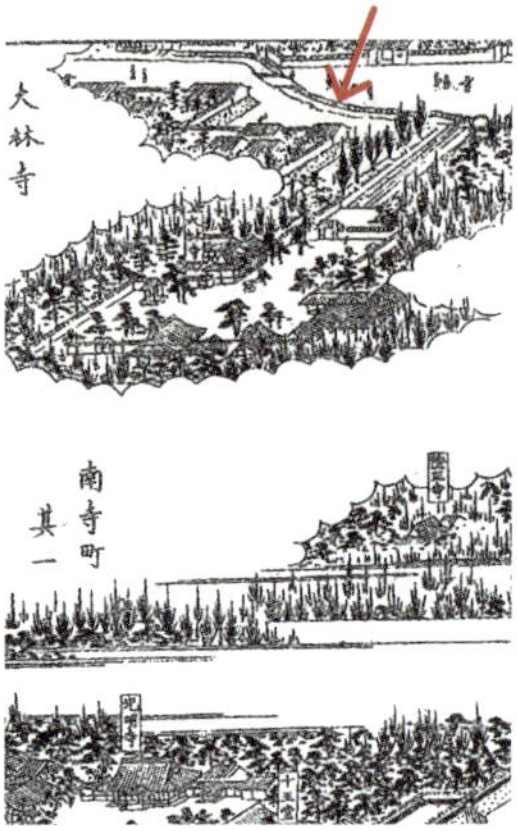


図２　東から見た南寺町と紫川（『尾張名所図会』から）

見えたのだろう。まさに名で体を表したしゃれっ気のある町名である。

南寺町の北半分は、今は白川公園の一部と姿を変えている。寺町の様子は『尾張名所図会』で知ることができる。寺町の軒並みの右上隅に、西向きから南へと向きを変えつつある紫川が描かれているのがわかるだろう（図2赤矢印）。図会など以外にも、発掘調査で寺町の一面をのぞくことができる。名古屋市教委の白川公園遺跡第一次調査では、現在名古屋市美術館の北側一帯が養林寺墓地の様子が明らかになっている。多くの人骨とともにさまざまな副葬品が出土しており、いつの時代も変わらない人々の故人への尽きぬ思いが感じられる。

白川公園遺跡は、紫川が流れる谷の左岸に立地する遺跡である。寺町や城下町に関する遺跡のみでなく、弥生～古墳時代にかけての集落遺跡としても知られていた。平成20～21年の市教委第五次調査では、さらに時代を遡る縄文時代の晩期の文様付き石皿が発見され、全国的にも注目を浴びることになった。さらに、地山に穿たれた袋状の穴が、縄文時代晩期の「貯蔵穴」であることがわかり、川沿いの涼気を暮らしに生かすたくましい人々の姿を甦らせてくれた。プラネタリウムの下に眠っていた歴史を知って何とも不思議な気持ちになる。また、同じ調査では「川八（屋）長」と刻書された奈良～平安時代の須恵器が出土しており、川湊が近くにあったことを想像させる。

図３　白川公園遺跡から出土した縄文時代・石皿（名古屋市教育委員会蔵、写真提供も同じ）

## 名古屋最古の石器が出土

紫川は科学館の北西から急に伏見通沿いに南へと向きを変え、さらに若宮大通（100m道路）との交差点で堀川へ向かってまた西向きに流れを戻している。とくに若宮大通との交差点は、北西側が低く南東側が高くなっているのが体感できると思う。交差点から、堀川に向かう間の紫川の右岸では、約3万年前、名古屋最古と思われる石器がみつかっていることも意外と知られていない。

堀川へと注ぎこむあたりの様子は、『尾張名所図会』に描かれており、紫川の左手には洲崎天王社の森が描かれている。現在も、洲崎神社として、周囲をマンションなどのビルに取り囲まれながらも、神聖でかつ庶民に親しまれたたたずまいを今に伝えている。

図４　紫川合流点現在の様子（左手の森が洲崎神社）

# ジグザグ巡礼道・番割観音

井上善博

## 番割観音とは

名古屋市南部の熱田・中川・港区一帯には、江戸時代以来の干拓地、いわゆる新田地帯が広がる。この中でもっとも古く開発されたのが熱田新田で、江戸時代初期、正保4年(1647)より尾張藩直営の干拓事業として開発が進められた。

図1　番割の観音(十八・十九番:中川区明徳町一丁目)

その範囲は、東西は堀川から庄内川まで、南北はおおよそ現在の国道1号線とその南側の東海通りにはさまれた東西に長い区画にあたる。この広大な新田は南北に細長い短冊状に区分され、東から順に一から三十三まで「〇之割」もしくは「〇番割」の名称がつけられた。

現在熱田区内に、一番から順に二番、三番……六番町などの町名が用いられているのも、この新田に由来する。さらに、この新田では西国札所三十三観音にならってそれぞれの番割に観音(石仏)を安置し、守護仏とした。このことにより、これらの石仏を「熱田新田西国札所」呼んだり、単に「番割観音《ばんわり》」と呼び習わされている。

こうした番割の観音(石仏)は、いつの頃からか、本西国にならった地方霊場として、巡礼をおこなう場となっていったようである。起源は不明であるが、今でも酷暑期の7・8月を除く毎月第3日曜日には、朝8時からはほぼ半日かけて全行程を巡る「名古屋番割観音講」という巡礼講が続いている。参加経験のない初心者でも、当日朝8時少し前に熱田区一番の国道1号線沿いにある一番観音へ集合すれば、若干の経費を払って参加することができる。

再確認の意味もあり、15年ぶりに年初1月の巡礼に飛び入りで参加したが、この正月は出発前にぜんざいがふるまわれるのが慣わしで、これは昔と変わっていなかった。

一番観音の堂内で般若心経と一番および隣の二番・三番の御詠歌、そして堂前の身代わり地蔵尊前でも同じように唱えた後、いよいよ西へ向けて出発する。終着地の札所は中川区下之一色町の三十三番である。

番割観音は歴史的な経緯で移転したり、数体を集約して祀っている場所も多いため、実際に巡礼の行程で訪れる札所は20カ所ほどである。それぞれの札所へ到着するたびに、般若心経と西国札所にならった御詠歌を唱えるので、少なくとも御詠歌集は必須である。希望者は一番観音で御朱印帳と御詠歌集を実費で求めることもできる。

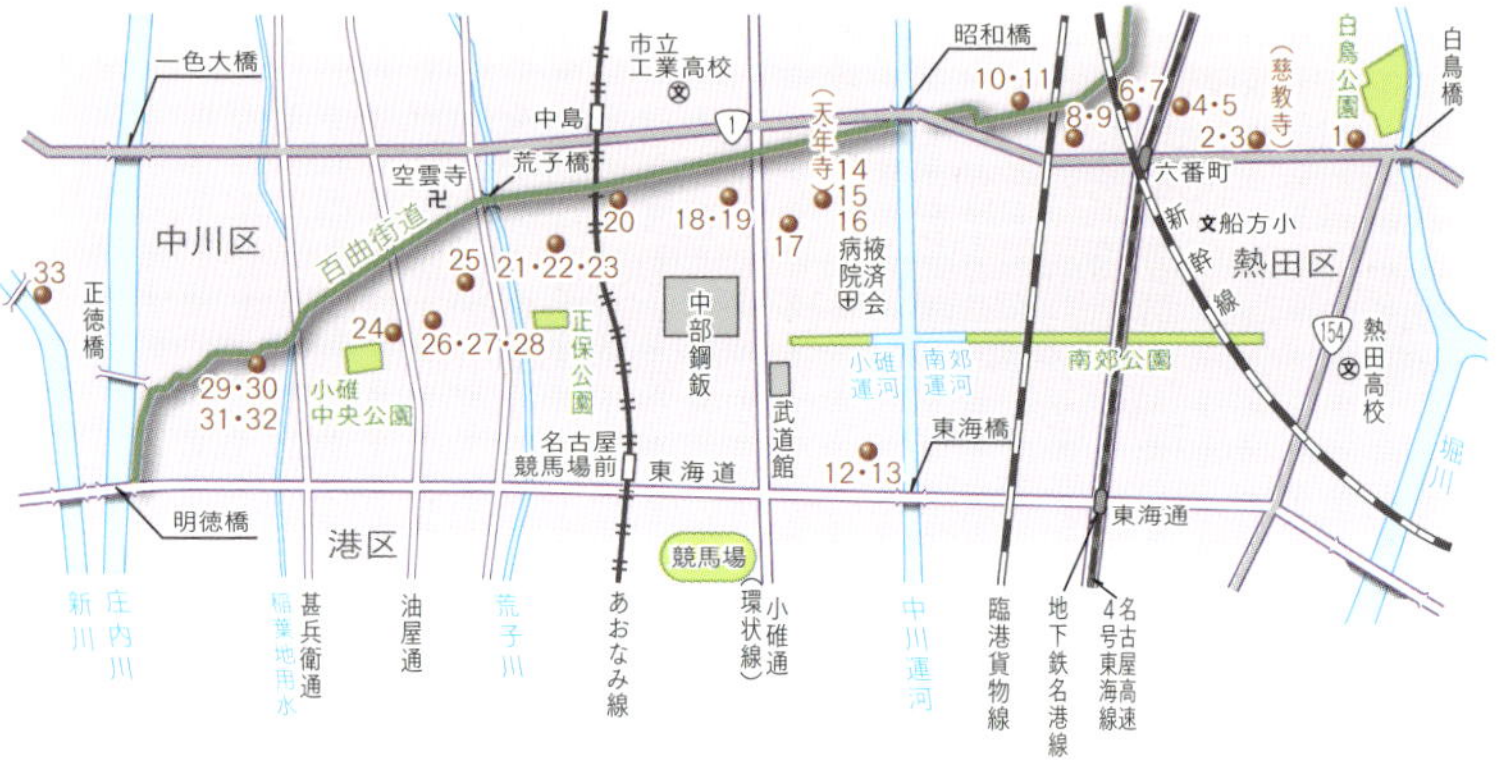


図2　番割観音位置図（池田誠一『なごやの古道・街道を歩く』の「現在の番割観音の位置」をもとに作図）

## 百曲街道

　番割観音は、一部例外はあるものの、かつての熱田新田の北縁沿いに多く安置されている。この北縁を結ぶ道は幾重にも曲がっているので、「百曲街道」とも呼ばれた。東西にほぼ直通する国道1号線に対して、旧道である百曲街道は中川運河に架かる昭和橋あたりを境に東は北東側、西は南西側に斜めに通じており、区画整理が進んだ現在では、巡礼の道は最短路をとるべく、この百曲街道に沿ってジグザグに西へ西へと進む。

　百曲街道と巨大な構造物が交差するのが熱田区六番あたりで、六番一丁目の観音堂（もと六七之割）には六番観音と七番観音が祀られている。ここは今は新幹線高架橋の直下である。このような変貌を遂げる名古屋市内に、古くからの巡礼道が今でも生きてるのである。

　巡礼道は、まもなく庄内川にたどり着こうとする少し前あたりで、再び昔ながらのたたずまいを残す百曲街道に合流する。かつては名古屋近郊の農村として、養鶏も盛んだった地域で、巡礼者とともに大八車やリヤカーが行き交った街道である。

　名古屋番割観音講の講中が巡礼する日は、それぞれの地域で町内会や女人講の有志によって接待もおこなわれる。普段は鍵がかかって閉められているが、この日ばかりはそれぞれの番割観音を間近に拝むことができる。思い立って半日歩き通すのも、地域再発見の良い機会となるだろう。

図3　新幹線高架下の観音堂（熱田区六番）

図4　百曲街道（港区明正一丁目付近）

# 丹八山公園――名古屋の不思議スポット

伊藤厚史

図1　丹八山（昭和34年ごろ）
（出典：石川丹八郎『丹八山の栞』）

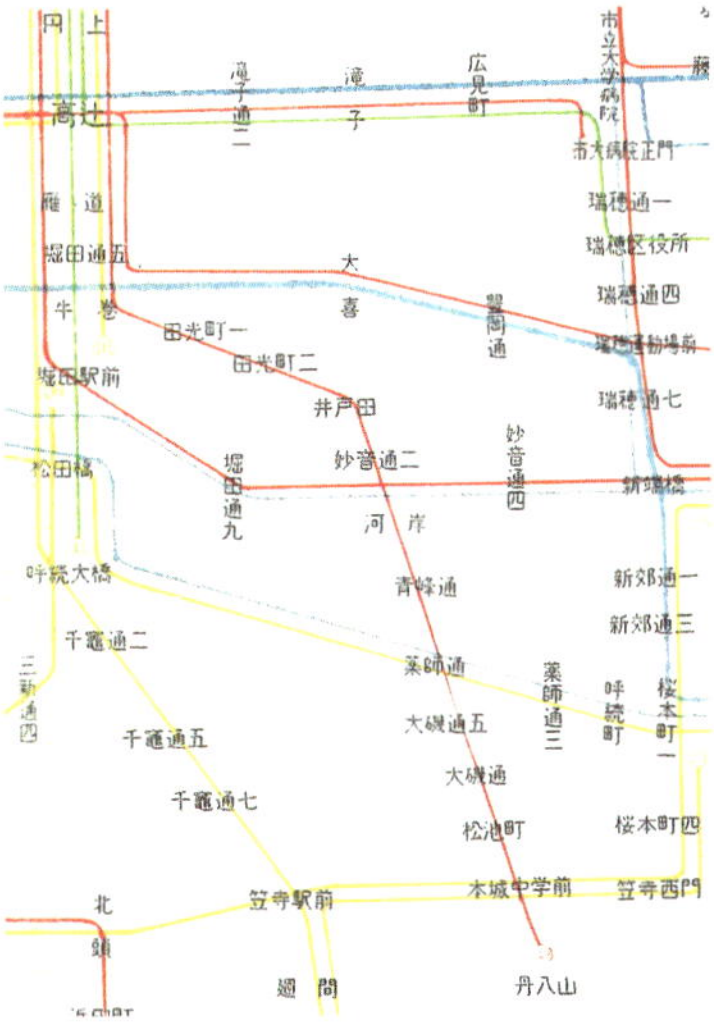


図2　昭和46年当時の市バス路線図
赤線の路線図の終点に丹八山とある

南区役所にほど近い、鳥山町迫間に丹八山《たんぱちやま》公園がある。春、桜が満開になると近所の人々で丹八山公園は賑わいを見せる。丹八山は、山といっても頂上の標高は12・9m、比高差わずか8mほどの小山である。江戸時代に松巨島《まつこしま》と呼ばれた熱田台地（笠寺台地）の西縁崖端にあり、昭和初めの道路築造によって東側の台地が削られた結果、山が出現したと考えられる。しかし、それ以前から鳥居山、神輿山と呼ばれていたようである。

山の頂上には、400年前までは七所神社が鎮座していたが、海風があたるため、近くの笠寺町天満に遷座した。故地であるため、お祭りの日には御神輿が坂（お銀坂）をあがる。由緒ある信仰の山なのだ。それでは、この山の不思議なところをみていこう。

## 3つの不思議

不思議その一。北からまっすぐに伸びる道路は、この丹八山で終点をみる。あと少しで東西の幹線道路に接続されるところで行き止まっているのである。地元の人々は、利便性よりこの小山と隣にある善東寺を残すことを選んだのである。したがって、車の往来は少なく、閑静な住宅地となっている。環境保全の先駆的事例といえるだろう。

　昭和26年11月8日に地元の人々により丹八山と命名され、碑が山頂に建てられた。29年5月1日には、市バス路線が丹八山まで延長され、栄まで直接行くことができるようになり、31年9月13日には、小林橘川名古屋市長により丹八山公園と命名され、市民の憩いの場として保存されることになった。

図２　山頂部の石碑の群れ

　不思議その二。この丹八山という名前の由来は、地元に住む石川丹八郎の名前から付けられている。石川丹八郎は、丹八山の麓に住み、易者として人々の信望を得ていた。一市民の名前が正式に付けられた公園は市内にはほかにないであろう。ここまでも不思議であるが、丹八山が不思議スポットである由縁は、山に近づけばわかる。

　不思議その三。この丹八山を特徴づけるのは、なんといっても60基を越える石碑である。この石碑は、石川丹八郎はじめ地元の方が建てたものであると推定される。推定されるというのは、多くの碑に寄進者、設立者の名前や建碑の年が刻まれていないからである。まるでノートにメモ書きするごとく碑文が刻まれ、建てられているのだ。

図３　平将門の首塚の碑

　それぞれの碑には日本武尊《やまとたけるのみこと》、平将門《たいらのまさかど》、豊臣秀吉、明智光秀、徳川家康、今川義元、乃木希典《のぎまれすけ》など日本史に登場する人物、浦島太郎など説話人物、笠寺観音、戸部城、七所神社、熱田神宮など地元の寺社、呼続浜など景色と、バラエティに富んだ内容が刻まれている。

　山の山頂部にひときわ目立つのが、「平将門の首塚」碑である。将門の首を熱田の米《こめ》噛《かみ》橋のところで洗い、南の鳥居山までひきずってきて首を埋めた。ひきずった際、道ができたので、このあたりの地名を字大道という。といったことが碑に刻まれている。笠寺城主戸部新左衛門の娘、銀菊姫が木下藤吉郎（豊臣秀吉）を恨み、この坂から身をなげて自殺したことから名づけられたといういわれをもつ「お銀坂」碑。詳しい碑「笠寺城主戸部新左衛門政直公」が山頂部にたつ。「浦島太郎の誕生の地」碑は、浦島太郎と笠寺観音の関係を説く、奇想天外な物語を主張したものである（詳細は石川丹八郎著『郷土史』に描かれる）。

　このように一般に知られた話とは、異なる説話が刻まれ、多くの碑に丹八山や周辺の旧跡名勝が絡んでいることに気付く。碑から読み取れる「丹八山史観」は、まさに究極の郷土愛といえるかもしれません。信じるのも自由、信じないのも自由。丹八山の頂から、日本や名古屋の歴史に想いをはせば、楽しいひとときが過ごせるかもしれません。

# 名古屋の公園第1号をめぐる顛末

青木公彦

名古屋の公園第1号「浪越公園」は中区大須、門前町4丁目、富士山観音寺清寿院跡に、明治10年に設けられた（図1）。日本の公園制度は、明治初年欧米に倣い始まったが、それらは東京の浅草寺や寛永寺、京都の八坂神社や嵐山といった、これまで社寺等で親しまれ賑わっていた（群衆遊観の地）が上地《じょうち》された境内地や旧城跡地に主に設けられた。愛知県では、明治6年に小牧公園（小牧城跡）、明治8年には岡崎公園（岡崎城跡）、稲《いな》置《ぎ》公園（犬山城跡）が設けられた。

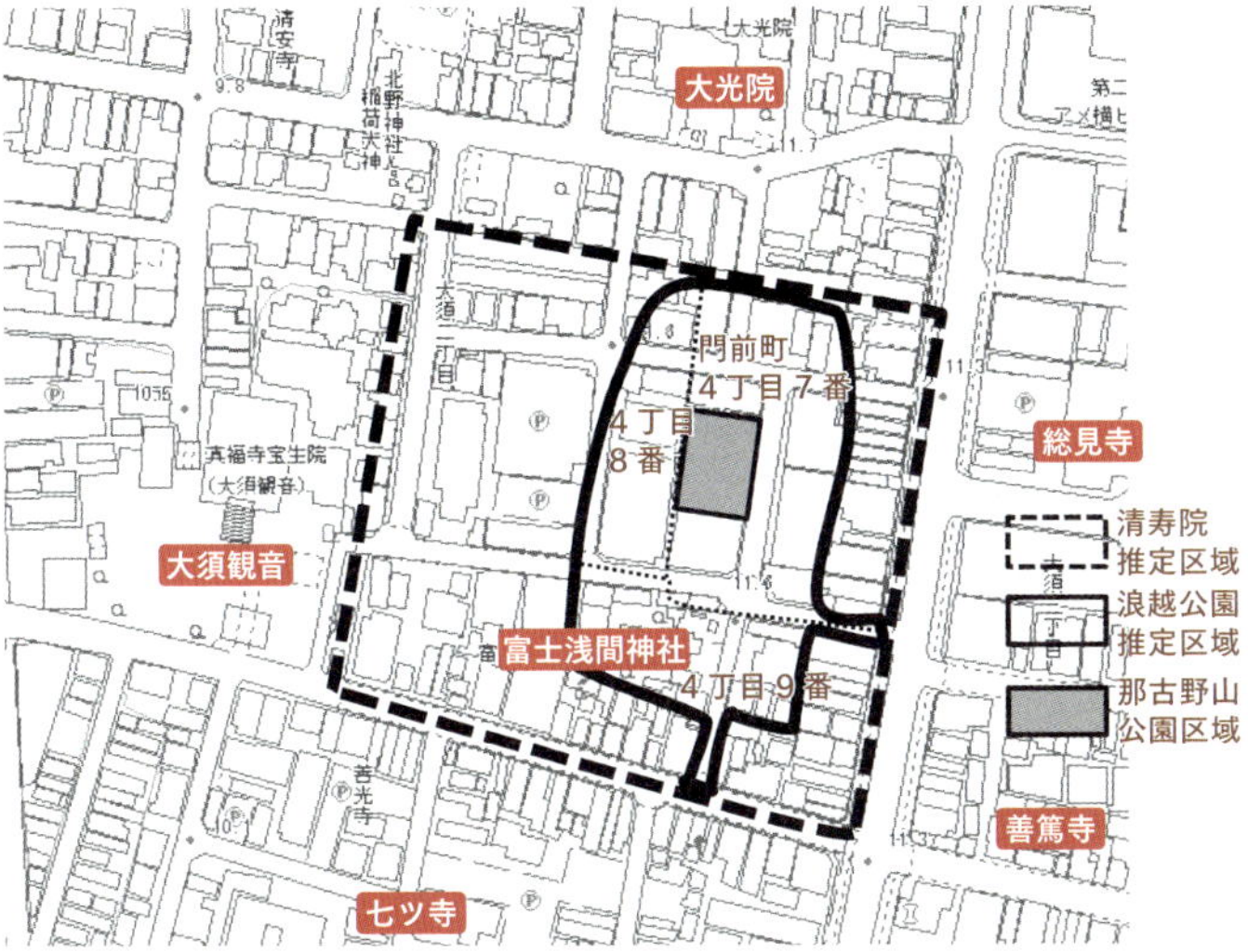


図1　清寿院・浪越公園位置図（下図は名古屋都市計画基本図、平成22年）
清寿院は京都山科醍醐の三宝院につながる修験道の寺院だった。清寿院後園と称し、庚申山などの小山や池、楓の大木や古五輪塔などのある庭があり、江戸時代後期には境内に見世物小屋、芝居小屋、茶屋、植木屋などもあった。また柳下水という名古屋の三名泉の筆頭と称される井戸（他の2カ所は桜町天神の井戸、清水の弘法水）もあったという。

名古屋では、上地され現地管理するものが居なくなっていた清寿院跡を公園とすることを地元有志（『門前町誌』では藤蘭一郎等とし、『名古屋市史』では有志総代高瀬杲之助、原正庶とする）が安場知事に願い出、許可があり開設されている（図1）。

開設年については明治10年とするもの（『門前町誌』他）、明治12年とするもの（『名古屋市史』他）があるが、当時の公園管理者である愛知県勧業課地理係の作成した「公園金収支一件」（自明治12年～至同22年）の「明治12年」に「拂いの部　明治12年1月23日　一、金4円50銭　浪越公園守3名明治11年7月より12月まで下半年分給料」の記述があり、少なくとも明治11年には公園守が置かれ浪越公園が管理されていたことから、明治10年開設が正しいと思われる。

公園の区域は、明治5年清寿院が上地される際当時の神主であった村瀬喬臣氏（村瀬氏は元は清寿院七代目だった）が作成した「門前町冨士浅間宮社内之図」（図2）や、「門

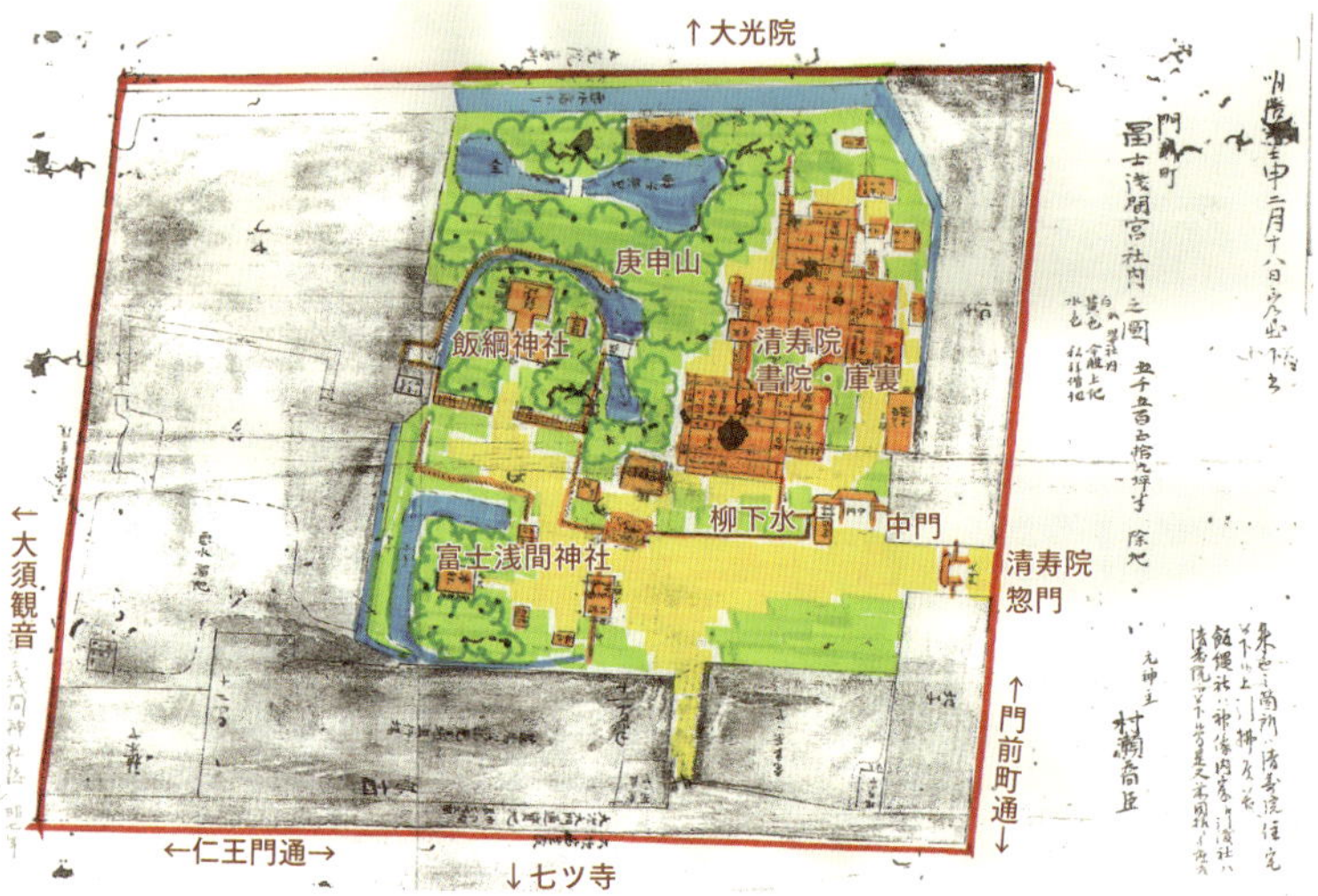


図２　冨士浅間宮社内之図（明治５年）（下図は『富士浅間神社誌』昭和７年より）
清寿院は明治元年の神仏分離令により明治５年９月修験宗を廃止され、境内地は新政府に上地《じょうち》された。本図はその際村瀬神主が作成した図である。一方、富士浅間神社は官営神社として存続した。なお、清寿院境内にあった飯綱権現社は、江戸時代初期に名古屋城御深井向嶋に存り当地に遷座したものだったが、この時期に杉村町の長栄寺に戻し、明治 11 年飯綱権現社跡地に洲崎神社から楠公を祭る一社を移し、湊川神社としたという。（着色は公園の区域）

前町誌」によれば、境内地5559坪半（約1万8300㎡）のうち公園は、門前町4丁目7番、8番、9番の三筆合計約2473坪（約8160㎡）である。なおこのうち7番約1320坪には清寿院後園と呼ばれた庭園の核心部と書院等の建物があり、8番約430坪には湊川神社が存し、9番約720坪には富士浅間神社が存した。（地番の位置は図1参照）

明治10年代後半になり、地元では公園が狭く雑沓するので他へ移転するという案も出たが（移転候補地は現在の上前津交差点の西、麹ヶ池あたり等）県は採用しなかった。

明治29年10月に愛知県は4丁目9番富士浅間神社敷地713坪を、公園地から神社地に移管した。これにより、公園区域は約3割減少した。この措置は、官有地の公園のうち従来境内地であって今も境内に使っている所は公園から外し神社地としてよいという、明治28年の内務省訓令に基づく処置と考えられ、これにより県庁内での所管課も社寺課に替ったものと考えられる。

## 明治年代の公園内の様子

明治以前においては、清寿院境内には芝居小屋などさまざまな庶民娯楽施設があったが、清寿院廃止とともに禁止され、掛け茶屋などもなくなった。一方で、公園として開設された以降さまざまな店舗等が許可されている。以下『門前町誌』からその様子を抜き書きしてみる。なおここで「昔」とは明治以前のことを、「今」は明治34年頃を指している。

「昔は今の玉突きの辺に中門あり、待合茶屋の辺に玄関書院あり、温泉の前に楓の大樹あり、（門前）学校の前に古五輪塔あり、八千久の内の東南隅に天神山あり、…松岡泉竹等の割烹店軒を並べ、今も遊人の散策に適し写真師軒を並ぶ、…八千久と称する割烹店あり当市の一名物となれり」「門前学校の沿革は…明治18年公園に集産商会という勧工場のありしを幸い、買受けてこれに転す…今日生徒合計585人なり」

というようなことで明治30年代には公園内に、玉突き、待合茶屋、温泉施設、割烹店、写真館などが軒を並べていた。また明治10年代には、清寿院書院等跡あたりに勧工場（＝百貨市場）があり、明治18年には門前学校となったことがわかる。

公園は、これら施設の使用地料を収入とし、県の会計のなかで独立会計をなし維持管理されていた。一方、明治29年の公園地の神社地への一部移管（富士浅間神社敷地分）により、神社としての体面から、公園としては許可されていた娯楽施設などの一部が撤去になったこともあったようである。さらに、明治40年には名古屋城築城時の余石によって作られていた庭園石組を、門前町通を挟む東隣の総見寺境内地跡の一部等に設けられていた商品陳列館の庭園用に移し去っている。

## 浪越公園の解体と縮小

明治42年1月、愛知県は浪越公園の廃止を告示し、古墳跡といわれる小山を中心とする門前町4丁目7番の一部271坪余（約900㎡）を名所古蹟保存の理由で名古屋市に無償払い下げし（明治43年）、その4年後の大正3年2月14日、名古屋市は「那古野山公園」設置の告示をしている。これで公園は最初の区域に比べ、約10分の1に縮小した。

このとき当時の阪本名古屋市長は「近傍には雑駁な見世物小屋などができている間に介在して、公園にはどうかと思われるが、古蹟たることを疑われぬよう云々」（『名古屋都市計画史』上巻）と説明している。浪越公園の廃止の理由がうかがえる。つまり、太政官布達（明治6年）に従い「群衆遊観の場所」を選んで設置し、公園内に許可した娯楽施設等の土地使用料により独立採算で公園を運営したが、風紀の悪化により縮小廃止せざるを得なくなったということであろう。またこの地の西隣には旭廓という名古屋の一大遊廓があった（明治9年～大正12年）ことも風紀の悪化に拍車をかけたようだ。

浪越公園の残りの土地であるが、門前町4丁目7番の残地、那古野山公園を取り巻くように残った約950坪は明治44年に愛知県から民間に払い下げられた。また、那古野山公園の西隣の4丁目8番は、湊川神社が大正元年に富士浅間神社に合祀されて空き地となり、翌2年に富士浅間神社の所有地となり、神社は同地を貸地とし活動写真館「港座」等が立地した。4丁目9番富士浅間神社は従来通り存続しつつ社務所を奥に移設し、港座はじめ食堂雑貨店などが立ち並ぶ「浅間通り」と呼ばれる道路に面して休憩所売店を設け、おおいに賑わったという。

名古屋の公園第1号は、このように地元有志が当初目論んだように、公園制度を通して地区に更なる賑わいを取り戻したが、公園としては失敗し、縮小されてしまった。

# 新版ガイド図絵 50年目のなごや

## 広小路（栄）

「名古屋タイムズ」（昭和50年4月17日）のイラストルポを転載。カフェーやバーが軒を連ねた昭和初期の広小路の姿と昭和50年当時の姿を図解。

……広小路を北へ入ると偕楽亭、日曜軒、これは後にカフェ・金城に変身したが、卵色の瀟洒な二階建てで、スゴ味とグロの女給が評判。その北側は蒲焼町の花街である。呉服町角のカフェ・ナガタは、腕こき女給の引き抜きで流血騒ぎ。のちにつぶれる。

南大津町栄の南角にはカフェ・パウリスタ。栄小路には辻かんの店、キタンなど。

かくて広小路に日増しに増えていくのはカフェー、バー、喫茶店。それは〝求めて止まざる近代民衆の要望の結果〟とも評されたが、いまそれらは次第に減って、冷たいビル街にヘンシン。なつかしい広小路は、盛り場的要素を捨て去り、いま新しい魅力づくりに悩んでいる。

（「名古屋タイムズ」昭和50年4月17日から抜粋）

③栄町交差点風景。「あつた 道徳」行のバスが写っている。後方の建物はサカエヤ（昭和12年、J.フロント リテイリング史料館提供）

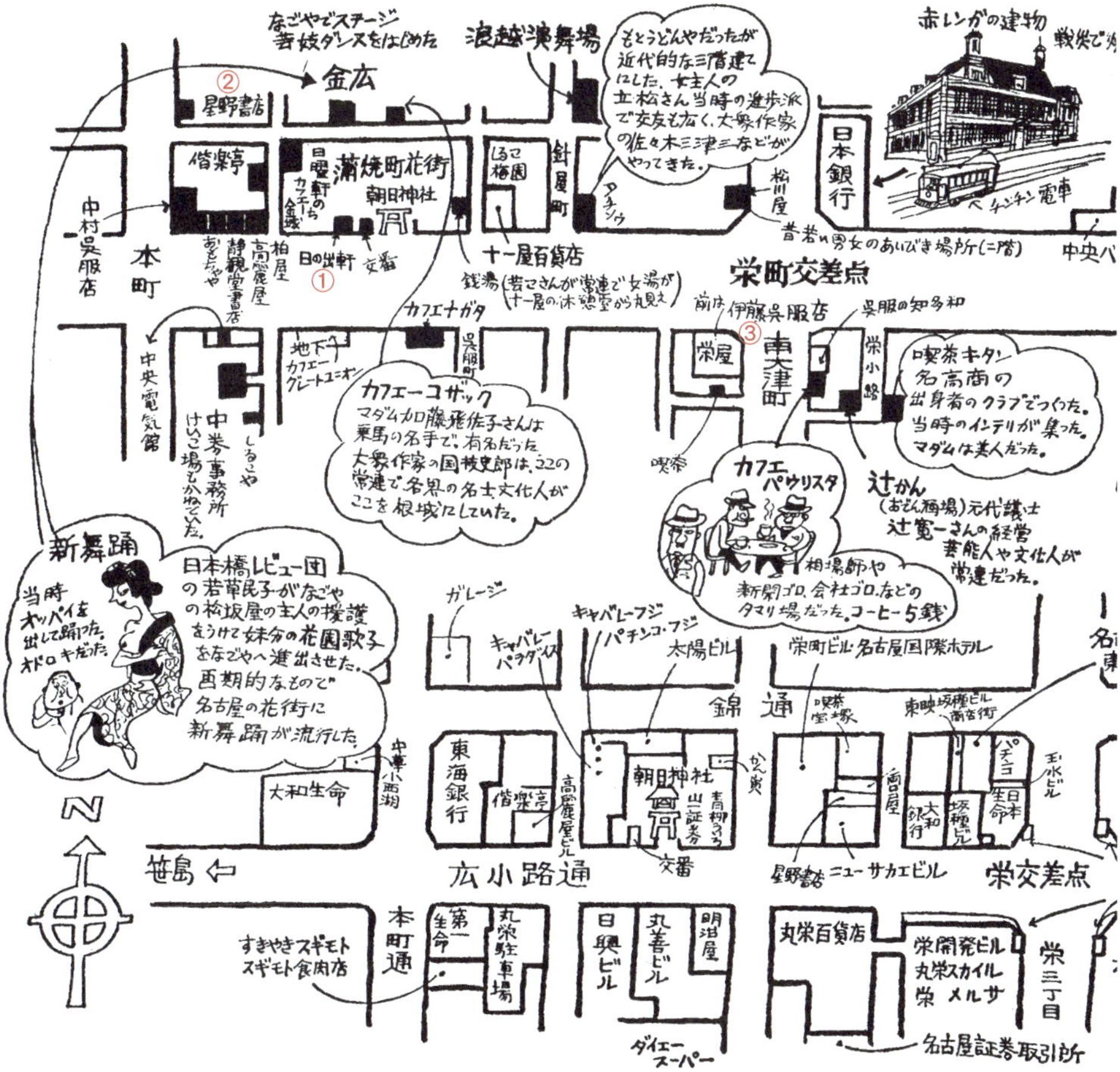

①日出軒（和洋菓子及食料品販売舗）

②星野楽器店（写真中央、昭和５年頃）。地図上では「星野書店」とあるが、もともと明治41年に星野書店の楽器部として創業し、昭和４年に合資会社星野楽器店として独立した（星野楽器提供）

いまなお名古屋各地に残る戦争遺跡を訪ね、その生々しさに触れつつ、埋もれた歴史に思いを馳せてみよう。

# 名古屋空襲――愛知時計電機の戦災

伊藤厚史

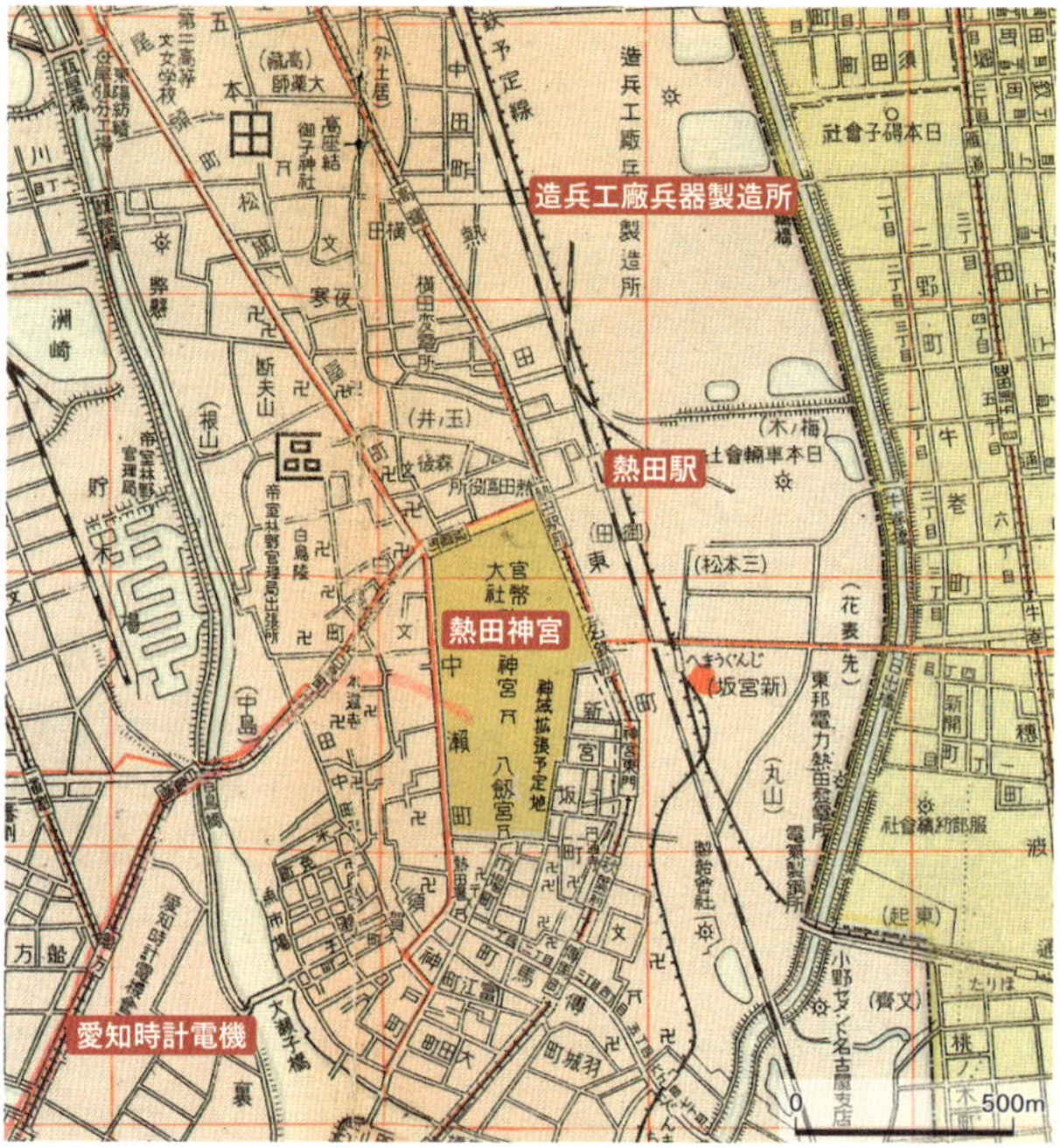


図１　大名古屋新区制地図（昭和 13 年）

「サイレンの鳴り響く中を、こわいもの見たさに組立て工場の外へ出た小島君は、頭上に迫る巨大なB29の姿を見た。今までこんな低空飛行があったろうか。「ばけ物だ」。足をすくませて見上げる目に、銀色の胴体のまん中が観音開きになり、長方形のまっ黒い弾倉が口をあけているのがはっきりと見えた。（中略）間を置かず、シュルシュル、ザザーッという滝のような音。続いて耳を圧するごう音がし、もうもうとした土けむりが防空壕を包んだ」

　昭和20年6月9日、名古屋空襲のエピローグとなる熱田の軍需工場をピンポイントで狙った攻撃は、わずか8分間の出来事であったが、死者2068人、重軽傷者約2000人を出す大惨事となり市民の心に深く刻まれることになった。名古屋は、約4000の軍需工場があり、特に国内有数の航空機製造のメッカであったことから、空襲の最重要目標の一つとなっていた。名古屋空襲。太平洋戦争開戦後わずか4カ月でそれは現実のものとなった。

　昭和17年4月18日の本土初空襲は、太平洋上の空母ホーネットから発進した陸軍機B25一六機によるもので、東京、川崎、神戸などのほか名古屋へも二機（二四番機・一六番機）が飛来した。一四番機は、名古屋陸軍病院や糧秣倉庫、名古屋機関庫周辺、名古屋陸軍造兵廠に焼夷弾を投下した。一六番機は、熱田区桜田町の東邦ガスのガスタンク、港区中川東の東邦化学工業、大江町の三菱重工業名古屋航空機製作所に焼夷弾を投下した。陸軍では、高射砲を発砲したが成果をあげることができなかった。

再び名古屋への空襲が開始されたのは、昭和19年12月13日、三菱重工業株式会社名古屋発動機製作所への空襲であった。発動機製作所のあった場所は、現在のナゴヤドームのある東区大幸南一丁目から千代田橋二丁目にいたる一帯である。

名古屋空襲は、三期に分けて考えられている。一期は、昭和19年12月13日から昭和20年2月までの軍需工場への精密爆撃である。二期は、3月から5月までの市街地への焼夷弾を中心とした地域爆撃である。三期は、6月以降で空襲を免れていた軍需工場への爆撃である。

熱田区は、この三期に大きな被害にあった。熱田区千年字船方には、現在の国道154号線の通りに面して東側に愛知時計電機船方工場、愛知航空機船方工場、西側に愛知航空機熱田工場があった。いずれも海軍の兵器工場で愛知時計電機約2万人、愛知航空機8500人の従業員が操業に就いていた。

図２　爆撃で傷ついた堀川堤防の一部

6月9日午前7時45分警戒警報、8時24分空襲警報が発令され、一部の職員を残して工場外へ退避した。9時頃警報が解除され、職場に戻った頃再び空襲警報が発令と同時に爆弾が落下爆発した。午前9時17分から25分までの間、三一三航空団B29四一機により2トン爆弾121発が投下された。4階建の鉄筋コンクリート造事務館（研究館）にも2トン爆弾2発が落下、地下まで突き抜けて爆発し、避難していた多くの勤労動員学徒が犠牲となった。

警報が一旦解除されたことについては、戦後長い期間「警報ミス」として伝えられてきたが、平成2年にアメリカ空軍作戦任務報告書の翻訳により解明された。同日午前尼崎市の川西航空機鳴尾工場を爆撃した五八航空団四四機は、帰還のため琵琶湖の南を南下、それとすれ違うように三一三航空団が琵琶湖をめざして北上していた。当時雲に覆われていたため監視哨では行先を確認することができず、東海軍管区司令部は、関西方面への爆撃と判断したと推論された。

昭和24年6月9日、愛知時計電機正門左手に慰霊地蔵尊が建立された。堀川の堤防には、そのときの爆撃で傷ついた跡が残っていたが、堤防改修工事の際、関係者の尽力により移設されて保存されている。

# 名古屋城射撃場跡

伊藤厚史

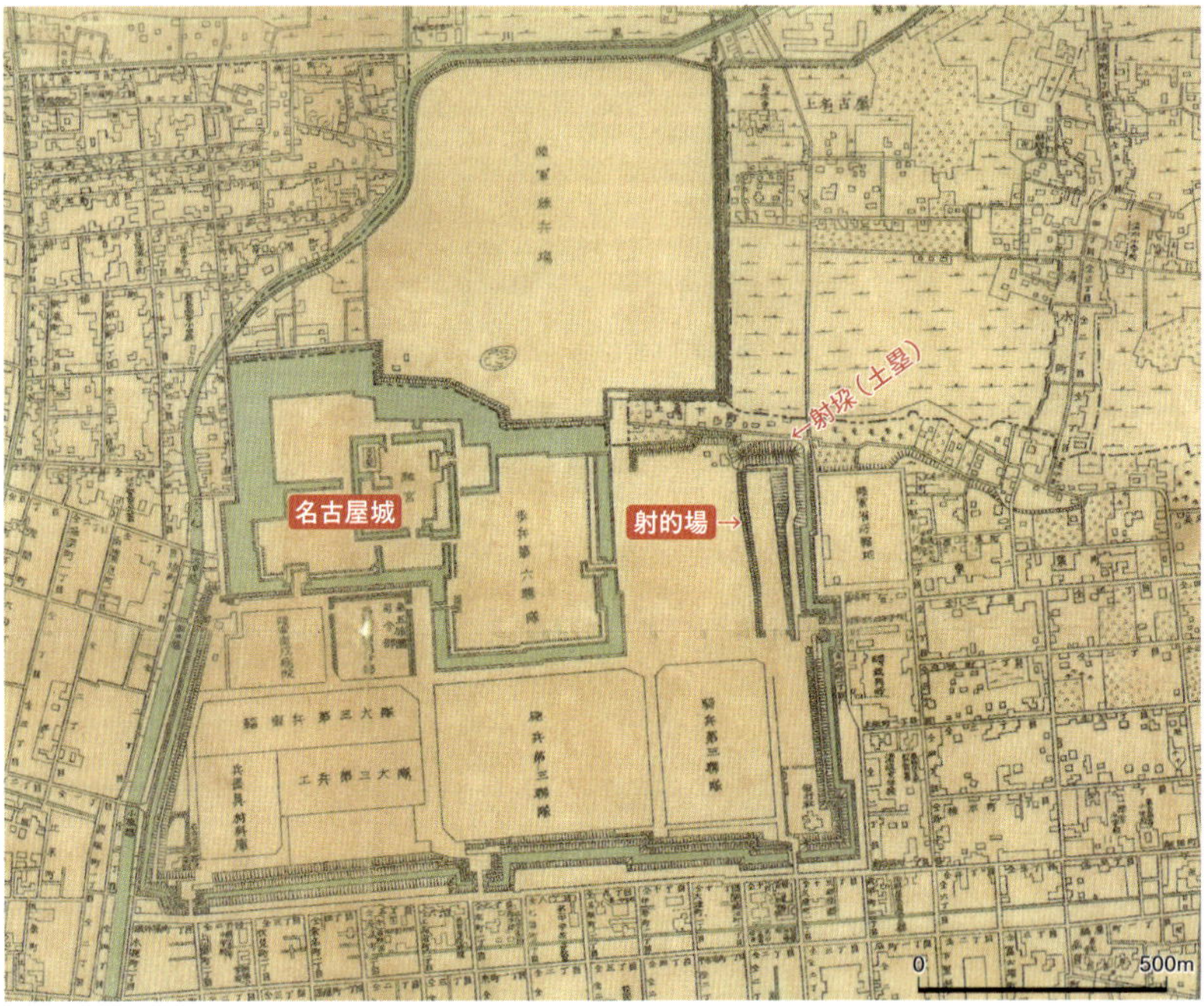


図1　「最新詳密 名古屋市実測全図」（明治37年）

増築射垜《しゃだ》出碑。この石碑は中区三の丸三丁目、旧名古屋城三之丸清水門のあった、枡形土塁の上にある。碑は板状に割りだされた高さ190cm、幅58cm、厚さ23cmあり、幅240cm、奥行き180cm、高さ57cmの台石の上に凛として建つ。射垜とは、射撃の的の盛土のことで、この碑は、射的場（射撃場）の射垜を増築した記念に明治12年九月に建てられたもので、次のようなことが刻まれている。

名古屋鎮台郭内練兵場の旧射垜は、高さ約8・91m、横33・66mで非常に狭く、発射した弾丸が飛び越えていく危険がなくはない。先ごろ、春日井郡に小幡原射場が設置されたが、8km離れており一日がかりである。そこで明治12年春、将校が協議して旧垜の増築を申請した。高さ14・85m、横67・86mとし、300m以内は射垜で、400m以上は小幡原でおこなうことと定める。3月15日起工、7月7日に竣工する。この工事は、将校、士卒平等に延べ1万1902人が従事した。

碑文に記された射的場は、清水橋の北、外堀土塁に沿って南北長約300mの大きさで構築されていたものである。「最新詳密　名古屋市実測全図」（明治37年）を見ると、東側土塁の上面の幅が広くなっており、また北側はさらに幅広で強固な土塁にしていることが理解できる。

現在でも東側外堀に面した土塁は、他の外堀土塁に比べて幅広となっており、さらにその北側、クランク状に東に折れているところからは一段高くなっており、その高さは標高21・2mである。そして愛知県三の丸公舎北側の土塁はさらに高く標高26・6mである。この土塁下の標高は13mであるので、比高差13・6mとなり、碑文中の14・85mに近く、ほぼ当時の状況を維持していると考えられる。高く積み上げた北側土塁が、増築射垜に該当するものである。射撃場は、その後廃止され倉庫などが建てられたが、現在でも西側より一段低くなっており、跡地の面影をたどることができる。

明治維新から間もない明治5年から明治7年にかけて、藩は兵器を政府に還納した。各藩は独自に銃を輸入し藩兵の操練に使用していたため、その種類は三九種類以上、数量は約18万挺余といわれる。訓練や弾薬の補充を考えると同一の銃器を使用することが望ましかったが、やむを得ずこの中で数の揃っていた四種、スナイドル銃（1500挺）、シャスポー銃（6000挺）、エンピール銃（1万2000挺）、ドレイス銃（1万5000挺）に絞り各鎮台に支給した。エンピール銃はイギリス製で口径14・7㎜、射程1100m、安価に改造可能で、底装のエンピール・スナイドル銃に改造して交換した。

明治7年1月、初めて携帯銃器を定めた。東京鎮台ではスナイドル銃が支給されていたが、仙台鎮台、名古屋鎮台、広島鎮台ではエンピール銃が支給されていた。スナイドル銃は明治13年に十三年式村田銃が制定され、軍隊にいきわたる明治19年まで使用された。射垜が増築された名古屋城の射撃場では、エンピール銃、スナイドル銃が使用されていたと思われる。

明治の初め頃、このように銃器の統一にも苦心していたが、明治7年台湾事件、明治9年熊本神風連の乱、福岡秋月の乱、萩の乱、明治10年西南戦争が起きた。こうした実戦を通じて兵器の改良と国産化が急務であることが認識された。増築射垜出碑は、西南戦争出兵の記憶もまだ生々しい時期のものであり、次の出兵に備えて一段と訓練に励もうとする意気込みが伝わってくるのである。

図2　三の丸の射撃場射垜（土塁）（左手の小山）。北側土手の背後から南方向（射撃場方向）を見る。土手の斜面の傾斜角度が変わるところから上が増した部分と思われる

図3　土塁上に立つ記念碑

# 稲永遊郭と空襲の痕跡

伊藤厚史

荒子川の河口近く、港区稲永一～五丁目に囲まれてひときわ細かく区割りされた街―錦町がある。当地はもと稲永新田の一部であった。稲永新田は、明治11年稲富新田と永徳新田が合併した際、それぞれの新田名から一文字ずつとって命名された。明治22年寛政村の大字、明治39年小碓村、明治41年名古屋市南区、昭和12年港区となった。明治22年の戸数は69戸、あたり一面農地の広がる寒村であった。

大正元年に当地へ熱田遊郭が移転してくると、稲永遊郭と呼ばれるようになった。遊郭地区は、昭和5年から錦町と呼ばれるようになり、以来変わることなく現在に至っている。

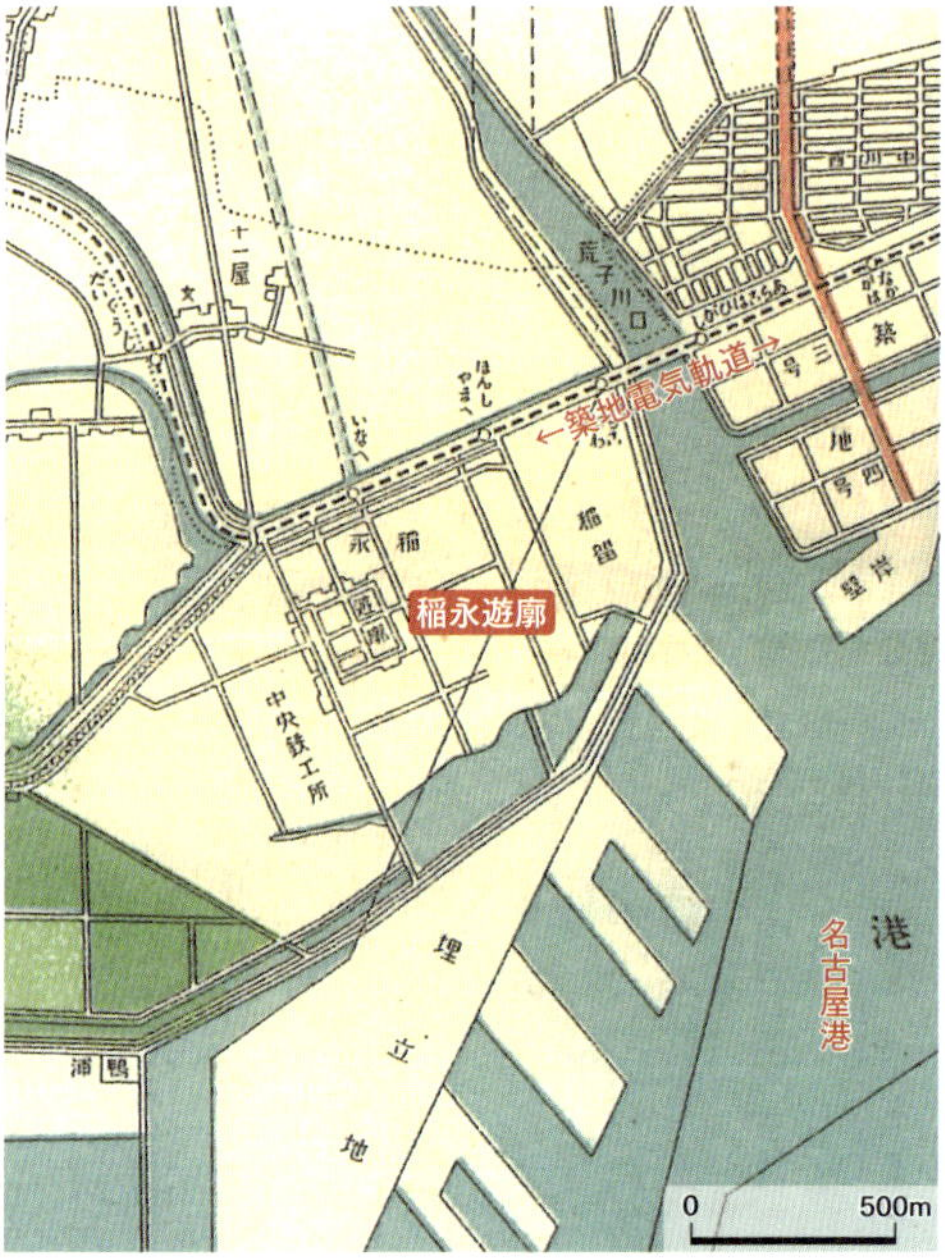


図1　大名古屋市最新地図（1929年〔昭和4〕）新愛知新聞調査部編纂

稲永遊郭設置に際して、愛知県知事をまきこんだ事件がおきた。深野一三知事は、移転に際し加藤重三郎名古屋市長に相談、それが岐阜の渡辺某の耳にはいった。渡辺は、自分の所有する稲永新田へ誘致するように働きかけた。結果として移転することになったのであるが、贈収賄の疑いが出たのである。

渡辺は、郭外の土地を深野に売却、遊郭移転により土地が値上がりした際に買い戻す約束だったようだ。大正2年の名古屋地方裁判所では、知事をはじめ市長、渡辺に有罪判決が出されたが、翌年の控訴院では証拠不十分により無罪判決となった。しかし、知事は責任をとって辞任した。いわゆる「稲永事件」である。

公娼制度は、明治政府により明治5年に廃止が宣言されたが、なくなることはなく、翌年には「貸座敷渡世規則」、「娼妓渡世規則」がだされ事実上の復活をみた。愛知県では、これを受けて明治7年に大須に遊郭の区画を定めたほか熱田、岡崎、豊橋に指定地を定めた。

この4カ所の遊郭は、大正8年の資料で比較すると、娼妓数は、名古屋1450人、稲永207人、豊橋377人、岡崎188人、登楼人員は、名古屋115万5087人、稲永13万4148人、豊橋24万8224人、岡崎14万146人であった。稲永の最盛期は、昭和8年で貸座敷57軒、娼妓537人を数えた。

昭和17年、稲永遊郭の西方わずか600mの地（港区野跡一・五丁目）に愛知時計電機株式会社永徳工場が設立された。愛知時計電機は、名古屋の航空機工業の主力企業であり、海軍機の生産を担っていた。昭和18年には航空機部門が分離独立して愛知航空機株式会社となり、永徳工場も同社に属した。稲永遊郭の貸座敷は、中村遊郭同様に軍需工場で働く徴用工員の寮などに転用されたようである。

アメリカのB29爆撃機による名古屋空襲は、昭和19年12月13日の初空襲から終戦までに59回に及ぶ。昭和20年3月12日には錦町を含む港西聯区で死傷者2名、5月17日に永徳工場で死傷者9名が出た。永徳工場は、無傷で残っていたために、昭和20年6月26日に50機による攻撃を受け爆弾346トンが投下された。さらに7月24日に再び永徳工場に来襲、66機により爆弾451トンを投下した。工場周辺も被災し、死者167名、負傷者208名、家屋の全焼32、半焼3、全壊324、半壊356の被害を出した。

愛知航空機株式会社永徳工場は、昭和24年企業再建整備法により新愛知起業株式会社として再出発、昭和27年愛知機械工業株式会社に改称し今日に至っている。敷地の一部は金城埠頭線が通り野跡小学校や市営住宅となっている。錦町も当時の面影はほとんどみることができないが、民家の門と塀に被弾して破損した痕が残っている。錦町という町名や街区とともに、稲永の近代の歴史を刻んでいる。

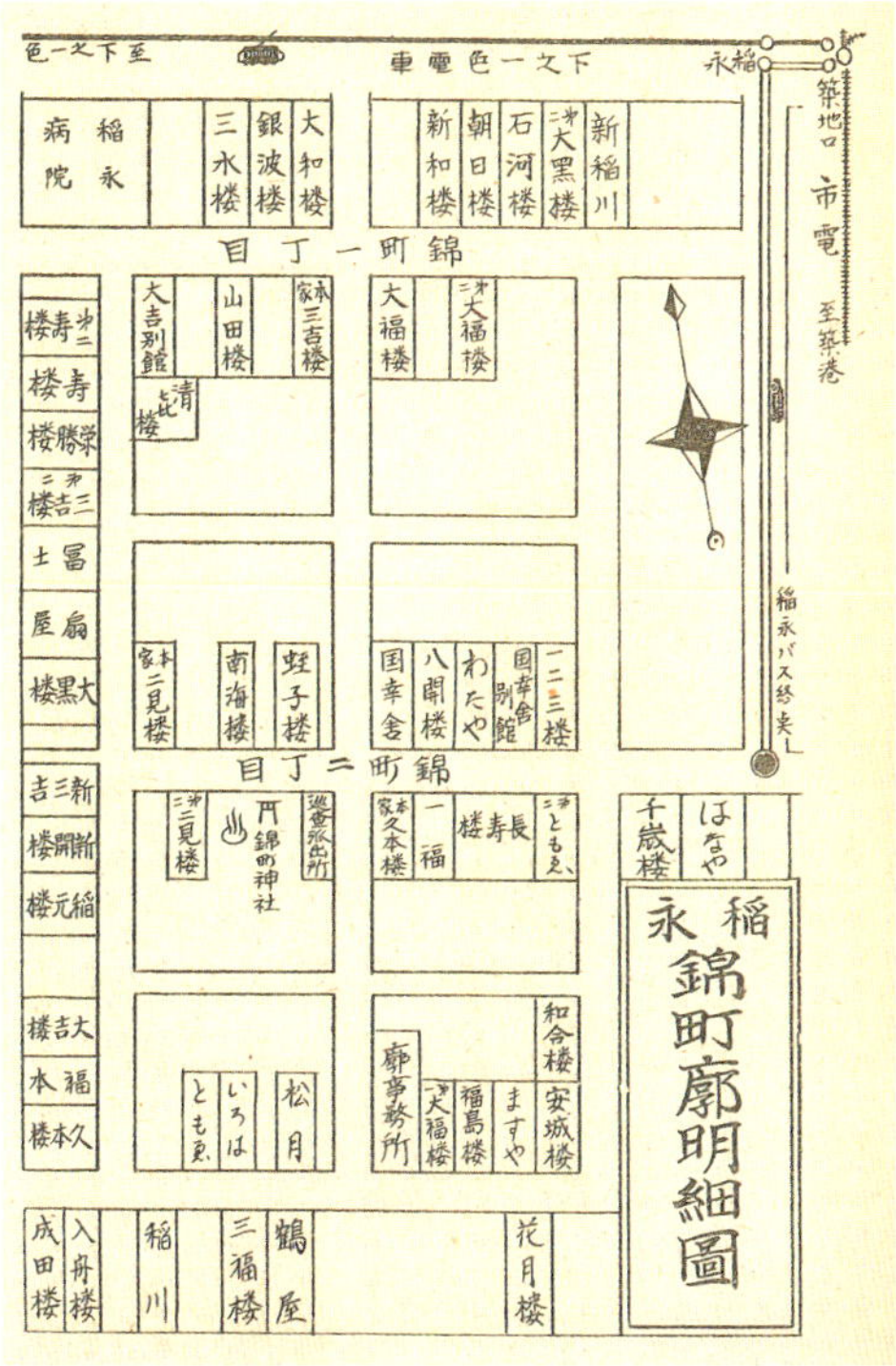


図2　稲永錦町廓明細図（稲川勝二郎『歓楽の名古屋』から）

図3　空襲で被弾した民家の門と塀

# 名古屋を襲った自然災害

近現代で名古屋を襲ったおもな自然災害を振り返り、歴史資料に刻まれた爪痕を読む。

## 濃尾地震・東南海地震と伊勢湾台風

溝口常俊

平成の世になって、阪神・淡路大震災（平成7・1・17）、東日本大震災（平成23・3・11）と世界を震撼させる大地震が発生しているが、名古屋はその被害から免れてきた。かといって、自然災害から無縁かというとそうではない。明治時代までさかのぼって振り返ってみると、濃尾地震、東南海地震、そして伊勢湾台風に遭遇して多数の犠牲者を出してきた。

そして近い将来、南海トラフ巨大地震が高い確率で名古屋をも襲撃すると予測されている。その心構えをするためにも、本稿では、濃尾地震、東南海地震と伊勢湾台風の惨劇の一コマを思い出しつつ、名古屋の自然災害を振り返ってみることにしたい。

＊

『愛知県災害誌』（名古屋地方気象台監修、昭和45年）によると、毎年のように風水害、地震が発生していることがわかる。その中で、20名以上の死者が出た災害をリストアップしておこう。

明治元年5～7月：多雨型の梅雨と末期の大雨、死者941人（愛知県下での合計、以下同様）。明治22年9月11日：台風、死者876人。明治24年10月28日：濃尾地震、死者2459人。明治29年8月30・31日：台風、死者33人。明治44年8月4日：台風、死者21人。大正元年9月22日、23日：台風、死者141人。昭和19年12月7日：東南海地震、死者871人（愛知県の統計はなく、全体数）。昭和20年1月13日：三河地震、死者2252人。昭和28年9月25日：台風、死者72人。昭和34年9月26日：伊勢湾台風、死者3168人。

次に、名古屋で多大な被害が出た濃尾地震、東南海地震と伊勢湾台風に焦点をあてて、歴史資料、記念碑、写真、聞き取りを交え、もう少し詳細に当時を振り返ってみよう。被害の全体像を『愛知県災害誌』により概観したうえで、被害がひどかった所を訪問し、さらには筆者みずからの町（中川区高畑）がどうであったかを語ろう。

### 濃尾地震

震源地は揖斐川上流域で、マグニチュード8・4。日本全体で死者の総計は7469人、住家全壊は8万5848戸であった。県別では、震源

図1　熱田区雲心寺の濃尾地震弔魂碑

地の岐阜県で最も多く4990人で愛知県はそれに次ぐ2459人で、その中では中島郡の978人が最も多く、以下、西春日井郡311人、海東郡302人、葉栗郡255人、丹羽郡191人と続き、名古屋市は190人であった。

名古屋市の中で、住家全壊戸数が総戸数の50%以上の町村が2カ村あり、日比津村（中村区）と下之一色村（中川区）であり、それぞれ5人、42人の死者が出ていた。このように名古屋西部の沖積低地に立地する諸損の被害が確かに大きくはあったが、名古屋市街地の台地上でも被害は出ていた。

公共施設の被害一覧に、名古屋郵便電信局（レンガ造）は崩壊し、死者6人、共和学校（南武平町）は倒壊し、死傷者10余人、第三師団では負傷者17人、建物全壊13むね、寺院・神社の被害は比較的多く、東本願寺別院茶所は倒壊、若宮神社では石とうろう等ことごとく倒れた。名古屋東部の丘陵地にはため池が多い。それが破堤して被害が出た。田代村の猫ケ洞の堤防が崩壊して、一時、人家耕地数10haに浸水し、人家1棟が流出した、とある。

一部のへいが倒れ、壁が落ち、かわらがはげ、家屋が傾く等の損害をあげれば、全市4万3000戸のほとんどは何らかの被害をうけた。

「歴史地震記録に学ぶ防災・減災ガイド—名古屋編」（愛知県、平成27年）に記されている熱田区の雲心寺を訪ねてみた。寺院近くの尾頭橋にあった尾張紡績の工場が濃尾地震の際に崩壊し、そこで圧死した39名の慰霊碑が門前に建てられていた（図1）。

わが町、高畑（中川区役所所在地）ではどうであったか。記念碑はないが、盛福寺の寺院資料に「濃尾大震災　新十月二十八日　旧九月二十六日

未曾有ノ大災害　当寺本堂半潰　門転覆　鐘楼堂転覆　手洗家転覆　玄関転覆　倉裡半潰　書院半潰ニシテ　愛知郡真宗寺院四ケ寺残三ノ内ニ加ハリ　他寺全部転覆セリ　在家ノ倒壊略七分通リナリ」と寺院損壊の詳細が出ていた。同寺檀家で3名の圧死者も記されていた。

## 東南海地震

大地震については第二次世界大戦中ゆえ、報道が規制されていて見過ごされているのが東南海地震（昭和19・12・7）である。震源地は熊野灘沖、マグニチュード8・0。静岡・愛知・三重の各県で被害が大きく、名古屋市においては南部の港区、南区、熱田区での新田、埋立地区で液状化を伴う被害が大きかった。流失家屋が3000戸で水死者が250人と『愛知県災害誌』にある。その地は名古屋重工業地帯でもあり、その被害は、きわめて大きく軍需産業力ひいては戦力にも大きく影響したといわれている。そのひと

図2　南区名南ふれあい病院にある東南海地震の碑

つの軍需工場では、建物が倒壊し、労働者と学徒51人に加え朝鮮女子勤労挺身隊員6人が犠牲になった。この慰霊碑には「悲しみを繰り返さぬように真実を刻む」と書かれている（図2）。この工場は、当時日清紡名古屋工場構内にあった三菱重工名古屋航空機製作所道徳工場で、記念碑は日清紡工場が閉鎖されたため平成24年から隣接する名南ふれあい病院の敷地に移され、毎年12月7日に追悼式が開かれている。

この余震とされている三河地震が本地震のわずか1カ月後の1月11日に発生した。渥美湾を震源地とし、マグニチュードは7・0であったが、犠牲者は東南海地震の2・6倍も出ている。これほど多数の死者が出たのは、「三河地震の地動は急激な振動であったため山地および沖積層の薄い比較的地盤のよい所が前回の地震に比して相対的に被害が大きかったようである」（『愛知県災害誌』）といわれている。大地震が同じ地区で連続することがあるという点、地震には強いとされている洪積台地上でも油断大敵という点で、この三河地震の意味するところは大きい。

## 伊勢湾台風

日本史上未曾有の超大型台風が名古屋を襲った。昭和34年9月26日夜、高潮と重なったことが被害を大きくした。死者総数4069人中、愛知県で3168人、その中で名古屋市は1851人を数えた。市内では南区と港区がとくにひどく、南区の死者1417人、全壊家屋2697戸、流出家屋954戸、港区ではそれぞれ375人、2141戸、589戸であった。

伊勢湾台風の浸水域を示し

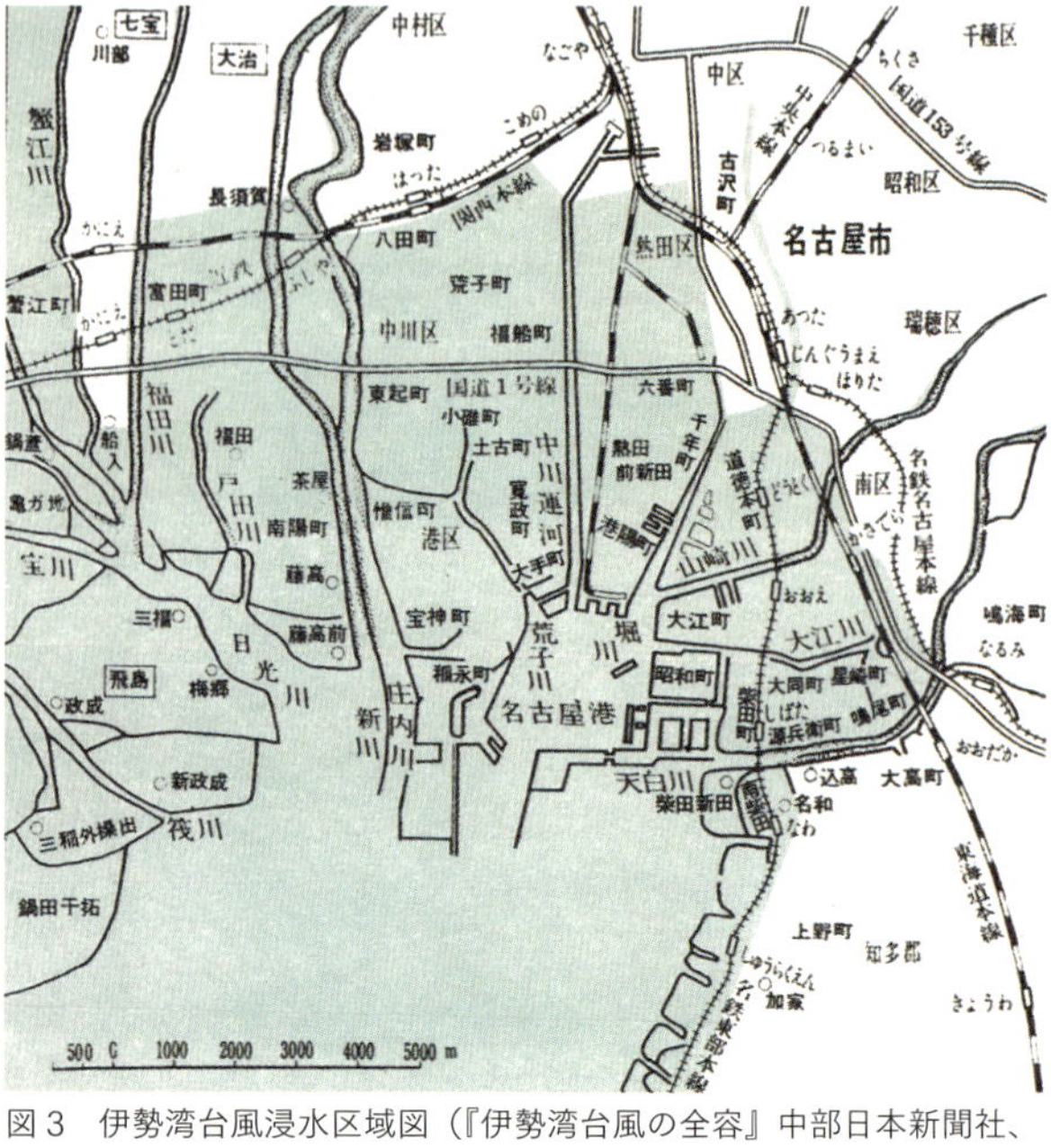


図3　伊勢湾台風浸水区域図（『伊勢湾台風の全容』中部日本新聞社、昭和34年から）

図4　南区浜田南公園の伊勢湾台風殉難者慰霊之碑

図5　港区国道1号線（昭和 34.9.30、溝口豊撮影）

図6　高畑竪道（現、地下鉄高畑駅の地上）での筏遊び（昭和 34.9.30、溝口豊撮影）

たのが図3で、関西本線の南部でJR東海道本線の西部の地域が水面下になったことがわかる。JR東海道本線の笠寺駅の南1・5kmにある浜田南公園に出かけてみよう。公園内にある「伊勢湾台風殉教者慰霊之碑」（図4）の裏面には、被害者の遺品の雨靴が道路わきに積まれ「くつ塚」と呼ばれるようになったことが記載されている。また隣の説明板に、これらの地域で多数の流出家屋と犠牲者が出たのは、豪雨と強風と高潮により、瞬時に海岸堤防が寸断され、濁流の渦に呑み込まれたからであるが、被害を大きくしたのは、名古屋港周辺の貯木場からあふれ出た28万㎥に及ぶ無数の巨木によると記されている。

さて、図3の浸水域の最北部に位置しているわが町「高畑」はどうであったか。町の西部に荒子川、さらにその西に庄内川が流れており、その氾濫原地帯にあるのが高畑で、地名が示すとおり集落と畑は水田面よりも数十センチ高いところに立地している。町域は水没したが、各家は床下浸水を免れたところである。

当時、荒子小学校5年生であった筆者は、台風直撃時の瞬間をよく覚えている。近所の子どもたちがわが家に集まり、一つ蚊帳の中で真夜中まではしゃいでいた。その一方で、両親は雨戸を何度も押えて補強作業を続けていた。朝起きたら、母屋の北側の屋根瓦が20枚ほど飛ばされただけの被害ですみ、水も敷地内には上がってきていなかった。ただ、屋敷の東側の竪道（現在は地下鉄高畑駅の真上を南北に走る）は50㎝ほどの水深になっていた。

その日から10日間、当時港区の惟信高校の教諭をしていた父親は水没した学生たちの家を廻り救援活動に精を出していた。高畑から惟信高校への途中、国道1号線が東西に走っているが、その名古屋—蟹江間では水深が1m近くまでになり、道路の端に土のうを積んで、その中の水を汲み上げるという苦肉の策の工法がとられていた（写真5）。こんな父親や大人たちの苦労も知らず、子どもたちは小学校が休みになると喜んで、海になった道路に筏を浮かべてはしゃいでいた（写真6）。救援物資となる毛布や乾パンなどが全国から届けられ、その際に東山公園のボートで運ばれてきたことも記憶に残っている。

私には、こんないささか不謹慎な記憶しか残っていないが、伊勢湾台風体験者の記憶を広く収集して語り継がねばとの思いで、名古屋大学での地理学の講義（平成21年）で体験者からの聞き取りレポートを課した。その1例を記しておこう。学生SOさんが当時津市在住で警察官であった祖父（77歳）から次のような生々しい話を聞いた。

「27歳時に伊勢湾台風に遭遇して、長島へ警備に出る。堤防上をワゴン車で進み、途中海草や棒をどかしながら進む。堤防が目の前で決壊。近くの消防隊員3名が流される。堤防内の住民に、堤防の上への避難を呼びかける。夜は懐中電灯を使って暗い中を捜索。朝になると家畜や死体が浮いている。身元不明者も含め、堤防上で火葬した。国道1号線が沈んでしまったので、多度街道を一方通行にし、整備する」

＊

最後に、本稿で触れた主要な場所をデジタル標高地形図上で示し（図7）、今後の災害対策に関する私見を述べておきたい。

標高図は赤、黄、緑、青色の順で低くなるよう色分けされており、うす青色の高畑が丁度海抜ゼロメートルで、それより南の名南ふれあい病院や浜田南公園は海面下になっている。図上で黄色く塗られた名古屋市街地主要部は堀川を境にした東部の熱田台地上にあり、その北端の名古屋城は14m、南端の熱田神宮は7mで、この地は津波、高潮による直接の被害からはまぬがれることができる。堀川より西の名古屋駅は標高2mで、この辺りまではハザードマップで津波浸水危険地域になっている。

こうした危険地域で地震・津波に如何に対処するか。家屋の補強をすることと、高所への即座の避難が叫ばれている。町全体を守るための堤防建造も進められている。これらは正論でそうすべきだと思う。しかし、この100年で明治三陸地震（明治29年）、昭和三陸地震（昭和8年）、チリ津波（昭和35年）と3回も大地震・津波に襲われた東北地方に目を向けると、そのつど、繰り返してこのような対策がなされてきたはずなのに、今回の東日本大震災（平成23年）でまたもや2万人弱の犠牲者を出してしまった。

この轍を踏まないためには、従来とはまったく別の対策を考えねばならない。私案だが、津波警報がでてからでも逃げこめる半地下シェルター（仮称、やどかり部屋）を、各自の家に設けたらどうか。

被災地を巡検して、いかに

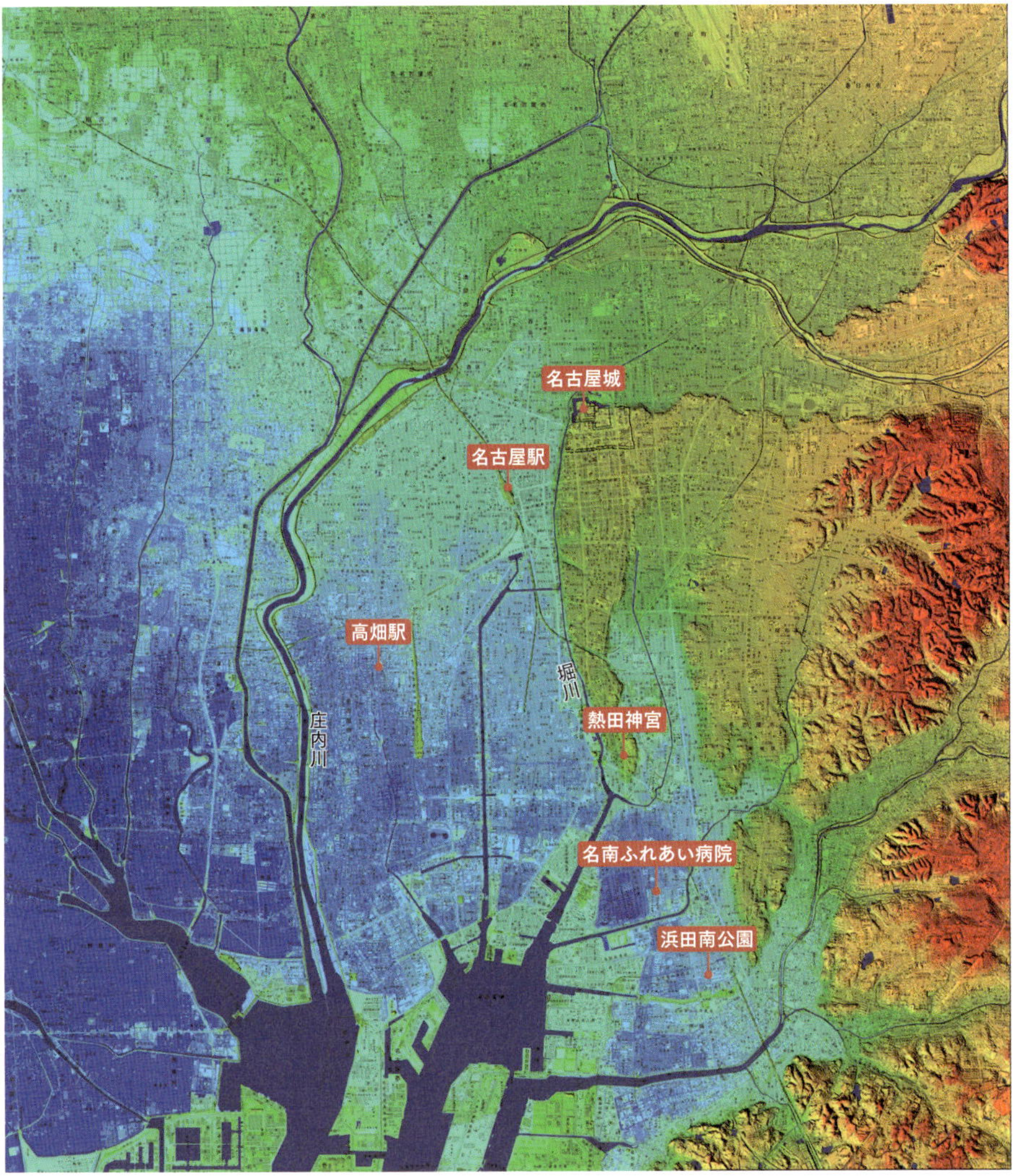


図7　デジタル標高地形図「名古屋」
（1/2.5万）国土地理院

高齢者の1人暮らしが多いかを実感した。こうした方に家を出て高所に逃げましょうといっても無理である。家は倒され、流されても、一部屋残って命は助かるという「やどかりプラン」を提唱したい。このプランは津波だけでなく地震や土砂災害時にも応用できると思う。

# 躍動するローカル――大名古屋行進曲

小林貞弘

昭和の初め、都市やその土地の名を冠した「行進曲」がブームになった。西條八十作詞、中山晋平作曲で、佐藤千夜子が歌う『東京行進曲』はそんな行進曲の代表例である。銀座・浅草・新宿等を舞台にして、ジャズ・シネマ・リキュール・ダンサー等のモダンな都市風俗が歌われた。また、地下鉄・小田急・バス・ラッシュアワー等の言葉は交通機関の発達と都会の喧騒をイメージさせた。この曲は映画の主題歌でもあった。

『大名古屋行進曲』も西條・中山のコンビによって生まれた。しかし、都市自体の規模や性格や背景の違いもあってか、『東京行進曲』がモダンでスピード感のある世界を描いたのとは対照的に、『大名古屋行進曲』は堅実で実直な労働に支えられる世界を半ば健康的に明るく描いていた。一番の歌詞を確認しておこう。

空に二つの陽が照る名古屋
昇る旭日に黄金の鯱
名古屋よいとこ　日も夜も
　伸びる
のびる都のハンマアの音よ

七音を基調とした定型詩。「名古屋よいとこ　日も夜も伸びる」というフレーズは七番まで続く。運河や道路が整備されて、近代都市たる「大名古屋」が建設され伸張していく。その様子が四家文子によって伸びやかに歌われた。

この曲は昭和6年3月に公開された映画『大名古屋行進曲』（東亜キネマ）の主題歌でもあった。日刊紙『新愛知』の映画評欄には「大名古屋の全幅が初めて映画出場したのは、これを以て嚆矢とする」とあった。冒頭では歌詞に合わせて、名古屋城や熱田神宮、中川運河や広小路などが二重露出で映し出されたという。

新聞広告には「われ等の誇り!!　われ等の喜び!!　日も夜も伸びる名古屋の映画」「百萬市民の渇望篇」といった景気の良い文句が躍った。大須万松寺の帝国館と南桑名町の千歳劇場で同時公開され、その盛況ぶりを伝える記事が連日掲載された。

昭和4年に公開された溝口健二監督の『東京行進曲』（日活）が、行進曲という言葉が持つ語感とは裏腹に「叶わぬ恋と不本意な別れ」といった新派調の悲劇だったのに対し、映画『大名古屋行進曲』は「恋愛の成就」と「労資協調」が約束する明るい未来を描いていた。当時の映画雑誌『キネマ旬報』で紹介されたストーリーを簡潔にまとめてみる。

山本健二は大学を卒業したものの就職できず、道路工事夫として働いていた。ある日健二は同窓生の寺田と再会した。寺田は紡績会社の社長秘書をしていて、社長令嬢の園子との結婚を企んでいた。寺田は野心のために健二を利用しようとするが、園子は健二の弟・武と恋仲にあったため、寺田よりも健二に好意を示すようになる。健二と園子の

図１　千種劇場のプログラム第一面（昭和６年３月11日発行）

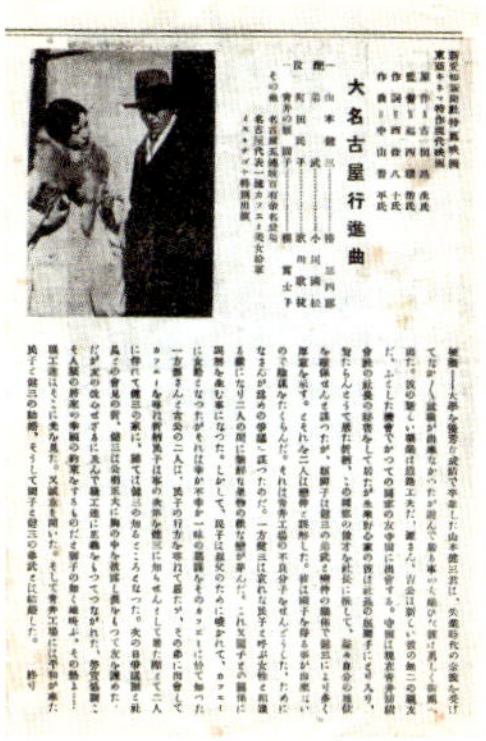


図２　同上第二面

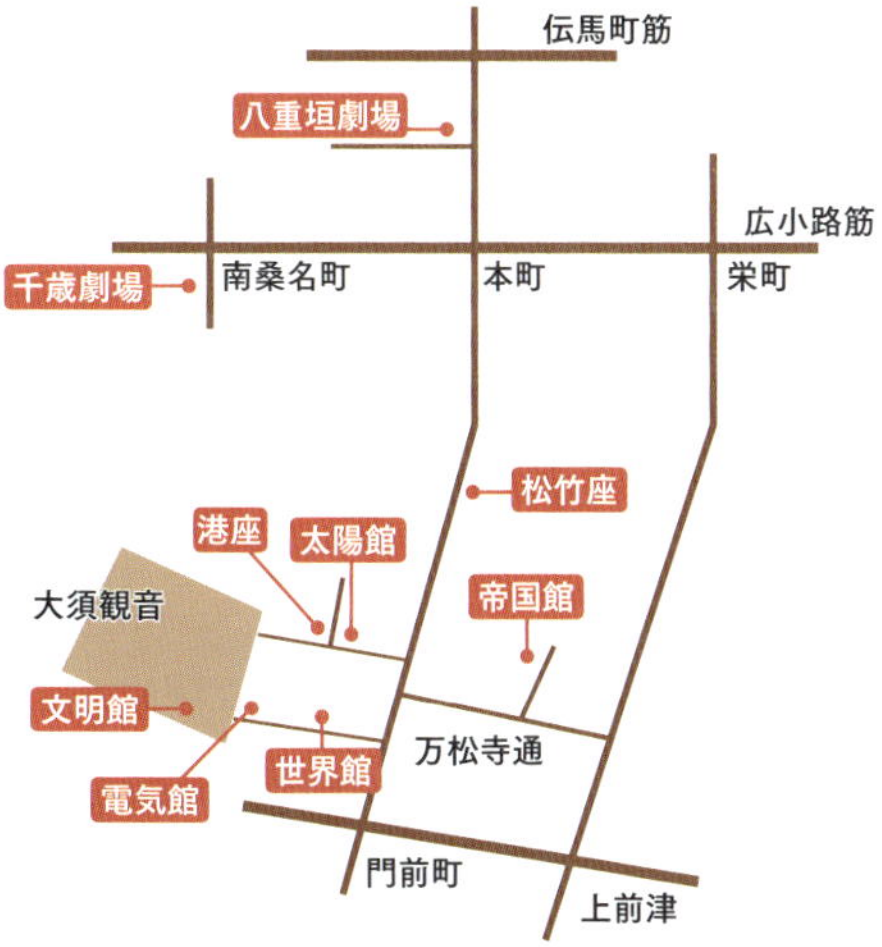


図３『昭和九年版　国際映画年鑑』より作成した名古屋市中心部の映画館略地図

図４　帝国館のイラスト（『日本の大須』から）

仲を誤解した寺田は紡績工場の職工たちを扇動して争議を起こそうとする。一方健二は極貧の娘・民子と知り合い、やがて恋仲になる。しかし民子は強欲な叔父によってカフェの女給にされ、それを恥じて健二の前から姿を消してしまう。ある日民子はカフェで寺田の陰謀を聞き、健二に報告する。

健二は争議団と社長の会見場に乗り込み、寺田を諌め、「正義に基づく労資協調こそが人類の将来の幸福を約束するものだ」と熱く訴える。職工たちも健二の言葉に胸を打たれる。紡績工場に再び平和が訪れ、健二と民子、武と園子もめでたく結ばれた。

不況等の世相に触れ、名古屋の道路事情等の問題も暴きながら、物語は進行した。他にもミス・ナゴヤや合計三百名以上の一流芸妓やカフェの美人女給が特別出演するなど、名古屋を全国にPRしたいという観光案内的な意図も含まれていたようだ。『新愛知』の映画評欄では「我々の最も近い、親しい風物が、ローカルが躍動してゐる」と絶賛された。

しかし、この「ローカルの躍動」を映像で確かめられないのが現状である。失われた『大名古屋行進曲』を補完するのは、名古屋という土地に対する私たちの愛着とその歴史への想像力なのである。

# 参考文献


## ●Part1

池田長三郎「明治前半における熱田の近代化」池田長三郎編『熱田風土記七』久知会、1973年
奥田助七郎『名古屋築港誌』名古屋港管理組合、1953年
学園史編纂委員会『愛知淑徳学園百年史』愛知淑徳学園、2006年
柄沢斗岳『吉田禄在翁を偲ぶ』名古屋女子商業学校、1939年
区政十五周年記念協議会『中村区史』区制十五周年記念協議会会長塚原周助、1953年
小林元『千種村物語』自費、1984年
寺沢玄宗『釈尊御遺形伝来史』覚王山日泰寺、1981年
東邦瓦斯株式会社『社史　東邦瓦斯株式会社』東邦瓦斯株式会社、1957年
『都市創作』都市創作会、1925〜1930年
名古屋市『名古屋城史』名古屋市役所、1959年
名古屋市『戦災復興誌』名古屋市計画局、1984年
名古屋鉄道株式会社社史編纂委員会『名古屋鉄道社史』名古屋鉄道株式会社、1961年
『名古屋陶業の百年』財団法人名古屋陶磁器会館、1982年
水野時二監修『北区誌』北区政50周年記念事業実行委員会・名古屋市、1994年
「ものづくり文化の道」推進協議会『「ものづくり文化の道」ガイドブック』名古屋商工会議所、2006年

## ●Part2

愛知県開拓史研究会『愛知県開拓史（地区誌・戦後開拓編）』愛知県、1978年
『愛知県議会史』第六巻、愛知県議会事務局、1967年
熱田空襲を記録する会『紺碧の空が裂けた日——6・9愛知時計愛知航空機爆撃体験手記』1990年
伊藤厚史「金城石碑案内」『戦史考古学研究No.6』2010年
伊東重光「小幡ヶ原名古屋飛行場（一）」、「もりやま」32号、2013年
伊東重光「瀬戸線あれこれ」、「もりやま」28号、守山郷土史研究会、2009年
伊東重光「瀬戸線あれこれ（五）」、「もりやま」32号、守山郷土史研究会、2014年
伊藤正ほか『瀬戸線の九〇年』郷土出版社、1997年
石川丹八郎『郷土史』1983年
井戸田弘『東海地方の鉄道敷設史Ⅱ』2006年
稲川勝二郎『歓楽の名古屋』趣味春秋社、1937年

今尾恵介監修『日本鉄道旅行地図帳7・東海』新潮社、2008年
『小幡』名古屋市立小幡小学校、1990年
岡田啓、野口道直『尾張名所図会　前編』1844年
『角川地名大辞典23 愛知県』角川書店、1989年
『北区誌』名古屋市北区役所、1994年
加納誠『写真で見る道徳の昔と今――名古屋市南区』2008年
河野重助『富士浅間神社誌』1932年
木村有作「名古屋台地の「水」環境考Ⅱ」『名古屋市見晴台考古資料館研究紀要　第三号』2001年
小林貞弘『新聞に見る初期日本映画史―名古屋という地域性をめぐって』学術出版会、2013年
澤田幸雄「廃止された路線をたずねて～押切町―枇杷島橋間と柳橋乗入れ」、「鉄道ピクトリアル」1986年12月臨時増刊号「名古屋鉄道特集」
佐山二郎『小銃　拳銃　機関銃入門』光人社、2000年
大大須振興会『日本の大須』1938年
名古屋市教育委員会編『名古屋の史跡と文化財（新訂版）』1990年
名古屋市教育委員会『埋蔵文化財調査報告書60　白川公園遺跡（第5次）』2010年
『名古屋市史』（地理編）、名古屋市、1916年
名古屋市博物館編『画誌卯之花笠』名古屋市博物館資料叢書3　猿猴庵の本、2001年
『名古屋都市計画史』（上巻）名古屋市建設局、1957年
『名古屋鉄道百年史』名古屋鉄道株式会社、1994年
『名古屋南部史』名古屋南部史刊行會、1952年
『名古屋の公園』名古屋市、1934年版、1950年版
野澤則幸「尾張における文字と記号の考古学②――白川公園遺跡（第五次）出土の「川八長」刻書須恵器」『名古屋市見晴台考古資料館研究紀要　第11号』2013年
野村眞平『熱田駅・熱田運河・常滑線の今昔』2013年
毎日新聞社編『名古屋大空襲』毎日新聞社、1971年
『門前町誌』1901年
『門前町史雑記』1931年
守山区制50周年記念事業実行委員会『守山区誌』2013年
守山市史編さん委員会編『守山市史』1963年
山田司ほか『せとでん100年』中日新聞社、2005年
横井敏治ほか『八事・杁中歴史散歩』八事・杁中歴史研究会、2015年

大池町通り。左奥は、大正 12 年に移転してきた名古屋商工会議所（名古屋市鶴舞中央図書館所蔵）

[監修]
溝口常俊（みぞぐち・つねとし）名古屋大学名誉教授

[執筆者]（50音順）
青木公彦（あおき・きみひこ）名古屋都市センター
池田誠一（いけだ・せいいち）白壁アカデミア世話人
伊東重光（いとう・しげみつ）名古屋レール・アーカイブス理事、守山郷土史研究会員
伊藤正博（いとう・まさひろ）堀川文化探索隊
伊藤喜雄（いとう・よしお）なごや歴史ナビの会
伊藤厚史（いとう・あつし）名古屋市教育委員会
井上善博（いのうえ・よしひろ）名古屋市蓬左文庫
岡田ゆたか（おかだ・ゆたか）八事・杁中歴史研究会
加納誠（かのう・まこと）加納塾・郷土史家
木村有作（きむら・ゆうさく）名古屋市教育委員会
纐纈茂（こうけつ・しげる）名古屋市教育委員会
小林貞弘（こばやし・さだひろ）河合文化教育研究所
佐藤公保（さとう・きみやす）愛知県埋蔵文化財センター
神野卓三（じんの・たくぞう）郷土史家
服部重敬（はっとり・しげのり）都市交通研究家
福井章（ふくい・あきら）八事・杁中歴史研究会
校條善夫（めんじょう・よしお）青島戦ドイツ兵俘虜研究者
安井勝彦（やすい・かつひこ）南歴遊会

装幀／三矢千穂

明治・大正・昭和　名古屋地図さんぽ

2015年10月20日　第1刷発行　（定価はカバーに表示してあります）

監修者　溝口　常俊

発行者　山口　章

発行所　名古屋市中区上前津2-9-14　久野ビル
電話052-331-0008　FAX052-331-0512
振替00880-5-5616 http://www.fubaisha.com/
風媒社

乱丁・落丁本はお取り替えいたします。　＊印刷・製本／シナノパブリッシングプレス
ISBN978-4-8331-0164-6

溝口常俊 編著

## 古地図で楽しむなごや今昔

絵図や地形図を頼りに街へ出てみよう。なぜ、ここにこれがあるのか？　人の営み、風景の痕跡をたどると、積み重なる時の厚みが見えてくる。歴史探索の楽しさ溢れるビジュアルブック。

一七〇〇円＋税

池田誠一

## なごやの古道・街道を歩く

大都市名古屋にもこんな道がかくれていた！名古屋を通っている古道・街道の中から、江戸時代のものを中心に二十二本の道を選び収録。街道ごとに、その道の成立や全体像、そして二〜三時間で歩ける区間を紹介。

一六〇〇円＋税

服部哲也　木村有作　纐纈茂

## なごやの古代遺跡を歩く

名古屋市内を中心にした9の「遺跡散策コース」と、身近な遺跡を体感できる「都市公園に重なる遺跡」を紹介。推理と想像を楽しみながら名古屋の遺跡をたどり、古代人のこころと暮らしに迫る。

一六〇〇円＋税